ORGANIZADORES

HENDERSON FÜRST
CARINA BARBOSA GOUVÊA

PREFÁCIO

JOSÉ ALBERTO SIMONETTI

ADVOCACIA EM BIOÉTICA

A ATUAÇÃO DAS COMISSÕES DE BIOÉTICA DA OAB

AUTORES

- ALESSANDRA RODRIGUEZ SILVA
- ALEXANDRA BARBOSA DE GODOY CORRÊA
- CARINA BARBOSA GOUVÊA
- DANIEL DE PAULA SILVA RIBEIRO
- GUSTAVO PASCHOAL TEIXEIRA DE CASTRO OLIVEIRA
- JAIARA FERREIRA SIMÕES

- HENDERSON FÜRST
- JOSÉ LUIZ BARBOSA PIMENTA JR
- LÍVIA CAMPOS DE AGUIAR
- LUCIANA BATISTA MUNHOZ
- MAIRA REGINA DE CARVALHO ALEXANDRE
- MÁRCIA ARAÚJO SABINO DE FREITAS
- MÔNICA DE OLIVEIRA CAMARA

- NARA PINHEIRO REIS AYRES DE BRITTO
- NATÁLIA ROCHA DAMASCENO
- OSVALDO SIMONELLI
- PEDRO H. VILLAS BÔAS CASTELO BRANCO
- PRISCILLA GUIMARÃES LESSA
- THAIS MAIA
- VIVIANE GUIMARÃES

Copyright © 2022 by Editora Letramento

Diretor Editorial | Gustavo Abreu
Diretor Administrativo | Júnior Gaudereto
Diretor Financeiro | Cláudio Macedo
Logística | Vinícius Santiago
Comunicação e Marketing | Giulia Staar
Assistente de Marketing | Carol Pires
Assistente Editorial | Matteos Moreno e Sarah Júlia Guerra
Designer Editorial | Gustavo Zeferino e Luís Otávio Ferreira

CONSELHO EDITORIAL JURÍDICO

Alessandra Mara de Freitas Silva
Alexandre Morais da Rosa
Bruno Miragem
Carlos María Cárcova
Cássio Augusto de Barros Brant
Cristian Kiefer da Silva
Cristiane Dupret
Edson Nakata Jr
Georges Abboud
Henderson Fürst

Henrique Garbellini Carnio
Henrique Júdice Magalhães
Leonardo Isaac Yarochewsky
Lucas Moraes Martins
Luiz Fernando do Vale de Almeida Guilherme
Nuno Miguel Branco de Sá Viana Rebelo
Onofre Alves Batista Júnior
Renata de Lima Rodrigues
Salah H. Khaled Jr
Willis Santiago Guerra Filho.

Todos os direitos reservados. Não é permitida a reprodução desta obra sem aprovação do Grupo Editorial Letramento.

Dados Internacionais de Catalogação na Publicação (CIP) de acordo com ISBD

A244   Advocacia em Bioética: a atuação das comissões de Bioética da OAB / Alessandra Rodriguez Silva ... [et al.] ; organizado por Henderson Fürst, Carina Barbosa Gouvêa. - Belo Horizonte, MG : Letramento ; Casa do Direito, 2022.
290 p. ; 15,5cm x 22,5cm.

ISBN: 978-65-5932-156-8

1. Direito. 2. Bioética. 3. OAB. I. Silva, Alessandra Rodriguez. II. Corrêa, Alexandra Barbosa de Godoy. III. Gouvêa, Carina Barbosa. IV. Ribeiro, Daniel de Paula Silva. V. Oliveira, Gustavo Paschoal Teixeira de Castro. VI. Simões, Jaiara Ferreira. VII. Fürst, Henderson. VIII. Pimenta Jr, José Luiz Barbosa. IX. Aguiar, Lívia Campos de. X. Munhoz, Luciana Batista. XI. Alexandre, Maíra Regina de Carvalho. XII. Freitas, Márcia Araújo Sabino de. XIII. Camara, Mônica de Oliveira. XIV. Britto, Nara Pinheiro Reis Ayres de. XV. Damasceno, Natália Rocha. XVI. Simonelli, Osvaldo. XVII. Branco, Pedro H. Villas Bôas Castelo. XVIII. Lessa, Priscilla Guimarães. XIX. Maia, Thais. XX. Guimarães, Viviane. XXI. Título.

2022-417
CDD 344.04197
CDU 34:57

Elaborado por Vagner Rodolfo da Silva - CRB-8/9410

Índice para catálogo sistemático:
1. Bioética 344.04197
2. Bioética 34:57

Rua Magnólia, 1086 | Bairro Caiçara
Belo Horizonte, Minas Gerais | CEP 30770-020
Telefone 31 3327-5771

CASA DO DIREITO
é o selo jurídico do Grupo
Editorial Letramento

editoraletramento.com.br • contato@editoraletramento.com.br • editoracasadodireito.com

5	**APRESENTAÇÃO** José Alberto Simonetti
7	**APRESENTAÇÃO** Henderson Fürst Carina B. Gouvêa
13	**A PONTE, AS FRONTEIRAS E A CORRENTEZA: A BIOÉTICA COMO GUIA PARA O FUTURO NOS 50 ANOS DO LIVRO DE POTTER EM MEIO À PANDEMIA DE COVID-19** Márcia Araújo Sabino de Freitas
38	**LITÍGIO ESTRATÉGICO COMO SUPORTE FÁTICO-BIOÉTICO** Carina Barbosa Gouvêa Pedro H. Villas Bôas Castelo Branco
65	**PROCEDURALIZAÇÃO JURÍDICA E BIODIREITO** Henderson Fürst
101	**BREVES NOTAS SOBRE O DIREITO À VIDA, EM UMA PERSPECTIVA ÉTICO-JURÍDICA** José Luiz Barbosa Pimenta Júnior
116	**COMITÊS DE BIOÉTICA: CRIAÇÃO, FUNCIONAMENTO E O COVID-19** Luciana Batista Munhoz
127	**ATUAÇÃO JURÍDICA PRÁTICA EM BIOÉTICA PARA ALÉM DA JUDICIALIZAÇÃO** Thais Meirelles de Sousa Maia Ribacionka
139	**JUDICIALIZAÇÃO DA BIOÉTICA** Priscilla Guimarães Lessa
150	**ANÁLISE DE CASO DE APLICAÇÃO DE MEIOS ADEQUADOS DE SOLUÇÃO DE CONFLITOS EM BIOÉTICA** Jaiara Ferreira Simões

159 ASPECTOS JURÍDICOS E BIOÉTICOS DA PANDEMIA – UMA VISÃO DE INTERSECÇÃO ENTRE O DIREITO, A SAÚDE E A SOCIEDADE FRENTE A SARS-COV-2.
Osvaldo Simonelli

176 BIOÉTICA E POLÍTICA NO ESTADO DO TOCANTINS: DILEMAS ÉTICOS DE JUSTIÇA NA JUDICIALIZAÇÃO DA SAÚDE
Gustavo Paschoal Teixeira de Castro Oliveira
Daniel de Paula Silva Ribeiro
Maira Regina de Carvalho Alexandre

192 A PROTEÇÃO JURÍDICA DAS INVENÇÕES BIOTECNOLÓGICAS NA DIRETIVA 98/44/CE DO PARLAMENTO EUROPEU
Alexandra Barbosa de Godoy Corrêa

212 O TRANSHUMANISMO E O BIOCONSERVADORISMO A LUZ DA BIOÉTICA
Mônica de Oliveira Camara

233 AYAHUASCA COMO BIOPOLÍTICA NA SAÚDE MENTAL
Alessandra Rodriguez Silva

252 REFLEXÃO SOBRE A AUTONOMIA DO PACIENTE COM DEFICIÊNCIA E O TERMO DE CONSENTIMENTO INFORMADO E ESCLARECIDO NO DIREITO MÉDICO
Viviane Guimarães

267 O ABORTO LEGAL NO BRASIL E AS INCONSTITUCIONALIDADES DA PORTARIA 2.561 DE 23 DE SETEMBRO DE 2020: CONSIDERAÇÕES SOBRE ADI 6.552 E ADPF 737
Nara Pinheiro Reis Ayres de Britto
Natália Rocha Damasceno

APRESENTAÇÃO

JOSÉ ALBERTO SIMONETTI[1]

É com muita honra que apresenta esta obra, intitulada «Advocacia e Biodireito», resultado do trabalho irretocável da coordenação e organização de duas grandes referências da Advocacia brasileira, o Presidente Henderson Fürst e a Vice-Presidente Carina Gouvêa, da Comissão Especial de Bioética e Biodireito do Conselho Federal da OAB, que reuniram grandes autores e autoras que, com preciosas contribuições teóricas, compõem esta Coletânea.

Vivemos tempos em que a pandemia da Covid-19 impôs reflexões necessárias sobre bioética e direito, em especial no que tange aos conflitos morais que circundam a área da saúde que envolvem a humanidade e, inclusive, os animais não-humanos.

Ciente de sua missão histórica, a Ordem dos Advogados do Brasil (OAB) propôs a unidade interinstitucional para, em conjunto, desenvolver estratégias capazes de preservar a vida e a saúde das pessoas. A sensibilidade ética é o fio condutor fundacional dessa unidade. O diálogo e o respeito aos ditames constitucionais foram exercidos de maneira marcante – e, certamente, educativa – para a Justiça brasileira, que se transformou em uma usina capaz de alimentar o motor ético e moral que promove e sustenta o Estado Democrático de Direito em nosso cotidiano.

Temos aprendido que esses vínculos interinstitucionais, quando orientados pelo dever ético humanitário de cuidado e de amparo ao Outro, formam uma comunidade jurídica cujo horizonte existencial é constituído pela empatia, pelo amor e pelo respeito à humanidade. A ordem sedentária e a lógica negacionista às evidências científicas não são compatíveis com o que nosso ordenamento jurídico apresentou em seus princípios constitucionais da República. A Carta Magna de 1988 tem como fonte permanente a dignidade humana e as pluralidades nas formas de ser, de pensar e de sentir. Assegurou-nos a permanência de lutar pelo reconhecimento dos direitos humanos.

---

[1] Advogado e Secretário-Geral do Conselho Federal da Ordem dos Advogados do Brasil.

O ilustre pensador Achille Mbembe afirmou que a era do humanismo está terminando. Contudo, temos o compromisso existencial de desenvolver perspectivas teóricas e jurídicas que fomentem o desenvolvimento de um caminho possível para mudar o destino da história em benefício de toda a humanidade. Esta obra é, certamente, um norte importante na descoberta deste caminho, por meio da perspectiva do Biodireito e da Advocacia. Boa leitura!

APRESENTAÇÃO

HENDERSON FÜRST
CARINA B. GOUVÊA

A obra "**Advocacia e Bioética: a atuação das Comissões de Bioética da OAB**" é fruto dos trabalhos realizados pela Comissão Especial de Bioética e Biodireito, gestão 2019-2021, que tem por objetivo ser um centro de referência e excelência destinado ao suporte, à consulta e ao assessoramento das demandas legislativas, de ações governamentais, institucionais, públicas e privadas, jurídicas, coletivas ou individuais e de resolução de conflitos relacionados à temática bioética e biodireito no âmbito do Conselho Federal da Ordem dos Advogados do Brasil (OAB).

A coletânea pretende contextualizar na prática da advocacia as reflexões bioéticas desde o saber ético reflexivo às realidades da vida cotidiana contemporânea. A Bioética emerge enquanto uma nova ciência[2] à partir dos anos 70, com sua formulação feita por V. R. Potter, embora sua primeira formulação tenha sido sufocada pelo nazismo[3]. Sua natureza interdisciplinar tem avocado, desde então, contribuições das mais diversas áreas do conhecimento, pois as complexidades dos problemas decorrentes das invocações técnicas nas ciências da vida exigem metodologias e conhecimentos plurais para a melhor compreensão do fenômeno bioético[4] e suas consequências[5].

---

[2] Não se ignora a proposta feita por Fritz Jahr em seu editorial de 1927, quando, pela primeira vez, até onde se tem notícias, o neologismo foi utilizado. Contudo, naquela oportunidade, o fenômeno ficou restrito à formulação de uma nova ideia, um novo conceito repleto de significantes, que não deu significado a uma nova ciência, especialmente pelo contexto político que se encontrava.

[3] POTTER, V. R. **Bioethics**: bridge to the future. Englewood Cliffs: Prentice Hall, 1971.

[4] Ver GARRAFA, Volnei; PORTO, Dora. Bioética de intervención. **Tealdi JC, director. Diccionario latinoamericano de bioética. Bogotá: Unesco**, p. 161-4, 2008; KOTTOW, Miguel. Bioética de protección. **Diccionario latinoamericano de bioética**, p. 165-166, 2008; MAINETTI, José Alberto. Bioética narrativa. **Quirón**, p. 56-71, 1999; TINANT, Eduardo Luis. **Bioética jurídica, dignidad de la persona y derechos humanos**. Dunken, 2007.

[5] BYK, Christian. **Tratado de Bioética**. São Paulo: Paulus, 2015, 49.

A *Bioética de intervenção* procura respostas mais adequadas para as análises de macroproblemas e conflitos coletivos que tem relação concreta com os temas bioéticos constatados nos países pobres e em desenvolvimento. A *bioética de proteção* se consagra na ação e reconhece as necessidades reais dos seres humanos porque é concreta e específica – concreta porque se destina a indivíduos reais que sofrem de fragilizações e, específica, porque cada privação é identificável e distinguível. A *bioética narrativa*, que se alterna com os princípios racionalistas e analíticos, é configurada por uma virada metodológica dirigida à casuística que incorpora as singularidades plurais da bioética. Este campo é baseado em casos reais tais como a história clínica do paciente, na confissão sacramental, na autonomia da vontade, no livre consentimento, na decisão judicial. Consiste, ainda, em reavaliar o papel fundamental do raciocínio moral como exploração narrativa, ao contrário da tradição racionalista do absolutismo moral. A *bioética dos Direitos Humanos* postula que a bioética seja um campo plural de reflexão ético-normativa capaz de admitir diferentes singularidades de pensamentos e, portanto, inseparável do respeito pela diversidade cultural e linguística. Outro ponto a destacar advém do fato de que qualquer concepção teórica da bioética deve dar conta do lugar ocupado pela moral, valores, princípios de bom senso e as virtudes dessas dimensões. Ao mesmo tempo, deve apoiar os relacionamentos que a racionalidade moral tem com outras racionalidades, como as legais, científicas, tecnológica e estética, em todo o campo normativo. A *bioética jurídica* adentra o campo da regulação, das projeções, interpretações e aplicações das leis relativas aos problemas bioéticos que constituem, concomitantemente, uma reflexão crítica das relações da saúde entre a bioética e o direito nos níveis nacional, regional e internacional.

Na ausência de metodologia própria a compreensão dos fenômenos bioéticos, as análises dos problemas multifacetados, passam a ser examinados pelo Biodireito, cuja complexidade se decanta, principalmente, pela inexistência de normas jurídicas claras e aplicáveis a cada situação. Tal conjuntura implica tanto em relativismos quanto insegurança jurídica. Por exemplo, cita-se a tentativa do Conselho Federal de Medicina (CFM) para regulamentar a questão da ortotanásia, visando estabelecer maior segurança jurídica, por meio da Resolução 1.805/2006. Naquela ocasião, o Ministério Público

Federal, instituição interessada por ser detentora da ação penal pública, ajuizou ação civil pública contra o CFM para suspender os efeitos dessa resolução[6].

Também no âmbito da jurisprudência a situação de incerteza não é diferente. A título de exemplo, antes de o Supremo Tribunal Federal julgar a Arguição de Descumprimento de Preceito Fundamental 54, em 2012, que discutia a possibilidade de realização de aborto de feto anencefálico no Brasil, o Tribunal de Justiça de São Paulo proferiu duas decisões contraditórias em menos de 20 dias, em fevereiro de 2011[7], uma autorizando o aborto e outra negando[8].

Três motivos são frequentemente apresentados pela literatura: a dificuldade de criação de consensos em ambiente de pluralidade cultural e religiosa; questionamentos sobre o caráter exclusivamente ocidental da bioética; interesses comerciais das indústrias farmacêuticas[9].

No entanto, quando se está diante de uma ciência plural, inter/trans/multidisciplinar, o método científico possui a peculiaridade de carregar a pluralidade das ciências que o compõe[10]. Compreender essa característica é crucial para discutir qual método se utiliza na composição do conhecimento bioético científico – e aqui propõe-se uma distinção entre conhecimento bioético científico e o popular, pois é possível reconhecer um saber bioético baseado numa cultura.

---

[6] Basicamente, alegava o MPF que não poderia o CFM estabelecer normas éticas acerca de fato considerado crime (no linguajar jurídico, um fato penalmente tipificado como crime). A sentença em primeiro grau compreendeu corretamente que a conduta estabelecida como ortotanásia e regulamentada pelo CFM não era a mesma tipificada como crime no art. 121 do Código Penal. Cf. Sentença no Proc. 2007.34.00.014809-3, TRF-1.ª Região. Disponível em: <http://s.conjur.com.br/dl/sentenca-resolucao-cfm-180596.pdf>.

[7] **TJSP recua e proíbe aborto de feto anencefálico.** Disponível em: <http://www.estadao.com.br/noticias/geral,tj-sp-recua-e-proibe-aborto-de-anencefalo,683113>.

[8] FÜRST, Henderson. **No confim da vida.** Belo Horizonte: Casa do Direito, 2018, p. 22.

[9] SILVA, Alexandre Brasil. *Bioética, governança e neocolonialismo*. Brasília: Fundação Alexandre de Gusmão, 2015, p. 115.

[10] FÜRST, Henderson. **No confim da vida**, cit., p. 26.

As crises causadas pela pandemia do novo coronavírus desnudaram ainda mais o cenário de incertezas no campo da bioética e do biodireito, tornando explícita a dificuldade e, por vezes, a incapacidade das políticas vocacionadas ao campo das políticas públicas, como por exemplo a alocação de recursos escassos, a importância da observância integral das normas éticas e regulatórias no campo das pesquisas e da imunização. A Bioética é uma disciplina que requer abordagens dogmáticas e não dogmáticas, necessariamente pluralistas e multidisciplinares em ciências e tecnologias, levando em conta sua natureza em constante evolução.

A obra coletiva pretende, dentre outros objetivos específicos, assessorar advogados à construção de capacidades cognitivas com o intuito de auxiliar a criação de defesas, estruturas de regulação e decisões, atuando, também, como pontos cruciais para o diálogo entre a advocacia preventiva e contenciosa.

Cabe salientar, finalmente, que as questões propostas na obra trazem evidenciam conteúdo emblemáticos com a potencialidade de afetar, construir, promover, efetivar e ressignificar a bioética e o biodireito tornando a advocacia nas respectivas áreas paradigmas de proteção alicerçados respostas construtivistas.

A obra "**Advocacia e Bioética: a atuação das Comissões de Bioética da OAB**" aborda temas produzidos por advogados, acadêmicos e especialistas em direito médico, bioético e da saúde, que giram em torno de dilemas éticos e justiça; direito à vida em perspectiva ético-jurídica; ayahuasca; transhumanismo e conservadorismo; comitês de bioética; autonomia do paciente com deficiência; intervenções biotecnológicas e proteções jurídicas; aspectos jurídicos e bioéticos na pandemia da COVID-19; as solução de conflitos em bioéticas em judicialização; litígio estratégico ao suporte fático-bioético; proceduralização jurídica e biodireito.

Esta coletânea é o resultado do esforço de um conjunto de autores que fornecem ferramentas conceituais e diversos conteúdos para a compreensão do complexo semântico que representa a advocacia em Bioética e Biodireito. Esperamos que os temas discutidos possam estimular a inflexão de sentidos necessários à ampliação da eficácia e eficiência da arquitetura jurídica e de proteção desses direitos.

A bioética não deve se limitar à discussão meramente teórica: ela também deve ser um instrumento para melhorar a qualidade de vida, promovendo e defendendo direitos humanos e fundamentais com base na dignidade. Caso contrário, trata-se de uma bioética vã e, definitivamente, não é esse o nosso propósito, enquanto advogados, acadêmicos e pesquisadores.

Caros leitores e leitoras, sejam muito bem-vindos!

São Paulo e Recife

Verão de 2021-2022

A PONTE, AS FRONTEIRAS E A CORRENTEZA: A BIOÉTICA COMO GUIA PARA O FUTURO NOS 50 ANOS DO LIVRO DE POTTER EM MEIO À PANDEMIA DE COVID-19[1]

MÁRCIA ARAÚJO SABINO DE FREITAS[2]

SUMÁRIO: A Ponte; As Fronteiras; A Correnteza; Considerações finais; Referências

A PONTE

No famoso livro de 1971 de Potter[3], professor emérito da Universidade de Wisconsin, a bioética é definida como uma ponte entre os conhecimentos das humanidades e das ciências, necessária para construir um futuro melhor para a humanidade. Isso diante de um mundo cada vez mais tecnicista, individualista e, portanto, ameaçador da própria sobrevivência dos seres humanos na Terra – ainda mais diante de sérias questões ambientais que já assolavam o planeta. Em lindas reflexões, Potter alinha que a sabedoria é nada mais do que o conhecimento sobre a forma de se utilizar o conhecimento para o bem comum. A realização do indivíduo, diz Potter, estaria no sentir-se útil para a coletividade. E todo o conhecimento humano deveria se unir com esse fim. A bioética, assim, seria a ética da sobrevivência, da busca

---

[1] Texto escrito e enviado para a publicação no ano de 2021.

[2] Doutora em Saúde Pública e Mestre em Direito pela Universidade de São Paulo (USP), Graduada em Direito pela Universidade Federal de Minas Gerais (UFMG), atuando em Bioética, Saúde Pública e Metodologia de Pesquisa. Professora do Mestrado Profissional do AC Camargo Cancer Center, da Especialização em Psiquiatria Forense do Instituto de Psiquiatria da USP e de cursos de Cuidados Paliativos da Casa do Cuidar. Membro do Comitê de Ética em Pesquisa da Fundação Pio XII - Hospital de Amor Barretos. Advogada na Botelho Advogados. Contatos: asf.marcia@gmail.com / marcia.freitas@accamargo.org.br

[3] POTTER, Van Rensselaer. *Bioética*: ponte para o futuro. São Paulo: Loyola, 2016.

pela melhor qualidade de vida para todas as pessoas, seja diante das questões ecológicas, seja perante os enormes problemas sociais. A sabedoria deveria ser um guia para a ação prática, orientando a ciência, que Potter tristemente via enlaçada em interesses, lucro e distante dos problemas sociais. Seu desejo é que a ciência praticada fosse realmente útil para o fim de melhorar a vida das pessoas e garantir a sobrevivência dos ecossistemas da Terra.

Ressalte-se que Potter não foi o primeiro a utilizar o termo "bioética"[4], cunhado por Fritz Jahr em 1927, já pontuando preocupações éticas que iriam além do ser humano, englobando também animais e plantas[5]. Tampouco foi o primeiro a detectar conflitos na relação entre os diferentes campos do saber[6] e nem a chamar a atenção para a necessidade de unir conhecimentos, sobretudo fora das áreas das ciências biomédicas, para solucionar os grandes problemas da humanidade. Nesse ponto, faço especial menção ao virologista australiano Macfarlane Burnet, prêmio Nobel de 1960 e tido como um dos pesquisadores mais brilhantes da história[7], que, desde os anos 1930-40, mesmo sendo ele próprio um médico, já chamava a atenção para o fato de que a medicina e a biologia não bastavam para entender e combater as doenças infeciosas, sendo imperativo considerar a ecologia e as ciências sociais[8]. Realmente, para dar razão a Burnet, basta a recordação de exemplos relativamente recentes, como os seguidos surtos de Nipah em Bangladesh, cujas dinâmicas de *spillovers* (passagens dos patógenos de animais para seres humanos) foram resolvidas não por epidemiologistas, mas por antropólogos sociais[9]. É assim que, para Burnet, os estudos não deveriam se concentrar apenas nas doenças e patógenos dentro do corpo humano e dos laboratórios, mas também

---

[4] GOLDIM, José Roberto. Bioética: origens e complexidade. *Revista do Hospital das Clínicas de Porto Alegre*, v. 26, n. 2, 2006.

[5] JAHR, Frank. *Bio-Ethik*. Eine umschau über die ethichen beziehung des menchen zu tier und pflanze. *Kosmos*, v. 24, p. 2-4, 1927.

[6] SNOW, C. P. *The two cultures*. Cambridge: Cambridge University Press, 2012.

[7] QUAMMEN, David. *Contágio*: infecções de origem animal e a evolução das pandemias. São Paulo: Companhia das Letras, 2020.

[8] BURNET, Macfarlane; WHITE, David O. *Natural history of infectious disease*. 4 ed. Cambridge: Cambridge University Press, 1972.

[9] QUAMMEN, David. *Contágio*: infecções de origem animal e a evolução das pandemias. São Paulo: Companhia das Letras, 2020.

no mundo social e ecológico ao nosso redor. Talvez seja por isso que Albert Jonsen, importante bioeticista recém-falecido[10] que presidiu a Comissão Presidencial para Assuntos de Bioética sobre a qual trataremos a seguir, caracterizava a bioética como "o estudo de problemas éticos encontrados conforme os humanos interagem com o biológico dentro de si mesmos e no seu ambiente, compreendendo muito mais do que a medicina e a ciência médica"[11].

Bom, embora o livro de Potter, que ora completa 50 anos, não tenha sido o pioneiro em assinalar as questões apontadas, nele a bioética é proposta como uma *disciplina*, uma área de estudos, o que de fato se consolidou naquelas décadas de 1960-70, após determinado processo histórico sobre o qual pontuaremos a seguir. Além disso, sua teoria é inspiradora, e de necessidade e aplicação assustadoramente atuais. No mais, trata-se de um marco no campo da bioética, sendo um dos livros mais citados e comentados da área – infelizmente, nem sempre com a devida propriedade.

Ao reconstituir a história da mudança na forma de tomada de decisões na medicina ao longo do século XX, está claro que para Rothman[12], professor da Universidade de Columbia que é tido como o grande historiador da bioética, esta é a "ética leiga", em oposição à antiga "ética médica", que era a ética feita *pelos* médicos e *para* os médicos. Segundo o professor, também falecido no ano passado, a "ética médica" se assemelhava ora a uma "etiqueta médica", com questões como a inadequação de se "roubar paciente" de outro médico, a vestimenta profissional correta e a necessidade de pontualidade nos compromissos; ora a um esforço de se afastar da prática médica todos os profissionais não médicos (caso notório foi o das parteiras), sob a alegação de charlatanismo e defesa da ciência, ampliando e garantindo o mercado da profissão.

---

[10] KOLATA, Gina. Albert R. Jonsen, 89, dies; brought medical ethics to the bedside. *The New York Times*, 16 Nov. 2020. Disponível em: <https://www.nytimes.com/2020/11/16/health/albert-r-jonsen-dead.html>. Acesso em: 10 set. 2021.

[11] JONSEN, Albert R.; JAMETON, Andrew. Medical Ethics, history of the Americas. II – The United States in the twenty-first century. In: POST, Stephen G. *Encyclopedia of bioethics*. 3 ed. Vol. 3. New York: Macmillan Reference USA, 2004, p. 1523.

[12] ROTHMAN, David J. *Strangers at the bedside*: a history of how law and bioethics transformed medical decision making. 2 ed. New York: Aldine de Gruyer, 2003.

De fato, a relação entre os "insiders" (profissionais das áreas biomédicas) e os "outsiders" (todos os demais atores sociais), tão pontuada por Rothman, é fundamental na construção dessa história. É uma relação já há muito estudada e também mencionada por Potter, já que, com o desmembramento do conhecimento em diversas áreas e suas posteriores superespecializações, ocorreu não meramente uma divisão *didática* do conhecimento, mas, infelizmente, uma verdadeira *cisão*, com formas de ver o mundo mais e mais distantes e que cada vez dialogavam menos entre si, como duas culturas opostas[13].

Em medicina, mais especificamente, essa diferença remonta ao Juramento de Hipócrates – até hoje repetido pelas turmas de graduandos em medicina – e à medicina sacerdotal, distinguindo duas séries de homens: os profissionais da medicina, que eram homens consagrados para os quais estavam reservadas as coisas consagradas[14], e os leigos, que não tinham acesso ao conhecimento da "irmandade"[15].

Então, a grande mudança com a bioética estaria exatamente no aparecimento, em meio à tradicional relação médico-paciente, dos "strangers at the bedside" (estranhos à beira do leito), que dão nome ao excelente livro de Rothman[16]. Trata-se exatamente dos "outsiders", que, não sem tensões inerentes, passaram a participar do processo de tomada de decisões médicas, modificando totalmente a tradição médica e a forma como as decisões em saúde eram tomadas. Em contraposição à "ética médica", na bioética, ocorreria a ponte entre "insiders" e "outsiders", e as decisões estariam centradas na pessoa, no usuário do serviço de saúde. Assim sendo, era um movimento de aproximação das humanidades e das ciências, ou, quem sabe, de *humanização da saúde*.

É assim que, para Rothman, a bioética, além de ser uma nova área de estudos, é também um movimento social que se desenvolveu nos Estados Unidos da América (EUA) a partir dos anos 1960-70, calcado em contexto de profunda desconfiança da sociedade em toda

---

13 SNOW, C. P. *The two cultures*. Cambridge: Cambridge University Press, 2012.

14 JAEGER, Werner. *Paidéia*: a formação do homem grego. São Paulo: Martins Fontes, 2003.

15 MUÑOZ, Daniel R.; FORTES, Paulo A. C.. O princípio da autonomia e o consentimento livre e esclarecido. In: COSTA, Sergio I. F.; OSELKA, Gabriel; GARRAFA, Volnei (Coord.). *Iniciação à bioética*. Brasília: Conselho Federal de Medicina, 1998.

16 ROTHMAN, David J. *Strangers at the bedside*: a history of how law and bioethics transformed medical decision making. 2 ed. New York: Aldine de Gruyer, 2003.

sorte de autoridades constituídas até então – como médicos, diretores de escola, diretores de sanatórios, políticos, governantes, bispos, pais de família.

Como a bioética seria essa "ética leiga", ou seja, da qual não participam apenas os especialistas "insiders" das áreas biomédicas, os grandes marcos temporais da sua construção são exatamente aqueles em que os "outsiders" invadem o processo de tomada de decisões médicas. À vista disso que, para muitos, o nascimento da bioética se dá precisamente em 1962[17], com a divulgação do polêmico caso Seattle pela revista Life, em bem redigido artigo da jornalista Shana Alexander[18].

Na oportunidade, diante do surgimento da tecnologia de diálise dos rins, um comitê foi formado no hospital de Seattle com o objetivo de selecionar quais pessoas iriam realizar o procedimento e quais seriam deixadas à morte, pois não havia máquinas de diálise suficientes para todos que delas necessitavam. Para evitar controvérsias e já antevendo que qualquer decisão que os médicos tomassem geraria inevitáveis insatisfações, o hospital convidou a população para formar esse comitê, de forma que o caso se tornou emblemático exatamente por ser a primeira experiência em que um comitê leigo tomava decisões que tradicionalmente estariam a cargo da medicina. Contudo, polêmica ainda maior adveio com a divulgação dos critérios utilizados nessas escolhas, que, na falta de parâmetros, iam desde a verificação de dívidas com o Estado até a avaliação do caráter da pessoa que necessitava de tratamento. Como bem disse o bioeticista Arthur Caplan, professor da Universidade de Nova Iorque, a bioética nasceu de um escândalo[19] – ou melhor, de uma sequência de escândalos. Não é, então, sem controvérsias, lutas de interesses, conflitos dos mais variados e escândalos midiáticos que a bonita ponte entre os conhecimentos foi sendo estruturada.

Outro caso notório nesse mesmo sentido do protagonismo dos "outsiders" na medicina foi o de Karen Ann Quinlan, de 1975, que ganhou enorme repercussão em razão da dúvida sobre desligar ou não as máquinas que mantinham viva Karen, em estado de coma irreversível. A decisão acabou sendo feita por um tribunal, o que foi inédito na época:

---

[17] JONSEN, Albert R. (Ed.). The birth of bioethics. *The Hastings Center Report*, v. 23, n. 6, Nov./Dec. 1993. Special Supplement.

[18] ALEXANDER, Shana. They decide who lives, who dies. *Life*, New York, Article of the week, v. 53, n. 19, p. 102-125, 09 Nov. 1962.

[19] CAPLAN, Arthur. Putting bioethics in a suit and tie. *Lancet*, v. 371, 12 Jan. 2008.

eram juízes em uma corte afastada do hospital tomando decisões médicas. Segundo Rothman[20], a partir de então, era certo que os médicos nunca mais estariam sozinhos no consultório e teriam que conviver com inúmeros "outsiders" à beira do leito influenciando a tomada de decisões médicas. A ética médica daria lugar à bioética definitivamente.

Mais casos importantes nessa relação "insiders"/"outsiders" foram os que envolveram a pesquisa clínica, que foi a questão gatilho para o desenvolvimento da bioética. São exemplos notórios desses casos a publicação do artigo do anestesiologista e professor de Harvard Henry Beecher em 1966[21] denunciando abusos com seres humanos participantes de pesquisa praticados por renomados pesquisadores; e o caso Tuskegee, divulgado em 1972, no qual uma população pobre de agricultores negros do Alabama foi submetida por anos a uma pesquisa sobre sífilis sem seu conhecimento e propositalmente deixada sem tratamento para apreciação da progressão natural da doença. Ambos envolviam estudos que contavam com financiamento público e foram determinantes para que os pesquisadores passassem a não tomar mais decisões por si só ao envolver seres humanos em experimentos científicos.

Ao seu turno, o artigo de Beecher deu azo às primeiras regras para pesquisas com seres humanos em solo estadunidense, elaboradas pelo *National Institutes of Health* (NIH), um dos grandes financiadores públicos de pesquisas do mundo[22], e pela *Food and Drug Administration* (FDA), que autoriza a comercialização de medicamentos advindos de pesquisas clínicas. Tudo isso após enorme pressão da opinião pública sobre o Congresso Nacional, que determinava o orçamento das duas instituições e urgiu que essas tomassem providências. As novas regras interviam pela via do direito e do dinheiro nas decisões clínicas em pesquisa, retirando autonomia dos pesquisadores ("insiders"). Essas normas englobavam a necessidade de comprovação do consentimento informado dos participantes de pesquisa para ingressar nos estudos e de uma prévia análise dos projetos de pesquisa por um Comitê de Ética em Pesquisa (CEP), que teria composição mista de "insiders" e

---

20 ROTHMAN, David J. *Strangers at the bedside*: a history of how law and bioethics transformed medical decision making. 2 ed. New York: Aldine de Gruyer, 2003.

21 BEECHER, Henry K. Ethics and Clinical Research. *The New England Journal of Medicine*, v. 274, p. 1354-1360, 16 jun. 1966.

22 NATIONAL INSTITUTES OF HEALTH. Impact of NIH Research. Disponível em: <https://www.nih.gov/about-nih/what-we-do/impact-nih-research>. Acesso em: 21 abr. 2021.

"outsiders". Ou seja, a partir de então, mesmo o mais renomado dos pesquisadores teria que submeter suas ideias, seu projeto de pesquisa, à apreciação da "ética leiga" antes de iniciar a coleta de dados.

Ressalte-se que, como o Código de Nuremberg, que previa desde a década de 1940 a necessidade do consentimento informado, nunca foi aplicado aos vencedores da Guerra, apenas aos perdedores[23] e dentro do contexto de sua subjugação pública exemplar, as regras do NIH e do FDA foram as primeiras normas sobre pesquisa com seres humanos a encontrarem ampla efetividade prática. Isso porque espertamente submeteram o sistema ao estrangular seu sustentáculo financeiro: tanto do lado do financiamento das pesquisas (NIH), quanto pela possibilidade de delas auferir lucro registrando medicamentos (FDA).

Por sua vez, sob o argumento de que a sociedade deveria participar das discussões da medicina, o escândalo em torno do caso Tuskegee deu força ao estabelecimento da Comissão Presidencial para Assuntos de Bioética[24], órgão consultivo no tema junto ao Congresso Nacional dos EUA e que congregava grandes especialistas da área. Certamente, essa foi uma forma de o Congresso chamar para si o protagonismo sobre esses conflitos e não perder espaço para outras instituições. Importante destacar que, inicialmente, a classe médica, receosa de perder domínio e possibilidade de autorregulação para o Congresso, a combateu fortemente, e com apoio do governo, pois havia sido proposta pela oposição, mais precisamente pelo recentemente falecido senador Walter Mondale[25]. Dessa forma, em um primeiro momento, a Comissão foi logo dissolvida. Entretanto, com a revelação em 1972 de Tuskegee e agora com o importante apoio do influente senador Edward Kennedy, a recriação da Comissão ganhou força no Congresso. Kennedy também foi o responsável para que, em 1978, a Comissão se

---

[23] ROTHMAN, David J. *Strangers at the bedside*: a history of how law and bioethics transformed medical decision making. 2 ed. New York: Aldine de Gruyer, 2003.

[24] A Comissão recebeu diversos nomes diferentes ao longo da sua história, sendo este o último.

[25] Mondale, além de pertencer ao Partido Democrata, foi feroz crítico ao governo Nixon e ativista de direitos civis (WEISMAN, Steven R. Walter Mondale, Ex-Vice President and Champion of Liberal Politics, Dies at 93. *The New York Times*, New York, 19 Apr. 2021. Disponível em: <https://www.nytimes.com/2021/04/19/us/politics/walter-mondale-dead.html>. Acesso em: 19 abr. 2021).

fixasse como instituição permanente[26] e com o prestígio que teve ao longo das décadas subsequentes, até sua triste desativação em 2017 pelo governo Trump[27], não muito afeito a realizar ações baseadas em evidências científicas e a ouvir consultores em bioética para a estruturação de políticas públicas.

A Comissão foi importante órgão consultivo ao Congresso e à Presidência para o estabelecimento de normas e políticas públicas nos assuntos relacionados à bioética e a saúde. Realizava pesquisas, levantamentos nacionais e elaborava relatórios públicos indicando caminhos a serem seguidos pela legislação ou pelas ações de governo. As recomendações que exarava por vezes embasavam normas e políticas públicas, por vezes, pautavam a discussão pública – o que tem enorme relevância, mesmo sem eventual "sucesso" jurídico[28]. Seu relatório mais famoso decerto é o Relatório Belmont, de 1979, que estabeleceu os famosos princípios éticos para a proteção de humanos sujeitos de pesquisa, sustentando que: "três princípios básicos, dentre aqueles aceitos na nossa tradição cultural, são particularmente relevantes para a ética em pesquisa envolvendo seres humanos: os princípios do respeito às pessoas, beneficência e justiça"[29].

A composição da Comissão era mista entre pesquisadores da área biomédica e "outsiders", havendo inclusive determinação legal para

---

[26] ROTHMAN, David J. *Strangers at the bedside*: a history of how law and bioethics transformed medical decision making. 2 ed. New York: Aldine de Gruyer, 2003.

[27] PRESIDENTIAL COMMISSION FOR THE STUDY OF BIOETHICAL ISSUES. Disponível em: <https://bioethicsarchive.georgetown.edu/pcsbi/index.html>. Acesso em: 21 abr. 2021; KLUGMAN, Craig. Dear Mr. President: It's Time for Your Bioethics Commission. *Bioethics.net*, 23 May 2017. Disponível em: <https://www.bioethics.net/2017/05/dear-mr-president-its-time-for-your-bioethics-commission/>. Acesso em: 21 abr. 2021.

[28] GRAY, Bradford H. Bioethics Commissions: what can we learn from past successes and failures? In: BULGER, Ruth E.; BOBBY, Elizabeth M.; FINEBERG, Harvey V. Society's choices: social and ethical decision making in biomedicine. National Academy Press: Washington, D.C., 1995.

[29] THE NATIONAL Commission for the Protection of Human Subjects of Biomedical And Behavioral Research. *The Belmont Report*: ethical principles and guidelines for the protection of human subjects of research. 18 abr. 1979. Disponível em: <http://www.hhs.gov/ohrp/humansubjects/guidance/belmont.html>. Acesso em: 21 abr. 2021. Tradução nossa.

que os últimos fossem a maioria[30]. Dessa forma, a Comissão significou tanto a estabilização dos "outsiders" na medicina quanto a institucionalização da bioética, que a partir de então se tornou assunto nacional e de oficializado interesse do governo. Em outras palavras, a Comissão transformou um problema moral de negligência profissional e ocasionais escândalos jornalísticos em constante vigilância e debate público[31]. Era a materialização da ponte.

AS FRONTEIRAS

A desativação da Comissão Presidencial nos EUA já é sintoma de que o debate interdisciplinar, a tomada de decisões conjuntas com profissionais de diferentes tradições do conhecimento e a própria abertura a formas diferentes de pensar e compreender o mundo ainda não são fáceis e nem estão bem estabelecidas. O conflito com o que vem de fora do conhecimento do próprio sujeito ("outsider"), os receios de perda de poder com o compartilhamento de espaços decisórios e de financiamento, interesses políticos e, sobretudo, as dificuldades de comunicação (tão humanas!) permanecem fortes.

De fato, não raro, no debate que se pretendia interdisciplinar, há pouco diálogo e muitos monólogos: a escuta se perde, há pouca disposição à alteridade de buscar o ponto de vista alheio, a compreender os conceitos e formas de enxergar o mundo sob o ponto de vista de outras áreas, sem os preconceitos trazidos da própria tradição. E isso envolve sair do lugar comum, implica desconforto e constante aprendizado. E o profundo aprendizado ocorre mesmo por meio de certa dor, pois não prescinde do enfrentamento das próprias preconcepções, do reconhecimento de equívocos ou da necessidade de renovar os estudos, do senso crítico ativo e da humildade perante o conhecimento, além de constante curiosidade e uma alegre abertura ao novo.

Contudo, os seres humanos naturalmente evitam a dor. Ainda, sobretudo diante de egos individuais e de vaidades sociais, têm dificuldades com esse tipo de postura ativamente acessível ao diferente e à reconstrução de si próprio a partir do outro. Os estudiosos de uma das

---

[30] UNITED STATES OF AMERICA. *National Research Act*. Approved July 12, 1974. Disponível em: <https://www.govinfo.gov/content/pkg/STATUTE-88/pdf/STATUTE-88-Pg342.pdf#page=5>. Acesso em: 21 abr. 2016.

[31] ROTHMAN, David J. *Strangers at the bedside*: a history of how law and bioethics transformed medical decision making. 2 ed. New York: Aldine de Gruyer, 2003.

culturas, além de não se ouvirem, sequer se interessam por acessar o conhecimento da outra. Aliás, conforme pontua o romancista e químico C. P. Snow em seu famoso discurso de 1959 em Cambridge, os cientistas em geral, mesmo que muito inteligentes, já não costumam consumir livros, muito menos os de romance, história, poesia, teatro, em um auto empobrecimento triste e perigoso. Não raro têm em conta apenas os textos "úteis", que possam ser usados como ferramentas de seu trabalho. Da mesma forma, os intelectuais "outsiders" vaidosamente acreditam dominar toda a cultura, o que talvez seja ainda mais sério[32]. E eis que a literatura de ficção é uma das mais poderosas produtoras de empatia[33] – tão necessária aos profissionais de saúde, que cuidam das dores de pessoas! –, enquanto que o aprofundamento dos estudos sempre apontará para a humildade, para o quanto quem estuda pouco sabe e precisar ainda buscar conhecer.

São cruciais treinamento e mudança de mentalidade para superar as fronteiras. Isso tanto para construir pontes quanto para que a bioética seja verdadeiramente centrada na pessoa, no usuário do sistema de saúde, e não se constitua, após tantos conflitos e conquistas, em mera reformulação das éticas profissionais do início do século XX. Para que efetivamente se contraponha a isso, é necessário que a bioética se erga como uma forma totalmente diferente (e incômoda) de tomar decisões por meio de pontes de diálogo, trazendo as melhores contribuições de cada maneira de se vislumbrar um problema, e que seja também um meio de exercer a sabedoria que se debruçará sobre o conhecimento de maneira tal que gerará mais conhecimento sobre o próprio conhecimento. Só assim a bioética se concretizará conforme idealizada e terá impactos mais efetivos na melhoria da vida das pessoas e do planeta.

Tal cenário de dificuldades se repete no Brasil, onde se celebra o discurso interdisciplinar, mas há enorme dificuldade em efetivá-lo na prática, seja entre acadêmicos, seja nas equipes de assistência à saúde multidisciplinares, onde ainda é preponderante e mais valorizado o saber médico. Percebe-se o mesmo na mídia e no senso popular, que não raro sobrevalorizam a fala do profissional médico em detrimento de outros profissionais que também atuam na área da saúde.

---

[32] SNOW, C. P. *The two cultures*. Cambridge: Cambridge University Press, 2012.

[33] OATLEY, Keith. Fiction: simulation of social worlds. *Trends in Cognitive Sciences*, v. 20, n. 8, p. 618-628, Aug. 2016; HAKEMULDER, Frank. *The moral laboratory*: experiments examining the effects of reading literature on social perception and moral self-concept. John Benjamins, 2000.

Permanece, em nosso país, a falta conhecimento sobre a própria bioética como área de estudos. Como mencionado, subsiste até mesmo na academia a confusão com a ética profissional, sobretudo do ponto de vista da antiga ética médica do início do século passado, ou então com a mera impressão de que seria um campo para ensinar cidadãos a se tornarem mais corretos e honestos no trabalho. Isso quando não é confundida com metodologia de pesquisa ou parte da normalização de trabalhos científicos (não plagiar trabalho acadêmico seria uma "atitude bioética"). E, mesmo que toda a história da bioética estadunidense tenha convergido para que não se limitasse a eventuais escândalos jornalísticos e ganhasse robustez pública e institucional, no Brasil, ainda vemos seu nome atrelado a programas de auditório aleatórios com polêmicas midiáticas ou a aulas e cursos vazios de conteúdo e recheados de discussões filosoficamente desorganizadas e inúteis do ponto de vista da sabedoria vindicada por Potter.

Ainda na academia, é raro se deparar com concursos públicos ou seleções de professores cujos editais abarcam profissionais de formação interdisciplinar, vez que costumam ser fechados na titulação integral dentro daquele departamento específico da vaga em aberto. Também não se verifica na academia brasileira com tanta frequência como fora do país grupos de pesquisa interdisciplinares, que congregam profissionais e saberes advindos de diversas áreas do conhecimento para estudo mais profundo, útil e rico dos problemas de pesquisa – sobretudo quando a interdisciplinaridade cruza as fronteiras das áreas das humanidades e das ciências biomédicas, que é exatamente a ponte da bioética.

Ressalte-se que, no estrangeiro, sobretudo a partir dos EUA, a bioética parece ter encontrado *locus* de efervescência nos diversos *Centers* e *Institutes* que se multiplicaram pelas universidades ao longo do século XX. Os *Centers* e *Institutes*, quando criados, buscavam exatamente a interdisciplinaridade ao transpor a lógica departamental das faculdades. Era bem comum também que contassem com financiamento externo ao das universidades e alguns colaboradores externos também, trabalhando com problemas de pesquisa mais atrelados às necessidades do contexto (ou do financiamento!), do que no também importante caminho tradicional de realizar estudos conforme o trilhar do conhecimento, que era a *ratio* dos departamentos[34] (exemplo: a ciência conhece

---

34 GEIGER, Roger L. *Research and relevant knowledge*: American research universities since World War II. New Brunswick: Transaction Publishers, 2004.

determinado objeto de pesquisa até este ponto, falta saber dali para adiante). Por serem interdisciplinares, congregarem tanto estudiosos como profissionais, e tratarem de temas de impacto corrente, que penso ser tão comum que a bioética tenha se estruturado academicamente tão bem nesses espaços nos países em que mais floresceu, sendo essa exatamente a natureza dos mais renomados centros de estudo da área, tais como o *Hastings Center* (EUA), o *Kennedy Institute of Ethics* (EUA) e o *Oxford Uehiro Centre for Practical Ethics* (Reino Unido).

Por sua vez, a bioética como disciplina pode até constar dos currículos de cursos de graduações como de medicina e direito no Brasil, mas não costuma ser valorizada, nem ministrada por bioeticistas, e sim por professores sem experiência na área que apenas assumem a carga horária, como se residual – o que não ocorre com disciplinas mais valorizadas na área médica, como cardiologia e neurologia, ou na área jurídica, como direito tributário e direito penal. Ou seja, mais uma vez, na prática, é como se a bioética sequer tivesse obtido o reconhecimento perante a própria academia como uma área do conhecimento. E, se esse entendimento não ocorre na academia, *locus* privilegiado de estudos e conhecimento, que dirá fora dela. Pertencer a um campo interdisciplinar acabou gerando a má compreensão de que seria tão inespecífica que não demandaria conhecimento especial. Assim, em grande parte, os cursos de medicina continuam seguros dos "outsiders", assim como os de direito permanecem fechados em si próprios – mesmo que o direito regule a vida social e a medicina atue sobre a saúde das pessoas, o que certamente demandaria, em ambos os casos, visão mais ampla para endereçar adequadamente questões tão complexas como a sociedade e o ser humano.

No mais, as ciências biomédicas e as humanidades conseguem se afastar até mesmo em relação ao financiamento[35]. Aliás, muitos atribuem à evidente priorização, pelo financiamento público, das áreas de exatas e ciências biomédicas, com absoluto descaso pelas humanidades, parte do motivo pelo qual ocorreram tantos abusos na pesquisa clínica[36]: as descobertas científicas e o tecnicismo eram amplamente incentivados, enquanto o lado humano era escanteado, pois não dava

---

[35] GEIGER, Roger L. *Research and relevant knowledge*: American research universities since World War II. New Brunswick: Transaction Publishers, 2004.

[36] ROTHMAN, David J. *Strangers at the bedside*: a history of how law and bioethics transformed medical decision making. 2 ed. New York: Aldine de Gruyer, 2003.

lucros e nem fazia vencer guerras. No Brasil, até hoje é aparente o muro que separa esses dois mundos dentro das universidades apenas ao se vislumbrar boa parte das estruturas físicas das faculdades e unidades dedicadas às ciências e às humanidades. Não raro, estas últimas ocupam os prédios e espaços em pior estado de conservação dos *campi* e que ostensivamente mais carecem de recursos. Isso sem falar da desigual distribuição de bolsas de estudos e recursos para pesquisa. No entanto, sem que os conhecimentos sejam minimamente pareados em termos de valor, é difícil que se equilibrem em diálogo e frutifiquem pontes.

É assim que parece que as fronteiras do pensamento ainda são mais fortes do que a ponte.

Ainda sobre a proposta de Potter, a corrente pandemia de covid-19 também fez prova da dificuldade da ação coletiva, ou que o sujeito encontre sentido individual na produção desse interesse coletivo. Decerto faltou em nosso país adequada comunicação do ente público com a população e planejamento para o correto combate à disseminação do vírus, que são essenciais para o controle de epidemias, mas tampouco a população, de forma geral, agiu sob o pensamento coletivo. Mesmo clássicas políticas de saúde coletiva, como as medidas quarentenares, o uso de máscaras, o distanciamento e a vacinação, não raro foram interpretadas como se fossem meras ações de proteção individual. Infelizmente, nem mesmo uma aterradora pandemia como esta, de proporções inéditas no século, foi capaz de produzir o sentido coletivo sonhado por Potter: aquele em que a pessoa se encontra na sua dedicação ao coletivo. Embora a ciência e a saúde pública tenham ficado em inédita evidência, as fronteiras das diferenças políticas, dos interesses de cada país e dos confortos e vontades individuais terminaram falando mais alto do que a necessária construção de pontes entre os diferentes para a edificação de um bem comum que garantisse a sobrevivência de todos, a assistência aos mais necessitados e o bem-estar coletivo. Pontes antes ensaiadas acabaram rachadas. E o vírus se espalhou.

Potter acreditava na evolução, sob três aspectos: biológico, fisiológico e cultural[37]. A biológica tem sentido darwinista, da adaptação de gerações de uma espécie ao ambiente no decorrer de um longo tempo. A fisiológica, por sua vez, pode ser percebida em curto prazo e é ex-

---

[37] POTTER, Van Rensselaer. *Bioética*: ponte para o futuro. São Paulo: Loyola, 2016.

perimentada individualmente por meio de manipulações do próprio corpo através de exercícios físicos, dietas e mudanças de rotina, como, por exemplo, uma pessoa que torna seu corpo mais musculoso por meio de um programa de hipertrofia ou melhora seu condicionamento respiratório praticando corridas ou natação. Já a cultural, a mais desafiante de todas, diria que está muito ligada à evolução do que os professores de Georgetown Beauchamp e Childress chamaram, em seu livro[38], que é o grande best-seller da área da bioética, de *moralidade comum*: o conjunto de valores de uma sociedade em determinado tempo.

Julian Savulescu, disruptivo bioeticista que está à frente do centro de ética prática da Universidade de Oxford, tendo por base o livro da dupla de professores, considerou que a grande questão da atualidade e do nosso futuro é exatamente que a nossa moralidade comum não está preparada para os problemas que enfrentamos. Embora não mencione o velho professor de Wisconsin, Savulescu argumenta em convergência com Potter no sentido de que a própria sobrevivência da humanidade depende desse desenvolvimento moral[39]. Estamos, no atual estágio da nossa moralidade, verdadeiramente inaptos para o futuro[40]:

> "O livro de referência Princípios de Ética Biomédica procura fundar seus quatro princípios – respeito à autonomia, beneficência, não-maleficência e justiça – no que eles chamam de 'moralidade comum'. Na minha opinião, este é um dos mais significantes e corretos argumentos em ética médica nos últimos 30 anos. (...) Por que estes trabalhos e o argumento relacionado aos quatro princípios da moralidade comum são tão importantes? É porque entendendo a origem da atual moralidade, nós podemos ter uma visão das suas limitações e como ela deveria ser revista. Junto com Ingmar Persson, argumento que as nossas disposições morais e moralidade comum são inaptas para o presente mundo globalizado de tecnologias avançadas. Os homens não podem resolver problemas de ação coletiva como mudança climática, nós arrazoamos, ou pobreza global, com nosso atual conjunto de disposições e moralidades comuns. Defendemos que nossas disposições

---

[38] BEAUCHAMP, Tom L. CHILDRESS, James. F. *Principles of biomedical ethics*. 8 ed. Oxford University Press, 2019.

[39] SAVULESCU, Julian. "Common morality" and principles of biomedical ethics. *Journal of Medical Ethics*, v. 37, n. 10, p. 581, Oct. 2011.

[40] PERSSON, Ingmar; SAVULESCU, Julian. *Inadequado para o futuro*: a necessidade de melhoramentos morais. Belo Horizonte: UFMG, 2017.

morais precisam evoluir. (...) A própria existência da humanidade pode depender desse desenvolvimento moral"[41].

A grave pandemia que nos assola, que já vitimou mais de 600 mil pessoas no Brasil e quase cinco milhões em todo o mundo[42], afora as centenas de milhões de contaminados e incontáveis sequelados, é certamente grande exemplo dessa inaptidão e um apelo urgente para a necessidade da evolução cultural propalada por Potter. Há exatos 50 anos da publicação de seu livro, parecemos ainda distantes da sabedoria, de como utilizar o conhecimento em prol da redução das desigualdades, da nossa sobrevivência no planeta e do bem-estar das pessoas. Ainda, como grandes questões coletivas se fazem cada vez mais presentes, tais como o aquecimento global que nos sufoca, o aumento da desigualdade social, os cada vez mais recorrentes *spillovers* de patógenos com potência para gerar pandemias, e os problemas ambientais que se avolumam, teremos enormes adversidades a desafiar a integridade desse coletivo humano que custa a se erguer.

Isso tudo só reforça o chamado de Potter, segundo o qual a ética é um modo de orientação. Em seus dizeres, "o caminho para a conveniência social não é discernido pelo indivíduo"[43], tendo a ética, como orientação, conteúdo eminentemente comunitário. Isso desafia, decerto, os valores individuais que conduziram a cultura ocidental nas últimas décadas e todo um modo de produção que foi muito efetivo em gerar riquezas e inovação, mas não em distribuir essas riquezas, nem em direcionar essas inovações ao bem comum. Talvez o grande desafio que a humanidade enfrentará diante do avolumamento das grandes questões coletivas e que já ameaçam e podem ameaçar muito mais a vida de muitos seres humanos, seja mesmo enfrentar nossa moralidade, nosso conjunto valorativo, com suas qualidades e defeitos, e buscar soluções éticas que superem os valores e modos de vida que nos trouxeram à severa degradação ambiental, à pandemia e às excessivas e cruéis desigualdades.

---

[41] SAVULESCU, Julian. "Common morality" and principles of biomedical ethics. *Journal of Medical Ethics*, v. 37, n. 10, p. 581, Oct. 2011, p. 581, tradução nossa.

[42] CSSE - Center for Systems Science and Engineering at Johns Hopkins University of Medicine. *COVID-19 dashboard*. Disponível em: <https://coronavirus.jhu.edu/map.html>. Acesso em: 10 out. 2021.

[43] POTTER, Van Rensselaer. *Bioética*: ponte para o futuro. São Paulo: Loyola, 2016, p. 19.

Contudo, nada mais desafiador e demorado do que a evolução cultural. E o tempo infelizmente não está a nosso favor.

A CORRENTEZA

Em todo esse processo histórico de desenvolvimento da bioética, que envolveu disputas, escândalos e pontes propostas, estruturadas, corroídas e rachadas, houve quem se sobressaísse, se beneficiasse e mesmo tomasse as rédeas desse processo.

Como dito, o desenvolvimento da bioética pode ser mais bem compreendido sob o contexto estadunidense nas décadas de 1960-70. Talvez o país tenha sido palco desses acontecimentos por seu histórico de salvaguarda de direitos de liberdade e autonomia, junto com seu novel protagonismo global no pós-guerra, mas também certamente pela força do discurso jurídico, da indústria farmacêutica e da mídia nesse país.

Primeiramente, lembremos que os anos 1960-70 experimentavam grande contestação sobre uma variedade de autoridades constituídas, mas essas insatisfações foram canalizadas por meio da luta por *direitos*[44]. Assim, os movimentos de revolta com o status quo passaram a se organizar para almejar e exigir concretamente direitos: direitos das mulheres, direitos dos negros, direitos dos pacientes, direitos das pessoas com transtorno mental, direitos dos homossexuais... *Direitos*. Dessa forma, por um lado, se resguardou que as insatisfações não implodissem o sistema, pois seriam conduzidas para encontrar caminhos dentro dele próprio, de maneira que não romperiam o tecido social e nem explodiriam as estruturas existentes, mas se adequariam a elas. De outro lado, o *Direito* se colocou como protagonista, como valor – e como a mais desejável das instituições.

Realmente, "a história nos ensina que a maioria, se não todos, os grandes empreendimentos humanos devem se submeter a periódicos ciclos de autoextermínio e renovação para manterem seu vigor"[45]. E

---

[44] HALLIDAY, Terence C. *Beyond monopoly*: lawyers, state crises, and professional empowerment. Chicago: The University of Chicago Press, 1987; ROTHMAN, David J. The origins and consequences of patient autonomy: a 25-year retrospective. *Health Care Analysis*, v. 9, n. 3, p. 255-264, 2001.

[45] CASADEVALL, Arturo; FANG, Ferric C. Reforming science: methodological and cultural reforms. Infection and Immunity, v. 80, n. 3, mar. 2012, p. 891, tradução nossa.

o Direito serviu a esse propósito, além de reafirmar sua importância, essencial, ao sistema nesses ciclos, como força conservadora de estabilizar tensões – apesar da luta por direitos ter tom progressista.

Rothman, em texto posterior ao mencionado livro, chama a atenção para o fato de que a bioética enquanto movimento social tem nomenclatura que pode enganar, pois remete à filosofia ("ética"), sendo que quem verdadeiramente conduziu esse movimento foram os juristas, mais precisamente, os advogados[46]. Como consequência disso, percebe-se que essa mudança na forma de tomada de decisões que ocorreu nos idos dos anos 1960-70, acabou levando a relação médico-paciente para dois locais que esta autora acha extremamente desagradáveis: o da burocratização pela solicitação de uma miríade de documentos e, principalmente, o da relação de consumo. É assim que os termos de consentimento e os registros em cartório de diretivas antecipadas se multiplicaram, mas não raro sem uma correlação de propósito ou benefício às partes envolvidas. Consentimento e autonomia viraram palavras de ordem e exigências legais, sem necessariamente implicarem a mudança de mentalidade que deveria vir com a bioética, mas certamente burocratizando a relação entre os profissionais e os usuários do sistema de saúde.

Tudo isso abriu novo e importante campo de atuação aos advogados e aos tribunais[47], que reafirmaram sua imprescindibilidade à vida social. Mas a relação medico-paciente entrou no ordenamento jurídico pela via do direito do consumidor, reafirmando, mais que nunca, a saúde como mercado e definitivamente instalada no sistema capitalista.

E, então, diante da autonomia e da relação de consumo, as farmacêuticas passaram a contornar os médicos e a apelar diretamente ao consumidor, sob a moldura dos "direitos dos pacientes"[48]. Ou seja, com a justificativa de informar o público sobre doenças e tratamentos, e alegar fomentar com essas informações a autonomia dos indivíduos, a indústria gerou, por meio do marketing direto-ao-consumidor, uma grande demanda de consumo antes não existente por medicamentos,

---

[46] ROTHMAN, David J. The origins and consequences of patient autonomy: a 25-year retrospective. *Health Care Analysis*, v. 9, n. 3, p. 255-264, 2001.

[47] ROTHMAN, David J. The origins and consequences of patient autonomy: a 25-year retrospective. *Health Care Analysis*, v. 9, n. 3, p. 255-264, 2001.

[48] ROTHMAN, David J. The origins and consequences of patient autonomy: a 25-year retrospective. *Health Care Analysis*, v. 9, n. 3, p. 255-264, 2001.

diagnósticos e tratamentos. E, assim, constataram-se pedidos crescentes das pessoas aos médicos por medicamentos *específicos*, mesmo que a vasta maioria dos usuários do sistema de saúde reconhecesse não saber distinguir se estava sendo enganada por propagandas[49] e mesmo que muitas dessas pessoas sequer tivessem as doenças ou sintomas para as quais solicitavam aqueles remédios[50]. E, não raro, diante da insistência e reclamações dos "clientes", os médicos acabaram atendendo aos pedidos e prescrevendo medicamentos solicitados por meio de marketing direto-ao-consumidor[51]. Dessa forma, uma vez que a relação médico-paciente fora convertida em relação de consumo, quem acabou mais se beneficiando foi a indústria farmacêutica, que faz questão de entoar coro à autonomia e aos direitos dos pacientes, mas por motivos que se diferem muito dos anseios da bioética enquanto movimento social.

E, todo esse cenário, lembrou Rothman, só tendia a se exacerbar com a internet. De tal maneira que, se a forma de tomada de decisões médicas mudou completamente com o movimento da bioética nos EUA, capitaneado por advogados nos idos dos anos 1960-70, a partir dos anos 1990, não são mais tanto os juristas que regem essa correnteza, mas os webmasters[52]. De fato, hodiernamente, é notório o imenso poder das redes sociais e das grandes empresas de tecnologia sobre as decisões tomadas pela população.

E a atual pandemia não poderia ser exemplo melhor da radicalização desse processo nos dias atuais. Assistimos arrepiados à promoção de medicamentos ineficazes contra a covid-19, tais como a ivermectina e a hidroxicloroquina, com enormes prejuízos diretos (efeitos colaterais) e indiretos à saúde da população e ao próprio controle da disseminação do vírus, já que tantas pessoas acreditam poder se expor tranquilamente ao patógeno porque haveria tratamento infalível e acessível,

---

[49] HOLLON, Mathew F. Direct-to-consumer marketing of prescription drugs: creating consumer demand. *JAMA*, v. 281, n. 4, p. 382-384, 27 Jan. 1999.

[50] HOLMER Alan F. Direct-to-consumer prescription drug advertising builds bridges between patients and physicians. *JAMA*, v. 281, n. 4, p. 380-382, 27 Jan. 1999.

[51] HOLMER Alan F. Direct-to-consumer prescription drug advertising builds bridges between patients and physicians. *JAMA*, v. 281, n. 4, p. 380-382, 27 Jan. 1999.

[52] ROTHMAN, David J. The origins and consequences of patient autonomy: a 25-year retrospective. *Health Care Analysis*, v. 9, n. 3, p. 255-264, 2001.

que é prontamente exigido pelos pacientes aos profissionais de saúde tão logo detectada a infecção.

Rothman, no início do século, embora celebrasse o ganho democrático dos movimentos sociais das décadas de 1960-70, também se preocupava com a extensão da desconfiança generalizada nas instituições e autoridades constituídas, prevendo que poderíamos chegar ao ponto de pessoas demandarem até mesmo medicamentos não aprovados pelo FDA por não acreditarem sequer na avaliação técnica da entidade. Ainda, tantas demandas individuais "ao gosto do cliente" poderiam prejudicar o racional básico da criação de um sistema de saúde coletivo[53]. Pois bem, essa realidade já se consumou com a enorme judicialização da saúde, inclusive no Brasil, por meio da qual indivíduos não só atravessam a pactuação do Sistema Único de Saúde (SUS) e prejudicam a distribuição de seus recursos financeiros, como obtêm inclusive e exatamente medicamentos não aprovados pela Agência Nacional de Vigilância Sanitária (Anvisa). A judicialização certamente é hoje um dos maiores desafios enfrentados pelo SUS. E, de fato, os EUA permanecem sem um sistema de saúde universal, não conseguindo se livrar do individualismo instalado na sociedade, sobretudo com relação ao tema.

Dessa forma, a bioética, a área de estudos que seria uma bonita ponte entre conhecimentos em prol do bem comum, além de ter fincado suas bases em nada belos escândalos muito bem conduzidos e amplificados pela atuante mídia científica dos EUA[54], acabou tendo, enquanto movimento social, consequências inimagináveis por quem tanto sonhou com a ponte. É que por baixo de toda ponte há sempre uma correnteza desafiando seus pilares e movimentando as águas do rio-trajeto.

É assim que, sem desmerecer a importância da bioética e nem se opor ao movimento social dos anos 1960-70, Rothman, diante do sistema de saúde extremamente individualista encontrado nos EUA, declara que, "no fim, assim como ocorre com muitas coisas, para o melhor e para o pior, os estadunidenses têm o sistema de saúde que

---

53 ROTHMAN, David J. The origins and consequences of patient autonomy: a 25-year retrospective. *Health Care Analysis*, v. 9, n. 3, p. 255-264, 2001.

54 WINSTEIN, J. A. Science and the media: the boundaries of truth. *Health Affairs*, v. 4, n. 1, p. 5-23, 1985.

merecem"[55]. Podemos dizer que está aí mais um apelo para a evolução cultural pleiteada por Potter. Afinal, um sistema de saúde, antes de ser uma forma de organizar recursos e demandas, é a expressão de uma sociedade em relação ao valor saúde, ou a tradução de princípios em um arranjo estrutural[56]. Isso da mesma maneira que nossa sociedade e suas instituições são apenas reflexos do que somos nós mesmos. Logo, a ponte que criarmos não poderá ir além do material de que é feita, sendo mesmo imprescindível que seja construída pelos valores que realmente nos conduziriam a um futuro melhor. É assim que, ao mesmo tempo, a bioética convoca, mas também não prescinde da evolução cultural.

CONSIDERAÇÕES FINAIS

Por todo o dito, as fronteiras parecem ainda tão marcadas que desafiam a estrutura da ponte na sua capacidade de aproximar e de levar o transeunte a seu caminho. Ainda, a ponte suporta as forças da correnteza, dos múltiplos interesses, agitando suas bases e carregando o fluxo dos acontecimentos.

Assim, de um lado, a bioética, embora celebrada, presente em debates midiáticos e inserida de alguma forma em vários currículos de graduação, ainda carece de uma verdadeira mudança de mentalidade em prol de diálogo profícuo entre as diferentes fronteiras do pensamento e, principalmente, da prática orientada para fins úteis ao coletivo, ao combate dos problemas sociais e à proteção da vida na Terra. No nosso país, também necessita de compreensão teórica séria e de bons articuladores do seu conhecimento. Isso tudo para que seja de fato uma ponte que possa levar a humanidade para um futuro mais justo e seguro para todos, e traga realmente um olhar mais amplo, crítico e humanizado para a saúde e as áreas biotecnológicas, orientando a produção do conhecimento pelo caminho da sabedoria. Precisaremos dessas pontes para unir os melhores saberes no enfrentamento dos grandes problemas da humanidade. Mas, mais que tudo, de outro lado,

---

[55] ROTHMAN, David J. The origins and consequences of patient autonomy: a 25-year retrospective. *Health Care Analysis*, v. 9, n. 3, p. 255-264, 2001, p. 263, tradução nossa.

[56] SABINO DE FREITAS, Márcia A.; ARAÚJO, Maria Rizoneide N. As Redes de Atenção à Saúde nos 30 anos do Sistema Único de Saúde: histórias, propostas e desafios. *Revista Brasileira de Políticas Públicas*, v. 8, n. 3, p. 14-33, 2018.

ainda carecemos da evolução cultural reclamada por Potter. É urgente a revisão dos valores que nos regem como sociedade e das nossas prioridades morais. Não só a bioética, essa ponte voltada para um futuro melhor a todos, demanda importante mudança de mentalidade, mas também, a própria sobrevivência humana que a ponte busca alcançar.

Por outro lado, ao criticar o individualismo do Ocidente, o cientista e monge budista Matthieu Ricard diz do completo equívoco na noção de liberdade como sendo "fazer tudo o que lhe der em mente". Para ele, essa ideia do individualismo é, em verdade, o oposto da liberdade, pois o sujeito se torna escravo de seus pensamentos e desejos imediatos (que ainda podemos questionar se são realmente seus ou emprestados a partir de propagandas e demandas inventadas), e acaba afundando. Liberdade mesmo é ganhar controle sobre a própria mente para direcionar o barco para onde se deseja ir. "É ser o mestre da sua mente, em vez do escravo dos seus pensamentos"[57]. Citando tanto estudos de neurociência e plasticidade cerebral, quanto a própria experiência de monge budista, Ricard acredita que as pessoas podem aprender empatia, altruísmo e bondade. E, se é viável mudar as pessoas, seria possível também fazer uma mudança cultural. Defendendo pensamento similar ao de Potter, ele propõe a mudança cultural a partir do indivíduo, que encontraria verdadeira realização quando age não mirando seus desejos individuais, o que leva a frustrações, mas a coletividade: o altruísmo teria poder transformador sobre o próprio sujeito, e mais, também poder libertador[58]. Talvez não seja em vão que Ricard foi considerado "o homem mais feliz do mundo" após estudos da Universidade de Wisconsin sobre seu cérebro[59] – o que fez o monge cientista rir, mas pode nos fazer refletir sobre o arrazoado de Potter.

O indivíduo realizado, feliz, seria aquele que age pela construção do bem comum, e não sob os apelos dos desejos individuais, como

---

[57] Trecho de entrevista de Matthieu Ricard para o recente documentário de Marc Bauer, exibido no Festival de Berlim e também na Mostra Internacional de Cinema de São Paulo (QUEM fomos. Direção: Marc Bauer. Alemanha, 2021. Disponível em: <https://45.mostra.org/filmes/quem-fomos>. Acesso em: 28 out. 2021. (115 min.) Tradução nossa).

[58] QUEM fomos. Direção: Marc Bauer. Alemanha, 2021. Disponível em: <https://45.mostra.org/filmes/quem-fomos>. Acesso em: 28 out. 2021. (115 min.)

[59] VELASCO, Irene Hernández. O segredo da felicidade de Matthieu Ricard, o "homem mais feliz do mundo". BBC News Brasil, 01 jan. 2021. Disponível em: <https://www.bbc.com/portuguese/geral-55507302>. Acesso em: 20 out. 2021.

tanto se tem visto nesses tempos de pandemia, instabilidade política, nacionalismos exarcerbados, aquecimento global e fortes correntezas conduzindo os acontecimentos sob conflitos de interesses. Será também por isso que condições como depressão e ansiedade estão se alastrando tão velozmente por todo o mundo? *E será também que a bioética, como guia, seria maneira da humanidade se salvar não só do ponto de vista da própria existência coletiva, mas também sob a perspectiva do próprio indivíduo?*

A Constituição da Organização Mundial da Saúde (OMS)[60] já há muito nos lembra que a saúde não é a mera ausência de doenças, mas sim um bem estar holístico, que abrange as dimensões psicológicas, mentais e sociais das pessoas. Ainda assim, teimamos em agir como se a saúde de uma pessoa não dependesse, por essência, das demais e do mundo ao nosso redor – que, aliás, não é mera paisagem compondo o fundo do quadro antropocêntrico: nós, assim como todas as coisas, vivas ou inanimadas, pequenas ou grandes do nosso planeta, somos todos, igualmente, pó de estrelas[61].

Fica a homenagem aos 50 anos do livro de Potter, mas também um chamado urgente para que sua teoria alcance a prática das nossas ações e, principalmente, da nossa moralidade comum.

REFERÊNCIAS

ALEXANDER, Shana. They decide who lives, who dies. *Life*, New York, Article of the week, v. 53, n. 19, p. 102-125, 09 Nov. 1962.

BEAUCHAMP, Tom L. CHILDRESS, James. F. *Principles of biomedical ethics*. 8 ed. Oxford University Press, 2019.

BEECHER, Henry K. Ethics and Clinical Research. *The New England Journal of Medicine*, v. 274, p. 1354-1360, 16 jun. 1966.

BURNET, Macfarlane; WHITE, David O. *Natural history of infectious disease*. 4 ed. Cambridge: Cambridge University Press, 1972.

CAPLAN, Arthur. Putting bioethics in a suit and tie. *Lancet*, v. 371, 12 Jan. 2008.

CASADEVALL, Arturo; FANG, Ferric C. Reforming science: methodological and cultural reforms. *Infection and Immunity*, v. 80, n. 3, mar. 2012.

---

[60] WORLD HEALTH ORGANIZATION. *Constitution*. Basic Documents, 45 ed., Supplement, 2006. Disponível em: <http://www.who.int/governance/eb/who_constitution_en.pdf>. Acesso em: 22 set. 2021.

[61] SAGAN, Carl. *O mundo assombrado pelos demônios*: a ciência vista como uma vela no escuro. São Paulo: Companhia das Letras, 2006.

CSSE - Center for Systems Science and Engineering at Johns Hopkins University of Medicine. *COVID-19 dashboard*. Disponível em: <https://coronavirus.jhu.edu/map.html>. Acesso em: 20 out. 2021.

GEIGER, Roger L. *Research and relevant knowledge*: American research universities since World War II. New Brunswick: Transaction Publishers, 2004.

GOLDIM, José Roberto. Bioética: origens e complexidade. *Revista do Hospital das Clínicas de Porto Alegre*, v. 26, n. 2, 2006.

GRAY, Bradford H. Bioethics Commissions: what can we learn from past successes and failures? In: BULGER, Ruth E.; BOBBY, Elizabeth M.; FINEBERG, Harvey V. *Society's choices*: social and ethical decision making in biomedicine. National Academy Press: Washington, D.C., 1995.

HAKEMULDER, Frank. *The moral laboratory*: experiments examining the effects of reading literature on social perception and moral self-concept. John Benjamins, 2000.

HALLIDAY, Terence C. *Beyond monopoly*: lawyers, state crises, and professional empowerment. Chicago: The University of Chicago Press, 1987.

HOLLON, Mathew F. Direct-to-consumer marketing of prescription drugs: creating consumer demand. *JAMA*, v. 281, n. 4, p. 382-384, 27 Jan. 1999.

HOLMER, Alan F. Direct-to-consumer prescription drug advertising builds bridges between patients and physicians. *JAMA*, v. 281, n. 4, p. 380-382, 27 Jan. 1999.

JAEGER, Werner. *Paidéia*: a formação do homem grego. São Paulo: Martins Fontes, 2003.

JAHR, Frank. Bio-Ethik: eine umschau über die ethichen beziehung des menchen zu tier und pflanze. *Kosmos*, v. 24, p. 2-4, 1927.

JONSEN, Albert R.; JAMETON, Andrew. Medical Ethics, history of the Americas. II – The United States in the twenty-first century. In: POST, Stephen G. *Encyclopedia of bioethics*. 3 ed. Vol. 3. New York: Macmillan Reference USA, 2004.

JONSEN, Albert R. (Ed.). The birth of bioethics. *The Hastings Center Report*, v. 23, n. 6, Nov./Dec. 1993. Special Supplement.

KOLATA, Gina. Albert R. Jonsen, 89, dies; brought medical ethics to the bedside. *The New York Times*, 16 Nov. 2020. Disponível em: <https://www.nytimes.com/2020/11/16/health/albert-r-jonsen-dead.html>. Acesso em: 10 set. 2021.

KLUGMAN, Craig. Dear Mr. President: It's Time for Your Bioethics Commission. *Bioethics.net*, 23 May 2017. Disponível em: <https://www.bioethics.net/2017/05/dear-mr-president-its-time-for-your-bioethics-commission/>. Acesso em: 21 abr. 2021.

MUÑOZ, Daniel R.; FORTES, Paulo A. C. O princípio da autonomia e o consentimento livre e esclarecido. In: COSTA, Sergio I. F.; OSELKA, Gabriel; GARRAFA, Volnei (Coord.). *Iniciação à bioética*. Brasília: Conselho Federal de Medicina, 1998.

NATIONAL INSTITUTES OF HEALTH. Impact of NIH Research. Disponível em: <https://www.nih.gov/about-nih/what-we-do/impact-nih-research>. Acesso em: 21 abr. 2021.

OATLEY, Keith. Fiction: simulation of social worlds. *Trends in Cognitive Sciences*, v. 20, n. 8, p. 618-628, Aug. 2016.

PERSSON, Ingmar; SAVULESCU, Julian. *Inadequado para o futuro*: a necessidade de melhoramentos morais. Belo Horizonte: UFMG, 2017.

POTTER, Van Rensselaer. *Bioética*: ponte para o futuro. São Paulo: Loyola, 2016.

PRESIDENTIAL COMMISSION FOR THE STUDY OF BIOETHICAL ISSUES. Disponível em: <https://bioethicsarchive.georgetown.edu/pcsbi/index.html>. Acesso em: 21 abr. 2021.

QUAMMEN, David. *Contágio*: infecções de origem animal e a evolução das pandemias. São Paulo: Companhia das Letras, 2020.

QUEM fomos. Direção: Marc Bauer. Alemanha, 2021. Disponível em: <https://45.mostra.org/filmes/quem-fomos>. Acesso em: 28 out. 2021. (115 min.)

ROTHMAN, David J. *Strangers at the bedside*: a history of how law and bioethics transformed medical decision making. 2 ed. New York: Aldine de Gruyer, 2003.

ROTHMAN, David J. The origins and consequences of patient autonomy: a 25-year retrospective. *Health Care Analysis*, v. 9, n. 3, p. 255-264, 2001.

SABINO DE FREITAS, Márcia A.; ARAÚJO, Maria Rizoneide N. As Redes de Atenção à Saúde nos 30 anos do Sistema Único de Saúde: histórias, propostas e desafios. *Revista Brasileira de Políticas Públicas*, v. 8, n. 3, p. 14-33, 2018.

SAGAN, Carl. *O mundo assombrado pelos demônios*: a ciência vista como uma vela no escuro. São Paulo: Companhia das Letras, 2006.

SAVULESCU, Julian. "Common morality" and principles of biomedical ethics. *Journal of Medical Ethics*, v. 37, n. 10, p. 581, Oct. 2011.

SNOW, C. P. *The two cultures*. Cambridge: Cambridge University Press, 2012.

THE NATIONAL Commission for the Protection of Human Subjects of Biomedical and Behavioral Research. *The Belmont Report*: ethical principles and guidelines for the protection of human subjects of research. 18 abr. 1979. Disponível em: <http://www.hhs.gov/ohrp/humansubjects/guidance/belmont.html>. Acesso em: 21 abr. 2021.

UNITED STATES OF AMERICA. *National Research Act*. Approved July 12, 1974. Disponível em: <https://www.govinfo.gov/content/pkg/STATUTE-88/pdf/STATUTE-88-Pg342.pdf#page=5>. Acesso em: 21 abr. 2021.

VELASCO, Irene Hernández. O segredo da felicidade de Matthieu Ricard, o "homem mais feliz do mundo". *BBC News Brasil*, 01 jan. 2021. Disponível em: <https://www.bbc.com/portuguese/geral-55507302>. Acesso em: 20 out. 2021.

WEISMAN, Steven R. Walter Mondale, Ex-Vice President and Champion of Liberal Politics, Dies at 93. *The New York Times*, New York, 19 Apr.

2021. Disponível em: <https://www.nytimes.com/2021/04/19/us/politics/walter-mondale-dead.html>. Acesso em: 19 abr. 2021.

WINSTEIN, J. A. Science and the media: the boundaries of truth. *Health Affairs*, v. 4, n. 1, p. 5-23, 1985.

WORLD HEALTH ORGANIZATION. *Constitution*. Basic Documents, 45 ed., Supplement, 2006. Disponível em: <http://www.who.int/governance/eb/who_constitution_en.pdf>. Acesso em: 22 abr. 2021.

LITÍGIO ESTRATÉGICO COMO SUPORTE FÁTICO-BIOÉTICO[1]

CARINA BARBOSA GOUVÊA[2]
PEDRO H. VILLAS BÔAS CASTELO BRANCO[3]

SUMÁRIO: Introdução; 1. À reflexão linguistica essencial para compreensão dos métodos da Bioética; 2. Litígio estratégico como suporte fático-bioético; 3. Resposta estrutural, como objetivo do litígio estratégico; Conclusão; Referências

INTRODUÇÃO

Os aspectos heterogêneos da Bioética, especialmente diante de sua natureza interdisciplinar ínsita às complexidades dos problemas decorrentes das inovações tecnológicas cujo quadro normativo e político é ambíguo motivou a busca de novas ferramentas à sua concretude. Na busca por meios e instrumentos que colaborem com a efetivação e eficácia de tais direitos, o Litígio Estratégico se apresenta como uma ferramenta estruturante e essencial por se tratar de um litígio de impacto

---

[1] As definições conceituais de litígio estratégico foram publicadas inicialmente em GOUVÊA, Carina Barbosa; KIEFER, Sandra Filomena Wagner. O litígio estratégico como ferramenta para a transformação social: construindo efetividade para a inclusão da pessoa com deficiência. In BARBOSA-FOHRMANN, Ana Paula (Org.). *Autonomia, reconhecimento e dignidade*: sujeitos, interesses e direitos. Rio de Janeiro: Gramma, 2017, p. 299-324.

[2] Vice Presidente da Comissão de Bioética e Biodireito do Conselho Federal da Ordem dos Advogados do Brasil; Advogada; Professora do Programa de Pós Graduação em Direito da Universidade Federal de Pernambuco (PPGD/UFPE);Pós Doutora em Direito Constitucional Universidade Federal de Pernambuco (PPGD/UFPE); Doutora e Mestre em Direito pela UNESA.

[3] Colaborador Consultivo da Comissão de Bioética e Biodireito do Conselho Federal da Ordem dos Advogados do Brasil; Advogado; Professor do Instituto de Estudos Sociais e Políticos (da Universidade Estadual do Rio de Janeiro (IESP-UERJ); Professor do Programa de Pós Graduação em Direito da Universidade Veiga de Almeida (PPGD/UVA). Doutor em Ciência Política (IUPERJ), Mestre em Direito (PUC-Rio).

ou paradigmático que incorpora métodos distintos e que se pretende transformador[4].

A Bioética está presente na vida de todos nós! As sinuosidades da Bioética estão relacionadas à medicina, às ciências da vida e tecnologias associadas. Apesar de inúmeros avanços diante das evoluções das ciências e tecnologias, ainda hoje não é possível mensurar com segurança até que ponto podem interferir na vida humana. Diante disso, convém indagar: como pode a advocacia contribuir para ampliar, construir e disseminar o debate sobre as possibilidades e limites da ciência sobre a vida?

A Bioética trata de inúmeros problemas relacionados ao início e fim da vida, o que inclui a biotecnologia; a clínica médica; a ética no campo da deficiência; tecnologia emergente, eutanásia e suicídio; ética genética; bioética global, cuidados de saúde, aprimoramento humano; saúde mental; neuroética; transplante de órgão; saúde pública; éticas reprodutivas; pesquisas com células tronco; saúde da mulher; testamento vital e consentimento informado; dentre outros. A globalização, exemplo da pandemia da COVID-19[5], fizeram emergir novos problemas bioéticos. Um dos mais recentes se observa na autorização de agên-

---

[4] Neste sentido, o constitucionalismo de transformação diz respeito ao conteúdo substantivo da proposta de constitucionalismo manifesta em um texto que pretende ser o motor de alteração de uma realidade social. Tem incidência direta no progresso da democracia, caracterizado por ser um processo dinâmico e expansivo. Designam os esforços que abarcam o projeto de longo prazo de promulgação, interpretação e a implementação constitucional, dirigidas a transformar as relações sociais e instituições de poder em uma sociedade democrática, participativa e igualitária. As funções da constituição que se pretenda transformadora devem unir as perspectivas fundacionalistas e construtivistas para que (i) estabeleça a conexidade do constitucionalismo ideológico e da participação social como indicativo de legitimidade para solidificar o novo regime; (ii) forneça o novo desenho institucional e suas pré-condições; (iii) represente um processo contínuo e construtivo. Para além de limitar o poder, a Carta conclama para a mudança. Assim, além do direito, é possível deduzir que fatos sociais coercitivos e abrangentes, dotados de realidade própria e independente, consistem em fatores influentes e relevantes para canalizar, ao lado do constitucionalismo de transformação, o processo de avanço da sociedade (GOUVÊA, Carina Barbosa. *As intervenções da ONU no processo de constitution-making nos estados em transição política*: o papel das nações unidas no resgate da ordem democrática. Curitiba: Juruá, 2016).

[5] No Brasil em 7 de fevereiro de 2020, foi publicada a Lei nº 13.979, de 6 de fevereiro de 2020, que dispõe sobre as medidas para enfrentamento da emergência de saúde pública de importância internacional decorrente do Coronavírus.

cias de inúmeros países para o uso emergencial de vacinas. No Brasil, Agência Nacional de Vigilância Sanitária (ANVISA) autorizou o uso emergencial em caráter experimental de vacinas contra a COVID-19[6] Coronavac (Frabricante Sinovac life Sciencies Co., Ltd.) e Covisheled (Fabricante Serum Institute of India Pvt. Ltd.) sem registro; e, no estabelecimento de critérios para a alocação de recursos escassos[7].

Ao longo dos últimos anos, um rol de direitos da Bioética teve reconhecimento formal[8] no cenário brasileiro e, para além da Constituição de 1988 e por sua força, houve a incorporação da Declaração Universal sobre Bioética e Direitos Humanos.

Sob o signo da Convenção, o Brasil fez sua opção política pela inclusão de princípios como *a dignidade Humana e Direitos Humanos, Benefício e Dano, Autonomia e Responsabilidade Individual, Consentimento, Indivíduos sem a Capacidade para Consentir, Respeito pela Vulnerabilidade Humana e pela Integridade Individual, Privacidade e Confidencialidade, Igualdade, Justiça e Equidade, Não-discriminação e Não-Estigmatização, Respeito pela Diversidade Cultural e pelo Pluralismo, Solidariedade e Cooperação, Responsabilidade Social e Saúde, Compartilhamento de Benefícios, Proteção das Gerações Futuras, Proteção do Meio Ambiente, da Bioesfera e da Biodiversidade.*

---

6 ANVISA. RELATÓRIO - BASES TÉCNICAS PARA DECISÃO DO USO EMERGENCIAL, EM CARÁTER EXPERIMENTAL DE VACINAS CONTRA A COVID-19. Disponível em < https://www.gov.br/anvisa/pt-br/assuntos/noticias-anvisa/2021/confira-materiais-da-reuniao-extraordinaria-da-dicol/relatorio-bases-tecnicas-para-decisao-do-uso-emergencial-final-4-1.pdf>.

7 O campo da bioética é extremamente sensível neste contexto. Como respeitar os desejos e valores particulares de cada paciente? A decisão pela preponderância da vida é uma expressão genuína da liberdade. Ela não deve resultar de uma imposição pela força da sociedade ou pela sugestão sutilmente imposta por qualquer indivíduo. O confronto com a realidade, porém, evidencia que é a autonomia médica da vontade quem de fato faz as escolhas trágicas. Urge, todavia, indagar: são tais escolhas despidas de critérios? (*GOUVÊA, Carina Barbosa; CASTELO BRANCO, Pedro Hermílio Villas Bôas. Critérios para a alocação de recursos escassos na pandemia da COVID-19. In:ESTEVES, Juliana Teixeira (Org).Dimensões críticas da condição pandêmica: transformações e percepções. Editora: RTM, Belo Horizonte, 2020, p. 103-112.*).

8 Por exemplo, a Lei 9.434/97, que dispõe sobre transplante e a adoção de órgão; Lei 13.819/19, que institui a Política Nacional de prevenção da Automutilzação e do Suicídio; Lei 11.105/05, de Biosegurança; Lei 2.848/40, que criminaliza o aborto; Lei 12.004/09, que regula a investigação de paternidade dos filhos havidos fora do casamento.

Tal inclusão corresponde ao reconhecimento do modelo social e humano da Bioética. Embora o campo nacional e internacional apresente um cenário protetivo e de garantias, a inexistência de normas claras a cada situação se decanta na materialização de relativismos e insegurança jurídica que pode ser resultante da incapacidade da sociedade e de seus ambientes em acolher a Bioética como elemento fundamental, pois oferecem barreiras políticas, jurídicas e/ou ideológicas que impedem ou dificultam o gozo de direitos formalmente garantidos. Neste sentido, os Tribunais tendem a ser catalisadores e protagonistas da efetivação desses direitos e, por vezes, sem expertise para enfrentar temas complexos como aborto, células troncos, clonagem, eutanásia, ética médica, consentimento informado, vivissecção e a Bioética acaba sendo marcada pelo campo da casuística jurisprudencial. Não há uma dimensão clara de como se interpreta; como se aplica e como se fundamenta o direito na Bioética. Esse cenário contempla duas vertentes: por um lado, são formalmente assegurados os direitos e garantias de índole substantiva, que representam garantias fundamentais e de direitos humanos e, de outro, evidenciam-se as dificuldades de sua materialização.

Por sua vez, no contexto da dimensão transformativa, um aspecto substantivo da vida democrática passa pela efetividade dos direitos fora dos tribunais. Assim, objetiva-se, contribuir para o campo ferramental das questões que envolvem a Bioética e verificar a aptidão do Litígio Estratégico para contribuir com a concretização dos direitos humanos e fundamentais relacionados a Bioética. Primeiramente, será descrita sua dimensão teórico-constitutiva e, após, o que pode representar o litígio em suas potencialidades a partir de um estudo de caso aplicado.

Ao final, serão expostas conclusões, ainda que parciais e experimentais[9], no entanto, ressalta-se a sua extrema relevância e necessidade de debate e divulgação do seu potencial em termos informativos e de sensibilização da sociedade em geral e do papel essencial exercido pelo Advogado.

---

9 Como exemplo, a Clínica de Litígio Estratégico de Direitos Humanos, localizada na cidade de Morelia, no México tem conseguido importantes avanços neste campo.

1. À REFLEXÃO LINGUISTICA ESSENCIAL PARA COMPREENSÃO DOS MÉTODOS DA BIOÉTICA

A inflexão de sentidos do termo Bioética reproduz a "emergência de novas palavras" na língua e seu emprego cada vez mais frequente e as modificações que lhes são atribuídas pela opinião dominante, em uma palavra, aquilo que se poderia caracterizar como sendo a linguagem da moda que não deve ser negligenciado por aqueles que, partindo de fenômenos aparentemente insignificantes procuram tirar conclusões sobre as mudanças no conteúdo da vida[10]. Koselleck[11] sustenta que encontramo-nos diante de um dilema que nenhum método pode resolver. Ele consiste em que, tanto no acontecer quanto depois de acontecida, o evento histórico difere do que sua articulação linguística consegue transmitir; mas isso só pode ser percebido por intermédio da linguagem.

Assim, toda a reflexão que gira em torno da linguagem, sobre os atos linguísticos que ajudam a criar os acontecimentos ou a constituir uma narrativa histórica, não podem reivindicar nenhuma prioridade concreta em relação às histórias com que se ocupa. Mas cabe à reflexão linguística reivindicar uma prioridade no plano da teoria e do método, frente a todo o acontecer e frente à história.

As pesquisas de Fürst[12] evidenciam que se concebe a paternidade conceitual do neologismo "Bioética" a Van Rensselaer Potter[13] que o teria escrito pela primeira vez em 1970 no campo da filosofia, na primeira metade do século XX. A ideia original de Potter foi criar uma nova disciplina que permitiria reunir no âmbito dos fatos e dos valores, o domínio das ciências e das humanidades a fim de buscar saídas, ao menos mapas de rotas, que pudessem servir de guia em um com-

---

[10] Por Wilhelm Schulz in KOSELLECK, Reinhart. **Futuro passado: contribuição à semântica dos tempos históricos. Trad.** MASS, Wilma Patrícia; PEREIRA, Carlos Almeida. Ver trad. BENJAMIN, César. Rio de Janeiro: Contraponto Editora, 2006, p. 267.

[11] Por Wilhelm Schulz in KOSELLECK, Reinhart. **Futuro passado: contribuição à semântica dos tempos históricos. Trad.** MASS, Wilma Patrícia; PEREIRA, Carlos Almeida. Ver trad. BENJAMIN, César. Rio de Janeiro: Contraponto Editora, 2006, p. 268.

[12] FÜRST, Henderson. *No confim da vida*: direito e bioética na compreensão da ortotanásia. Belo Horizonte: Letramento; Casa do Direito, 2018.

[13] Ver POTTER, Van Rensselaer. Bioethics: bridge to the future. 1971.

plexo labirinto formado pela sociedade contemporânea, produto da fusão entre revolução científica e industrial[14]. Quintanas[15] identifica que Potter entendia a Bioética não como um simples conhecimento teórico, mas como uma fonte e amálgama de um tipo de sabedoria que, como tal, nos forneceria orientações gerais que indicariam como fazer uso racional de grande quantidade de conhecimento[16].

Bioética, segundo ele, deveria ter o papel de bússola que orientasse as políticas públicas para alcançar o "bem social" e tinha muito claro que ela representava uma ciência da sobrevivência e, por isso, quis chamá-la Bioética, para destacar os dois pilares básicos sobre os quais deve se basear: o conhecimento científico, conduzido pela biologia, e os elementos fundamentos das ciências sociais e humanas. Potter também deu um peso importante à filosofia como "amor à sabedoria".

A ciência pós-positivista é marcada pela necessidade de reunir saberes de modo a melhor explicar a complexidade dos fenômenos[17]. Dada a multiplicidade de seus objetos que demandam não apenas um método, mas um arranjo metodológico de diversas formas de conhecimento que possam ser encadeadas para que se possa decidir de um modo mais seguro. Observa-se, ainda, os pressupostos que indicam um ângulo que o observador-cientista tem de seu objeto-ciência, e permitem compreender o modo como se da a interação da pesquisa cientifica e sua influência e mutabilidade entre cientista e ciência[18].

A bioética é uma ciência plural, inter/trans/multidisciplinar e não possui um método próprio, portanto as diversas ciências participam diretamente do diálogo de construção dos conceitos que envolvem a

---

14 QUINTANAS, Anna. Reseña de" Bioethics: Bridge to the Future" de Van Rensselaer Potter. *Sinéctica, Revista Electrónica de Educación*, n. 32, p. 1-5, 2009.

15 QUINTANAS, Anna. Reseña de" Bioethics: Bridge to the Future" de Van Rensselaer Potter. *Sinéctica, Revista Electrónica de Educación*, n. 32, p. 1-5, 2009.

16 QUINTANAS, Anna. Reseña de" Bioethics: Bridge to the Future" de Van Rensselaer Potter. *Sinéctica, Revista Electrónica de Educación*, n. 32, p. 1-5, 2009.

17 FÜRST, Henderson. *No confim da vida*: direito e bioética na compreensão da ortotanásia. Belo Horizonte: Letramento; Casa do Direito, 2018, p.67.

18 FÜRST, Henderson. *No confim da vida*: direito e bioética na compreensão da ortotanásia. Belo Horizonte: Letramento; Casa do Direito, 2018, p.67.

Bioética[19] que se estruturam em instrumentos dialógicos e métodos estruturantes.

As pesquisas de Fürst cadeciam três características adequadas de métodos:

> (1) aqueles que são utilizados para explorar o suporte fático do que se analisa;
> (2) aqueles que são utilizados para compreender os problemas éticos e teóricos;
> (3) aqueles que são utilizados para dar suporte à tomada de decisão.

O primeiro, relaciona-se a estudos empíricos, que vão colher os dados da realidade, em meio ao contexto cultural e político em que estão inseridos; no segundo, aplica-se métodos hermenêuticos para compreender toda a estrutura do suporte fático e torná-la de acordo com a melhor forma de compreender seus problemas; e por fim, nos encontramos em uma situação que demandam uma decisão, uma resposta a algum problema ou um suporte às hipóteses de qual a melhor forma de agir – ou, o inverso, quais as formas que não se pode agir. O terceiro método está diretamente relacionado com o Direito.

Conforme Fürst[20], o estado da arte para as complexidades da Bioética envolve a possibilidade de conjurar vários métodos à sua reflexão linguística, pois é preciso compreender a contribuição das ciências humanas e sociais aplicadas. Embora não resulte em um número, gráfico, descrição baseada em evidências, essa forma de compreensão, de análise, não implica um resultado menos científico, pelo contrário, fomentará as possibilidades de respostas quando a Bioética necessitar dar suporte à tomada de decisões. Nessa expressão está condensada a dimensão político-pragmática dos conceitos e por isso adquirem sua força impulsiva diacrônica, de que se nutrem tanto os que falam quanto seus interlocutores[21].

A Bioética pode representar uma consequência histórica e não uma instituição, porque penetrou nas determinações temporais reflexivas,

---

19 FÜRST, Henderson. *No confim da vida*: direito e bioética na compreensão da ortotanásia. Belo Horizonte: Letramento; Casa do Direito, 2018, p.68.

20 FÜRST, Henderson. *No confim da vida*: direito e bioética na compreensão da ortotanásia. Belo Horizonte: Letramento; Casa do Direito, 2018, p.69.

21 KOSELLECK, Reinhart. **Futuro passado: contribuição à semântica dos tempos históricos. Trad.** MASS, Wilma Patrícia; PEREIRA, Carlos Almeida. Ver trad. BENJAMIN, César. Rio de Janeiro: Contraponto Editora, 2006, p.299.

que partindo do "tempo em si" ativo e da "história em si", e passando pelo progresso e pelo desenvolvimento incluíram numerosos outros conceitos. De acordo com Koselleck[22] todos os conceitos de movimento contêm coeficientes temporais de mudança, por isso eles podem ser organizados, segundo sua conformidade com os fenômenos a que se referem.

As três características adequadas de método em Bioética podem representar conceitos em doses totalmente diferentes, mais voltadas para o presente, para o futuro ou mais para o passado, pois são conceitos em movimentos. Possuem, uma estrutura temporal interna que acaba por levar a dois resultados, de acordo com Koselleck: são conceitos de movimento – como indicadores de mudanças social e política e como elementos linguísticos de formação da consciência, da critica ideológica e da determinação do comportamento.

Ao analisar os métodos Bioéticos, Fürst[23] menciona que há que se considerar que todo suporte fático-bioético corresponde a um complexo de dimensões epistemológicas que se interagem, incluindo a dimensão jurídica que se relaciona com todo o Direito. Logo é possível afirmar a existência de normas de natureza civil, penal, constitucional, administrativa, ambiental, processual que dizem respeito ao Biodireito.

Com a Constituição Federal, além de inúmeras outras normas[24], a população brasileira conta com um quadro normativo ainda incipiente, se comparado a outros países. Mas, na prática, muito se tem noticiado sobre a falta de efetividade, eficácia e segurança na materialização desses direitos. Um exemplo corresponde a temática que envolve os núcleos essenciais da supremacia do testamento e a autonomia da última vontade *versus* discriminação que vem tomando um contorno de importância no cenário do constitucionalismo cooperado e já alcança uma pluralidade de sentidos, tendo em vista os pontos e debate que

---

22 KOSELLECK, Reinhart. **Futuro passado: contribuição à semântica dos tempos históricos. Trad.** MASS, Wilma Patrícia; PEREIRA, Carlos Almeida. Ver trad. BENJAMIN, César. Rio de Janeiro: Contraponto Editora, 2006, p.299.

23 FÜRST, Henderson. *No confim da vida*: direito e bioética na compreensão da ortotanásia. Belo Horizonte: Letramento; Casa do Direito, 2018, p.72.

24 Vide nota 08.

convergem para uma resposta voltada para uma racionalidade interpretativa mais alinhada com os Diretos Humanos e Bioética[25].

Se todo suporte fático-bioético corresponde a um complexo de dimensões epistemológicas que se interagem, incluindo a dimensão jurídica que se relaciona com todo o Direito importante avaliar os instrumentos disponíveis e que têm aptidão para serem utilizados em garantir um caminho mais seguro à sua concreção e o Litígio Estratégico parece ter competência para contribuir nesse propósito

2. LITÍGIO ESTRATÉGICO COMO SUPORTE FÁTICO-BIOÉTICO

Existem diversos mecanismos e instrumentos, individuais e coletivos, por parte do Estado, organizações, entidades, grupos ou pessoas isoladamente que podem ser utilizados como forma de se buscar a concretização dos direitos em estudo.

O instituto do Litígio Estratégico surge como um instrumento que possui características e peculiaridades que podem, em última análise, à constatação e a necessidade de se verem garantidos, na prática, os aspectos da Bioética, especialmente diante de sua natureza interdisciplinar que afeta as complexidades dos problemas decorrentes das inovações tecnológicas cujo quadro normativo e político é ambíguo.

---

[25] No Brasil, recentemente e pela primeira vez, caso similar ocorreu. A matéria foi escrita por Rover (ROVER, Tadeu. Por ver discriminação, juiz inclui netas de relação não matrimonial em testamento. *Consultor Jurídico*. Pub. 21 de jul de 2018. Disponível em < https://www.conjur.com.br/2018-jul-31/testamento-nao-discriminar-netos-relacao-nao-matrimonial>. Acesso em 01 de agosto de 2018).
onde o Juiz Milton Biangioni Furquim, de Guaxupé (Minas Gerais), determinou que duas netas sejam incluídas na partilha da avó, que tinha excluído ambas do testamento por serem fruto de relacionamento não matrimonial do pai.Para fins de maior compreensão, a testadora possui três filhos, sendo que: uma filha possui três filhos, frutos da relação marital; a segunda possui dois filhos, frutos da relação marital; e o terceiro possui duas filhas, frutos de relações não maritais e com mães distintas. O testamento em questão contemplou todos os filhos e cinco netos da testadora, discriminando, inclusive, as frações destinadas a cada um. Porém, não foram contempladas as duas netas advindas da relação não marital. O caso embrionário no Brasil acabou por causar um turbilhonamento de "emoções acadêmicas", vez que a decisão inédita invocou, pela primeira vez, a possibilidade de ruptura da autonomia da última vontade baseada na discriminação.

A leitura do termo, como primeira impressão, parece contraditória, o controle do litígio é responsabilidade do juiz?[26] Na verdade, o "Litígio Estratégico"[27] é um processo de identificação, socialização, discussão e estruturação de problemas sociais, pelo qual é factível promover, a partir de casos concretos, e alcançar soluções integradas de modo que sejam possíveis mudanças sociais substanciais. Representa um instrumento de integração normativa e social que acomoda as situações bioéticas que normalmente correspondem a situações fáticas inéditas, seja pelo avanço biotecnológico, que antes não estava disponível, seja porque fatos sociais passaram a ser experimentados de formas diferentes por alguns indivíduos[28].

Ele se utiliza, de modo planejado, do princípio do amplo acesso à justiça para obter a tutela de direitos constantemente negados ou desrespeitados[29]. Estas questões começaram a ser debatidas mais fortemente[30] porque uma ação individual, provavelmente entre duas partes, não punha em questão tão fortemente conteúdos de incidência política

---

26 BARRENA, Guadalupe. Oportunidades y retos para el litigio estratégico en México: un cincel para la piedra de Sísifo? *In*: MATUS, Fabián Sánchez. (Coord.). *El litigio estratégico en México*: la aplicación de los derechos humanos a nivel práctico. México: Oficina del Alto Comisionado de las Naciones Unidas para los Derechos Humanos, 2007, p. 47.

27 O termo "Litígio Estratégico" tem diferentes nomes e características em diferentes partes do sul global. Cita-se como exemplo, "litígio de impacto", "casos coletivos", *casos estructurales, "public interest law "*. (RODRÍGUEZ-GARAVITO, César. Beyond the courtroom: the impact of judicial activism on socioeconomic rights in Latin America. *Texas Law review*, v. 89 (7), 2011, p. 1672-1673). Tendo em vista a gama de definições, optou-se, neste artigo para a utilização do termo "Litígio Estratégico".

28 FÜRST, Henderson. *No confim da vida*: direito e bioética na compreensão da ortotanásia. Belo Horizonte: Letramento; Casa do Direito, 2018, p.153.

29 VINCENZI, Brunela. et al. As Ações Coletivas como Espécie de Litígio Estratégico: um diálogo com a luta social por reconhecimento de Axel Honneth. p. 209-236. *In: Revista Jurídica Direito & Paz*. ano XVIII. n. 34. 1. sem. São Paulo, 2016, p. 222. Disponível em: <http://webcache.googleusercontent.com/search?q=cache:zLGI4fZ_TvAJ:www.revista.unisal.br/lo/index.php/direitoepaz/article/download/351/253+&cd=14&hl=pt-BR&ct=clnk&gl=br>. Acesso em: 11 jan. 2017.

30 Tanto em países que pertencem à tradição judicial de *common law*, como em países de tradição romano-germânica. Diversos grupos, ONG's, como a Clínica de Litígio Estratégico e Direitos Humanos do México, têm acudido as estratégias do litígio para alcançar mudanças importantes e estruturais concernentes às demandas judiciais.

que normalmente são estruturais. Clonagem humana, adoção comercial, primata transgênico, anticoncepcionais abortivos, fetos anencéfalos, xenotransplante de órgão, contaminação proposital de população indígena, consentimento informado em pesquisa de emergência, eutanásia, suicídio assistido, doação de óvulos, implante de células-tronco, limite terapêutico, alocação de recursos escassos, todos em si e pelo próprio conteúdo, carregam esta característica estrutural ou coletiva. Isso é, o que acaba pondo em tensão a divisão dos poderes e a margem de legitimidade do poder judicial para intervir[31].

Os estudos de Rodríguez-Garavito[32] levaram a crer que essa variedade de ativismo, que envolve o "neoconstitucionalismo progressivo", é parte de uma tendência emergente na América Latina e outras regiões do sul global, uma vez que trata de conter violações sistêmicas e generalizadas de direitos fundamentais, principalmente de cariz econômica e humanos.

Na visão de Maneiro e Cruz[33], representa a utilização do espaço judicial como arena de deliberação política, envolvendo necessariamente diversos atores. Suscita o debate na seara pública acerca de algum tema constitucional de alta complexidade e atrelado a direitos fundamentais e humanos que, por conveniência, por dificuldades orçamentárias ou por ausência de formação da maioria, não tenha recebido a devida apreciação pelo Executivo ou Legislativo.

Trata-se, assim, de uma forma alternativa para ensinar e exercer um determinado direito, consistindo na estratégia de selecionar, analisar e pôr em marcha o litígio cujos efeitos operam para além das partes e serão irradiados no sistema constitucional e político como um todo[34]. O

---

[31] UCÍN, Carlota. Evento de Litigio Estructural. *Revista Argentina de Teoría Jurídica*, v. 16, Agosto de 2015, p.8.

[32] RODRÍGUEZ-GARAVITO, César. Beyond the courtroom: the impact of judicial activism on socioeconomic rights in Latin America. *Texas Law review*, v. 89 (7), 2011, p. 1671.

[33] MANEIRO, Renata de Marins Jaber; CRUZ, Eugeniusz Costa Lopes da. Constitucionalismo Democrático e Litígio Estratégico: o caso do Mandado de Injunção nº 4.733. *In:* VIEIRA, José Ribas; *et al.* (Org.). *Diálogos Constitucionais e as relações entre os poderes:* VI Fórum de Grupos de Pesquisa em Direito Constitucional e Teoria do Direito, 2015. Texto cedido pelo autor.

[34] CORAL-DÍAZ, Ana Milena; LONDOÑO-TORO, Beatriz; MUÑOZ-ÁVILA, Lina Marcela. El concepto de litigio estratégico en América Latina: 1990-2010. *Vniversitas*, Bogotá (Colombia), n. 121, julio-diciembre 2010, p. 53.

passo crucial é visualizar o campo do jogo abarcando não só a resposta jurisdicional, mas o contexto e irradiação de efeitos ao redor do caso[35].

O impacto decorrente desta judicialização pode perpassar os litigantes, como por exemplo, induzir determinada reação regulatória de atores não vinculados diretamente no processo. E esta é uma resposta importantíssima, porque também afeta a consciência jurídica e a articulação de demais atores para produzir outros ou novos resultados[36].

É preciso considerar, ainda, que com os fins delineados, tem-se como mínimo a utilização de algumas das estratégias: jurídica; social ou de construção do sujeito titular dos direitos; política de alianças e impulsos para que as instituições cumpram sua função; educativo-comunicacional para que a cidadania ou pessoas constitucionais se informem de seus direitos; de contingência para a prevenção e proteção frente a corrupção e ameaças, dentre outras[37].

Assim, existem tantos tipos de estratégicas como frentes de ações no litígio, e o uso destas estratégias não é excludente. Portanto, é possível combinar vários tipos e métodos distintos. Poderia, por exemplo, se falar de estratégias econômicas juntamente com estratégias sociais e jurídicas e, para outros casos, utilizar estratégias completamente diferentes, como afirmado por Coral-Díaz, Londoño-Toro e Muñoz-Ávila[38] "estas possibilidades convidam a recorrer a todo tipo de material disponível de forma engenhosa e criativa".

Dentre as relevantes características deste tipo de litígio, destacam-se: (i) afetam um grande número de pessoas que alegam violação de seus direitos de forma direta ou através de instituições ou organizações que

---

[35] BARRENA, Guadalupe. Oportunidades y retos para el litigio estratégico en México: un cincel para la piedra de Sísifo? *In*: MATUS, Fabián Sánchez. (Coord.). *El litigio estratégico en México:* la aplicación de los derechos humanos a nivel práctico. México: Oficina del Alto Comisionado de las Naciones Unidas para los Derechos Humanos, 2007, p. 49.

[36] BERGALLO, PAOLA. Evento de Litigio Estrutural. *Revista Argentina de Teoría Jurídica*. v. 16, ago. 2015, p. 3.

[37] CORAL-DÍAZ, Ana Milena; LONDOÑO-TORO, Beatriz; MUÑOZ-ÁVILA, Lina Marcela. El concepto de litigio estratégico en América Latina: 1990-2010. *Vniversitas*, Bogotá (Colombia), n. 121, julio-diciembre 2010, p. 58.

[38] CORAL-DÍAZ, Ana Milena; LONDOÑO-TORO, Beatriz; MUÑOZ-ÁVILA, Lina Marcela. El concepto de litigio estratégico en América Latina: 1990-2010. *Vniversitas*, Bogotá (Colombia), n. 121, julio-diciembre 2010, p. 58.

recusem a causa; (ii) implicam na responsabilização de várias agências governamentais; (iii) envolvem remédios estruturais cautelares, que representam ordens de execução coordenadas para a proteção de todas as pessoas afetadas e não apenas os litigantes no caso específico[39].

Por sua vez, as diferentes tipologias a que se propõe o termo estão baseadas em seu objeto e ferramentas jurídicas. A partir desta perspectiva, segundo Coral-Díaz, Londoño-Toro e Muñoz-Ávila[40], pode-se encontrar:

a. *Conceitos centrados na defesa judicial dos direitos humanos e do interesse público*: esta primeira categoria é composta por dois objetivos, o acesso à justiça, o interesse público e a defesa dos direitos humanos; e o uso de ferramentas judiciais. Seu objetivo final é o cumprimento efetivo dos direitos humanos, ordenado por instâncias judiciais de justiça nacional ou internacional.

b. *Conceitos centrados nos resultados de alto impacto*: a proposta nesta categoria se refere a: o objeto, a geração de mudanças estruturais e; o uso de ferramentas políticas, jurídicas, sociais, etc. A tendência dos movimentos de direitos humanos no âmbito internacional é a geração não só de um litígio, se não, "do litígio estratégico, principalmente para buscar e promover a mudança social, de adoção, impulso, criação ou modificação das políticas públicas existentes na temática em discussão".

c. *Conceitos centrados no momento da intervenção*: uma terceira tipologia que se propõe, especialmente na matéria de direito ambiental, tem a ver com o momento em que se atua, para a defesa dos direitos humanos ou do interesse público, podendo se diferenciar em litígio estratégico preventivo ou corretivo. No preventivo, se assume causas orientados pelo princípio da precaução, onde se busca evitar danos ou prejuízos aos direitos humanos quando não existe certeza científica das consequências de determinada ação. Já no universo corretivo, opera quando o dano ou impacto já se consumou e busca a reparação integral dos danos causados.

d. *Conceitos centrados segundo os direitos humanos que se protegem*: Em essência, se trata de invocar o respeito aos grupos de especial proteção constitucional e o respeito pela diferença dentro das estratégias do litígio. Desta forma, se encontram particularidades a defender quando se aborda, por exemplo, a defesa de pessoas com doenças raras e negligenciadas.

---

[39] RODRÍGUEZ-GARAVITO, César. Beyond the courtroom: the impact of judicial activism on socioeconomic rights in Latin America. *Texas Law review*, v. 89 (7), 2011, p. 1671.

[40] CORAL-DÍAZ, Ana Milena; LONDOÑO-TORO, Beatriz; MUÑOZ-ÁVILA, Lina Marcela. El concepto de litigio estratégico en América Latina: 1990-2010. *Vniversitas*, Bogotá (Colombia), n. 121, julio-diciembre 2010, p. 53-54.

Estas variações de litígios possuem um lugar chave nos modernos sistemas de justiça, de modo que os objetivos alcançados, repita-se, vão além das mudanças obtidas por meio das disputas entre as partes. Ele acaba criando uma nova visibilidade para grupos humanos menos favorecidos, assim como estimula a busca da realização, conscientização, educação dos direitos envolvidos. Neste sentido, as mobilizações podem alcançar, no plano público e político, um reconhecimento, uma vez que casos emblemáticos permitem fixar posições, romper paradigmas e alcançar soluções para coletivos que se encontram em situação de vulnerabilidade[41].

Na verdade, o Litígio Estratégico representa um tipo de advocacia *issue-oriented*, concentrada no avanço político-jurídico do tema, geralmente, de alta complexidade, que interessa a determinadas pessoas de natureza individual, geral ou coletiva[42] que vão atuar no exercício de campanhas de mobilização de cunho educativo e/ou persuasivo relativo ao o tema a ser defendido[43].

Para que isso ocorra, destaca-se o importante papel desempenhado pelos advogados, que precisam se engajar nestas práticas, que investem em *lobby* legislativo, buscam soluções alternativas de disputas, encaram as mídias como importantes ferramentas e apostam no judiciário como um caminho proficiente para provocar as transformações almejadas.

Assim, é indispensável que as pessoas que litigam estrategicamente em defesa dos casos que são da área da Bioética tomem consciência de que suas atividades estão compreendidas como parte de uma ciência crítica, eis que não contemplam razões meramente descritivas, mas também prescritivas e empíricas[44]. Quem empreende deve ser capaz

---

[41] CORAL-DÍAZ, Ana Milena; LONDOÑO-TORO, Beatriz; MUÑOZ-ÁVILA, Lina Marcela. El concepto de litigio estratégico en América Latina: 1990-2010. *Vniversitas*, Bogotá (Colombia), n. 121, julio-diciembre 2010, p.52.

[42] Podem ser contemplados neste rol, os direitos das crianças e adolescentes, indígenas, idosos, etc.

[43] CARDOSO, Evorah Lusci Costa. Ciclo de Vida do Litígio Estratégico no Sistema Interamericano de Direitos Humanos: dificuldades e oportunidades para atores não estatais. *Revista Electrónica del Instituto de Investigaciones "Ambrosio L. Gioja"* - Año V, Número Especial, 2011, p.364-366.

[44] LÓPEZ, Luis Miguel Cano; MANZO, Graciela Rodríguez. Del litigio estratégico como experiencia democrática. *In*: MATUS, Fabián Sánchez. (Coord.). *El litigio estratégico en México*: la aplicación de los derechos humanos a nivel práctico. México: Oficina del Alto Comisionado de las Naciones Unidas para los Derechos Humanos, 2007, p.139.

de identificar as antinomias e lacunas do interior do ordenamento e convergir em afetações de direitos, além de ser capaz de encontrar soluções que ultrapassem as fronteiras do direito positivo.

Estas ações são caracterizadas como de interesse público, seja em virtude da veiculação de assuntos ligados à implementação de políticas públicas, seja em razão da reivindicação de novos direitos, a exigir uma atuação jurídica abrangente perante os braços institucionalizados de poder[45]. E, isso vai depender de como se "usa" o Litígio Estratégico, cujo impacto pretende ser mais forte em termos estruturais[46], e que pode ser individual ou coletivo[47].

Portanto, por sua definição e consequência, o Litígio Estratégico é uma ação de proteção social, muito embora seja importante esclarecer que nem toda ação de proteção social seja Litígio Estratégico.

Segundo Bergallo[48], uma das tradições sóciojurídicas de debate se refere à mobilização legal. Para esta mobilização, estar-se-ia fazendo uso dos discursos dos direitos, que não ocorre nos foros judiciais, ou legais. O que se percebe é que, nos espaços públicos, são muitas as pessoas reivindicando seus direitos, como por exemplo, a uma vida livre sem violência, mas não estão nem judicializados nem pendentes de reforma legislativa. Estas vozes não pedem uma nova lei, tão pouco estão pedindo novas políticas judiciais, senão, os compromissos legais já adotados.

Na América Latina, as organizações não-governamentais (ONG's) são as grandes geradoras e impulsionadoras dessa ferramenta. Dentre elas, podem ser citadas como pioneiras a Comissão Andina de Juristas do Peru; o Centro de Estudos Legais e Sociais (CELS), na Argentina;

---

[45] MANEIRO, Renata de Marins Jaber; CRUZ, Eugeniusz Costa Lopes da. Constitucionalismo Democrático e Litígio Estratégico: o caso do Mandado de Injunção nº 4.733. In: VIEIRA, José Ribas; et al. (Org.). *Diálogos Constitucionais e as relações entre os poderes*: VI Fórum de Grupos de Pesquisa em Direito Constitucional e Teoria do Direito, 2015. Texto cedido pelo autor.

[46] UCÍN, Carlota. Evento de Litígio Estrutural. *Revista Argentina de Teoría Jurídica*, v. 16, Agosto de 2015, p.7.

[47] BERGALLO, PAOLA. Evento de Litígio Estrutural. *Revista Argentina de Teoría Jurídica*. v. 16, ago. 2015, p.2.

[48] BERGALLO, PAOLA. Evento de Litígio Estrutural. *Revista Argentina de Teoría Jurídica*. v. 16, ago. 2015, p. 2-3.

o Instituto Latinoamericano para a Sociedade e Direitos Alternativos (ILSA), na Colômbia; e a Clínica de Litígio Estratégico no México.

O Litígio Estratégico é um dos principais instrumentos adotados por essas ONG's. Para muitas delas, ele é utilizado também no cenário regional de justiça, através do Sistema Interamericano de Direitos Humanos, sendo uma oportunidade de impulsionar casos graves de violações de direitos humanos, frente aos quais a justiça interna dos países não tem respostas.

Um exemplo clássico pode ser descrito na luta contra a segregação racial nos Estados Unidos, em 1896, no caso *Plessy V Fergusson* contra *Brown V Board of Education*. Essa é uma história de êxito do Litígio Estratégico, porque o advogado do caso analisou o contexto, estabeleceu um propósito, idealizou um plano e o executou[49].

Como de extenso conhecimento, a Corte Suprema Americana afirmou, naquele ano, a constitucionalidade da segregação social. A doutrina "separados mais iguais" permitia que negros e brancos tivessem acesso aos mesmos direitos, mas em instalações distintas, já que se afirmava que *"se uma raça é inferior a outra, a Constituição dos Estados Unidos não pode pôr no mesmo plano"*.

Desejava-se, com a litigação, reverter o precedente para que a segregação racial não contemplasse o acesso ao ensino superior. A segregação impunha altos custos ao erário público e as vitórias sucessivas no campo da educação, nos estados do sul, prepararam o terreno para que a Corte pensasse em substituir o paradigma da "segregação" para o da "não discriminação".

A estratégia se baseou em litigar sobre casos de alunos universitários para obrigar o Tribunal a reconhecer que, embora previsto na Constituição, ter faculdades de direito separadas para brancos e negros era uma política pública financeiramente inviável. Vinte anos depois de haver começado a luta judicial, *Brown v Board of Education*, reverteu os *standards* constitucionais sobre igualdade racial.

Outro estudo canônico fruto desta mobilização ocorreu também nos Estados Unidos, nos anos 70, em torno da reivindicação da igualdade

---

[49] BARRENA, Guadalupe. Oportunidades y retos para el litigio estratégico en México: ¿un cincel para la piedra de Sísifo? In: MATUS, Fabián Sánchez. (Coord.). *El litigio estratégico en México*: la aplicación de los derechos humanos a nivel práctico. México: Oficina del Alto Comisionado de las Naciones Unidas para los Derechos Humanos, 2007, p. 49.

e da paz entre homens e mulheres, no *Equal Pay Act*. Nesse caso, é importante mencionar que as mulheres têm conquistado um empoderamento como movimento perante as estruturas patriarcais de opressão e que as têm movido desde a década de 60, especialmente nos anos 80 e 90[50]. Este enquadramento pode ser chamado de "novos movimentos sociais", que questionam a lógica das sociedades e buscam uma inclusão no discurso público e da agenda pública. Ou seja, as diferentes lutas democráticas, acabam por fomentar novos exercícios de democracia e de distintas formas de participação[51]. As lutas feministas, de contestação política através dos movimentos sociais, foram determinantes para a modificação de significados jusfundamentais[52].

Cabe citar, também, como exemplos de Litígio Estratégico, as ações coletivas, que têm o potencial de originar mudanças sociais, concretização de políticas públicas e a efetiva concretização de direitos fundamentais constantemente desrespeitados[53].

O Litígio Estratégico não faz sentido para todos os casos e provavelmente não será sempre necessário interpor este tipo de demanda para alcançar uma meta ou melhorar uma causa[54]. Em geral, o litígio pode ser um processo oneroso e longo.

---

[50] CORAL-DÍAZ, Ana Milena; LONDOÑO-TORO, Beatriz; MUÑOZ-ÁVILA, Lina Marcela. El concepto de litigio estratégico en América Latina: 1990-2010. *Vniversitas*, Bogotá (Colombia), n. 121, julio-diciembre 2010, p. 58.

[51] GOUVÊA, Carina B. *O direito fundamental à saúde, um olhar para além do reconhecimento*: construindo à efetividade que opera em favor da democracia e do desenho institucional. Brasília: Gomes & Oliveira, 2015, p. 127.

[52] MANEIRO, Renata de Marins Jaber; CRUZ, Eugeniusz Costa Lopes da. Constitucionalismo Democrático e Litígio Estratégico: o caso do Mandado de Injunção nº 4.733. *In:* VIEIRA, José Ribas; *et al.* (Org.). *Diálogos Constitucionais e as relações entre os poderes:* VI Fórum de Grupos de Pesquisa em Direito Constitucional e Teoria do Direito, 2015. Texto cedido pelo autor.

[53] VINCENZI, Brunela. *et al.* As Ações Coletivas como Espécie de Litígio Estratégico: um diálogo com a luta social por reconhecimento de Axel Honneth. p. 209-236. *In: Revista Jurídica Direito & Paz.* ano XVIII. n. 34. 1. sem. São Paulo, 2016, p. 226. Disponível em: <http://webcache.googleusercontent.com/search?q=cache:zLGI4fZ_TvAJ:www.revista.unisal.br/lo/index.php/direitoepaz/article/download/351/253+&cd=14&hl=pt-BR&ct=clnk&gl=br>. Acesso em: 11 jan. 2017.

[54] CHILD RIGHTS INTERNATIONAL NETWORK. *Guía sobre litigio estratégico*: una introducción. Disponível em: <https://www.crin.org/es/biblioteca/publicaciones/guia-sobre-litigio-estrategico-una-introduccion>. Acesso em: 10 jan. 2017.

Segundo o *Child Rights International Network* (CRIN)[55] há algumas perguntas que são essenciais para se decidir ou não pela ferramenta do Litígio Estratégico: a temática legal envolvida se relaciona com um problema social?; A resposta de uma Corte pode resolver este problema?; A decisão pode ter um efeito extensivo ou generalizado?; Tanto a causa como o tema principal são fáceis de entender pelos meios de comunicação e pelo público em geral?

Como o litígio pode ser custoso em termos de recursos, é recomendável avaliar e investigar cada caso, assim como os argumentos que se pretende introduzir, sempre antes de submetê-lo à jurisdição. Por exemplo, é importante a verificação de quais leis estão relacionadas com seu pedido; se são aplicadas regularmente; se são claras em termos de redação e interpretação; como se aplicam; e, se a falta de clareza de uma lei permite uma maior linha interpretativa, o que pode proporcionar a criação de precedentes inovadores.

Se não existem princípios claramente estabelecidos, pode ser que exista uma oportunidade para trabalhar com o governo e com a jurisdição com o fim de determinar quais núcleos devem compor estes princípios, estabelecer *standards* e práticas.

Em algumas jurisdições, os tribunais têm, não só o poder de ordenar a pessoa, o governo ou a organização que se demandou, mas também suspender o dano que se está causando. Pode, ainda, obrigar a remediar o dano cometido e a prevenir que volte a ocorrer. As ditas pessoas ou organizações podem também ser comunicadas pela jurisdição com o fim de se estabelecer novos sistemas e mecanismos para proteger direitos, proporcionar atenção ou prevenir abusos[56], ou ainda propor as denominadas sentenças estruturantes[57].

---

[55] CHILD RIGHTS INTERNATIONAL NETWORK. *Guía sobre litigio estratégico*: una introducción. Disponível em: <https://www.crin.org/es/biblioteca/publicaciones/guia-sobre-litigio-estrategico-una-introduccion>. Acesso em: 10 jan. 2017.

[56] Cita-se como exemplo, o caso M. C. Mehta v. Estado de Tamil e outros, Supremo Tribunal da Índia, outubro de 1990. Nele, o ativista hindu M. C. Mehta processou o Estado de Tamil Nadu, a fim de melhorar as condições de trabalho das crianças e providenciou a educação aprimorada para aquelas resgatadas de trabalhos perigosos.

[57] As "sentenças estruturantes" foram idealizadas para romper com o isolamento cognitivo proporcionando assim, a garantia de voz das minorias nas deliberações políticas, o intercâmbio de conhecimentos de outros órgãos jurisdicionais e as experiências dele decorrentes, a construção de conhecimento por agregação, a superação

O Litígio Estratégico tem, portanto, o intuito de buscar remédios às situações complexas, de vulnerabilidades e que afetam uma multiplicidade de pessoas e espera uma solução material, como o reconhecimento do direito negligenciado, uma resposta à situação fática desafiada, despolarização da sociedade em temas sensíveis. Possui natureza jurídica instrumental porque exige ação.

Fonte: Elaborada pelos autores com base nas concepções teóricas

Seus efeitos podem ser material, com modificações tangíveis; simbólicos, de transformação cultural ou ideológicos; diretos, principalmente aos envolvidos no caso; e indiretos.

3. RESPOSTA ESTRUTURAL, COMO OBJETIVO DO LITÍGIO ESTRATÉGICO

O sentido da *rule of law* como um conceito eficaz, deve aplicar a lei para transformar uma realidade profundamente desigual[58] e para o exercício constitutivo da nova resposta constitucional. Esta proposta deve estar centrada com o objetivo prioritariamente de assegurar o desenvolvimento social e humano, principal motivo de zonas de conflito nas nações com altos índices de deficiência democrática.

Há inúmeros procedimentos que permitem a assunção desta adjudicação. Estas previsões centram-se em diferentes processos constitucionais firmados pela carta local.

No Brasil, pode-se citar a Arguição de Descumprimento de Preceito Fundamental (ADPF), que tem por objetivo evitar ou reparar lesão a preceito fundamental, resultante do poder público. Na Colômbia, a *Acción de Tutela* da sua carta, na qual toda pessoa por esta via terá tute-

---

da intolerância nacional/cultural. Portanto, congrega esta multiplicidade de sentidos, que são derivadas, geralmente, de decisões judiciais, que sem prejuízo de resolver o pedido das partes, compartilham com as autoridades públicas competentes e com caráter geral, a adoção de políticas tendentes a tutela efetiva, integral e eficiente dos direitos fundamentais. (GOUVÊA, Carina B. *O direito fundamental à saúde, um olhar para além do reconhecimento*: construindo à efetividade que opera em favor da democracia e do desenho institucional. Brasília: Gomes & Oliveira, 2015, p. 190.).

[58] BARRENA, Guadalupe. Oportunidades y retos para el litigio estratégico en México: un cincel para la piedra de Sísifo? In: MATUS, Fabián Sánchez. (Coord.). *El litigio estratégico en México*: la aplicación de los derechos humanos a nivel práctico. México: Oficina del Alto Comisionado de las Naciones Unidas para los Derechos Humanos, 2007, p. 51.

la por si ou porque atue em seu nome, a proteção imediata de seus direitos fundamentais, quando estes resultem vulnerados ou ameaçados pela ação ou omissão de qualquer autoridade pública.

A escolha da Corte ou similar para o desenvolvimento do constitucionalismo democrático é proposital, uma vez que sua própria estrutura pode promover a fixação de uma agenda[59] e metodologia para o desenvolvimento de uma sessão técnica que priorize e favoreça a discussão constitucional, principalmente em caso de obstrução de política ou bloqueio institucional. Além disso, o resultado, inicialmente, tem a pretensão de empreender uma resposta globalizada - de modo a afetar a realidade que incide, portanto, a jurisdição nacional se faz necessária.

As variedades de resposta que o Litígio Estratégico comporta permitem estruturar diferentes resultados no campo da Bioética. É preciso, antes de mais nada, fazer a distinção do que será considerado estratégico, porque se politiza o discurso dentro e fora da Corte ao nível nacional, ou de interesse regional, e as mudanças neste plano também produzem variações importantes.

Assim, os temas podem ser estruturais e os remédios podem ou não ser estruturais. Segundo Bergallo[60] há remédios estruturais mais fortes e mais fracos, mais experimentais e mais de comando de controle. Após, há uma discussão sobre a estruturalidade dos efeitos que podem ser de distintos tipos e de distintos níveis. Em geral, como nos casos da Argentina, por exemplo, quase nenhuma é estrutural e todos são de intervenção média[61].

---

[59] Segundo O'Connor, a fixação de uma agenda política é uma parte muito importante do mapeamento do sistema de justiça, uma vez que é capaz de fornecer uma lista de questões ou problemas que receberão atenção prioritária do governo para as decisões ou formulações de políticas. Será a resposta do problema estabelecido na fixação da agenda, incluindo também aqueles que estão fora do governo – sociedade civil, meios de comunicação, grupos de interesse religioso, dentre outros. (O'CONNOR, Vivienne. Mapping the Justice System and Legal Framework in a Conflict-affected country. *International Network to Promote the Rule of Law*, Aug. 2015. Disponível em: <http://ssrn.com/abstract=2665652>. Acesso em: 04 dez. 2016).

[60] BERGALLO, PAOLA. Evento de Litígio Estrutural. *Revista Argentina de Teoría Jurídica*. v. 16, ago. 2015, p. 4.

[61] Bergallo entende que "as intervenções de nível médio" são aquelas cuja interferência se dá no sistema regulatório, por exemplo.

Um exemplo interessante, apontado por Bergallo, é o caso Artavia Murillo e o direito à vida gestacional, que ocorreu na Costa Rica. Ele começa sendo um Litígio Estratégico porque seu objetivo era estabelecer um *standard* sobre o direito à vida. Mas, se mobilizou contra a fertilização assistida.

No caso em questão, a Corte Constitucional do país declarou inconstitucionais as técnicas de reprodução assistida. De notar que o caso não foi levado a juízo prioritariamente pela preocupação com as técnicas utilizadas de reprodução assistida. Seu objetivo inicial era conseguir uma sentença estratégica, em que a Corte assumisse a posição "que a vida se iniciava na etapa embrionária". Qualquer ato realizado posteriormente a esta etapa, representaria uma violação à vida do ser humano.

Foi estratégico, porque há pelo menos dois anos se discutia intensamente quando começava a vida no artigo 19 do Código Civil daquele país. Em seguida, se aprovou uma lei que tratava da cobertura integral das técnicas humanas de reprodução assistida. Duas agendas circularam em sentidos distintos: o interesse na cobertura da provisão de técnicas, o interesse na provisão de serviços para a maternidade biológica e, por ouro lado, a discussão do direito à vida. A estrutura dada joga de distintas formas para distintos interesses.

Assim, pode-se fixar cinco ou seis discussões distintas, que vão variar segundo o sujeito, como a instituição politiza o caso, e como os atores participam do caso[62]. Estas sentenças acabam por ter um impacto muito importante a respeito de certas causas e têm uma resposta positiva desde o ponto de vista legal, simbólico, da administração, dentre outros.

Em outros casos, a sentença pode ser estrutural. Este tipo de sentença congrega outros atores além dos demandantes. De maneira geral, correlaciona-se o direito em si com o dever de recomendação da construção, planejamento ou aperfeiçoamento de planos e políticas públicas.

---

[62] BERGALLO, PAOLA. Evento de Litigio Estrutural. *Revista Argentina de Teoría Jurídica*. v. 16, ago. 2015, p. 6.

Para Gouvêa[63] permite-se definir critérios para: a distinção e o expressivo universo dos destinatários; o estabelecimento das hipóteses da ação estatal prioritária e coordenada; a construção de políticas para o enfrentamento; a lógica pragmática; o resultado a se operar de forma progressiva; a delimitação das cláusulas gerais, individuais e coletivas, dentre outros. Esta construção cooperada vem do exercício da formação de um consenso que se forma no curso do processo, entre os vários atores interessados na atualização de sentido constitucional.

Um exemplo de sentença estrutural se encontra no emblemático caso relacionado ao grau de eficácia na proteção à saúde na Colômbia e o reflexo das dificuldades estruturais do Sistema Geral de Seguridade Social na saúde, geradas principalmente por diversas falhas em sua regulação, a T-260, de 2008[64].

É considerada estrutural porque a sentença determinou uma série de medidas destinadas à reformulação de políticas públicas, como por exemplo, revisar e unificar os planos e benefícios[65]. A questão envolveu um grande número de atores governamentais e não governamentais, questões de políticas públicas complexas e, tiveram como objetivo também, unificar o sistema de saúde público não contributivo com o sistema contributivo, ou seja, transformar todo o sistema.

Outra sentença estrutural paradigmática, também se refere à Corte Constitucional Colombiana, a T-025/2004, por meio da qual se ordenou a formulação de uma política pública integral para garantir uma vida digna aos "*desplazados*" pelo conflito interno colombiano. Esta sentença reuniu cento e cinco ações individuais, relacionadas à adequação ou insuficiência de políticas públicas. E como supervisionar uma decisão que possui uma resposta progressiva? Através do Decreto 2591/91, a Corte promoveu uma espécie de "jurisdição supervisora", mantendo assim viva a relação processual através do monitoramento

---

[63] GOUVÊA, Carina B. *O direito fundamental à saúde, um olhar para além do reconhecimento*: construindo à efetividade que opera em favor da democracia e do desenho institucional. Brasília: Gomes & Oliveira, 2015, p. 195.

[64] Sentencia T-760/2008, Ministro Manuel José Cepeda Espinosa, Sala Segunda de Revisión de la Corte Constitucional, julgada em 31 de jul. de 2008.

[65] GOUVÊA, Carina B. *O direito fundamental à saúde, um olhar para além do reconhecimento*: construindo à efetividade que opera em favor da democracia e do desenho institucional. Brasília: Gomes & Oliveira, 2015, p. 195.

das providências a serem adotadas pelos agentes estatais, promovendo, inclusive, audiências públicas.

Aponta-se a caracterização do problema enfrentado como social, a exigir a intervenção de várias entidades, num conjunto necessariamente complexo e coordenado de ações, segundo Valle[66].

Para a autora Valle, esta perspectiva de que o problema do bloqueio há de ser endereçado tendo em conta os fatores internos e externos que o tenham determinado; e que esta é uma patologia cuja superação transcende as esferas ordinárias do poder político e estaria a reclamar uma ação coordenada, obstada até então por uma incapacidade de articulação dos agentes institucionais.

CONCLUSÃO

As situações da Bioética compreendem, normalmente a situações fáticas inéditas, dado o campo das complexidades que envolvem o avanço biotecnológico e fatos sociais que passaram a ser experimentados de formas diferentes e, invariavelmente não possuem moralidade constituída, segundo Fürst.

Foi possível identificar que a reflexão da linguagem que envolve a Bioética[67] se decanta em arranjos que incorporam três métodos distintos: (1) aqueles que são utilizados para explorar o suporte fático do que se analisa; (2) aqueles que são utilizados para compreender os problemas éticos e teóricos; (3) aqueles que são utilizados para dar suporte à tomada de decisão. Neste sentido, a Bioética, tal como o Direito, além do aspecto teórico, zetético, perquiritório e abstrato que formulam os seus conceitos fundamentos e parâmetros, também possui o aspecto de técnica, decidibilidade. O Litígio Estratégico entra em campo para auxiliar estas construções de sentidos, porque está vocacionado ao diálogo, à abertura de novas expertises multi/trans/pluridimensionais e pode se revelar um instrumento potencial para resolução

---

[66] VALLE, Vanice Regina Lírio do. Estado de coisas inconstitucional e bloqueios institucionais: desafios para a construção da resposta adequada. *In:* BOLONHA, Carlos; BONIZZATO, Luigi; MAIA, Fabiana (Coord.). *Teoria institucional e constitucionalismo contemporâneo*. Curitiba: Juruá, 2016, 332.

[67] Matriz teórica foi estruturada a partir dos estudos de Fürst. Ver FÜRST, Henderson. *No confim da vida*: direito e bioética na compreensão da ortotanásia. Belo Horizonte: Letramento; Casa do Direito, 2018.

das lacunas advindas do próprio sistema jurídico e da casuística jurisprudencial, que por vezes é equivocada.

O viés estratégico do Litígio está na sua complementariedade que conecta não só as ferramentas interdisciplinares, sociais e políticas, se não a diversidade de atores que podem intervir e ser afetados neste processo. Ele se projeta como um instrumento para a prevenção e proteção sobre Bioética e Direitos Humanos no exercício de suas ações que de alguma forma vão irradiar efeitos.

Assim, algumas respostas podem vir da utilização deste instrumento, como a busca de cooperação a temas de alta complexidade, a proteção um do outro e das demais formas de vida, o reconhecimento da identidade do sujeito e das suas dimensões biológicas, psicológicas, sociais, culturais, promoção da sensibilidade moral e reflexão ética promover a responsabilidade social a assegura o progresso da ciência, o apoio as causas sociais e o despertar de novas consciências, o empoderamento de grupos e movimentos sociais, a modificação de *standards* culturais. Pode, também, instruir atos para as ações políticas, a inclusão da temática nas agendas públicas e fortalecer substancialmente os aspectos práticos da Bioética.

Por fim, esta multiplicidade de usos e objetivos, não exclui a tradicional meta, como o acesso à justiça a vulneráveis e menos favorecidos, mas pretende responder a uma estratégia maior: alcançar a realidade social, política e jurídica no campo da Bioética.

REFERÊNCIAS

ANVISA. RELATÓRIO - BASES TÉCNICAS PARA DECISÃO DO USO EMERGENCIAL, EM CARÁTER EXPERIMENTAL DE VACINAS CONTRA A COVID-19. Disponível em < https://www.gov.br/anvisa/pt-br/assuntos/noticias-anvisa/2021/confira-materiais-da-reuniao-extraordinaria-da-dicol/relatorio-bases-tecnicas-para-decisao-do-uso-emergencial-final-4-1.pdf>.

ASÍS, Rafael de. *Sobre Discapacidad y Derechos*. Instituto de Derechos Humanos "Bartolomé de las Casas". Colección Derechos Humanos y Filosofía del Derecho. Madrid: Dykinson, 2013.

BARRENA, Guadalupe. Oportunidades y retos para el litigio estratégico en México: un cincel para la piedra de Sísifo? *In*: MATUS, Fabián Sánchez. (Coord.). *El litigio estratégico en México*: la aplicación de los derechos humanos a nivel práctico. México: Oficina del Alto Comisionado de las Naciones Unidas para los Derechos Humanos, 2007, p. 47- 69.

BERGALLO, PAOLA. Evento de Litigio Estrutural. *Revista Argentina de Teoría Jurídica.* v. 16, ago. 2015, p.1-25.

BRASIL. Constituição (1988). Constituição da República Federativa do Brasil. Disponível em: <http://www.planalto.gov.br/ccivil_03/Constituicao/Constituicao.htm>. Acesso em: 10 jan. 2017.

_____. Decreto nº 6.949, de 25 de agosto de 2009. Promulga a Convenção Internacional sobre os Direitos das Pessoas com Deficiência (CDPD) e seu Protocolo Facultativo. Nova York. 30 mar. 2007. Disponível em: <http://www.planalto.gov.br/ccivil_03/_ato2007-2010/2009/decreto/d6949.htm>. Acesso em: 23 dez. 2016.

_____. Lei nº 13.146, de 6 de julho de 2015. Institui a Lei Brasileira de Inclusão da Pessoa com Deficiência (Estatuto da Pessoa com Deficiência). Disponível em: <http://www.planalto.gov.br/ccivil_03/_ato2015-2018/2015/Lei/L13146.htm>. Acesso em: 23 dez. 2016.

Superior Tribunal de Justiça. Ação Civil Pública. Recurso Especial. REsp. n. 1.315.822/RJ. Recorrente: Banco do Brasil S/A. Recorrido: AFAC Associação Fluminense de Amparo aos Cegos. Relator: Min. Marco Aurélio Bellizze. 24 mar. 2015. Disponível em: <http://www.stj.jus.br/SCON/jurisprudencia/toc.jsp?data=%40DTPB+%3E%3D+20150416+e+%40DTPB+%3C%3D+20150416&livre=%28%28%22Terceira+Turma%22%29.org.%29+E+%28%22Terceira+Turma%22%29.org.&ementa=Braille&&b=ACOR&thesaurus=JURIDICO&p=true>. Acesso em: 20 jan. 2017.

CARDOSO, Evorah Lusci Costa. Ciclo de Vida do Litígio Estratégico no Sistema Interamericano de Direitos Humanos: dificuldades e oportunidades para atores não estatais. *Revista Electrónica del Instituto de Investigaciones "Ambrosio L. Gioja"* - Año V, Número Especial, 2011.

CHILD RIGHTS INTERNATIONAL NETWORK. *Guía sobre litigio estratégico*: una introducción. Disponível em: <https://www.crin.org/es/biblioteca/publicaciones/guia-sobre-litigio-estrategico-una-introduccion>. Acesso em: 10 jan. 2017.

CORAL-DÍAZ, Ana Milena; LONDOÑO-TORO, Beatriz; MUÑOZ-ÁVILA, Lina Marcela. El concepto de litigio estratégico en América Latina: 1990-2010. *Vniversitas,* Bogotá (Colombia), n. 121, julio-diciembre 2010, p.49-76.

ESTEBAN, Amparo Cano (Coord.); DÍAZ, Susana Rodríguez (Coord.) *et al. Discapacidad y Políticas Públicas*: la experiencia real de la juventud con discapacidad en España. 1. Madrid: Catarata, 2015.

FÜRST, Henderson. *No confim da vida*: direito e bioética na compreensão da ortotanásia. Belo Horizonte: Letramento; Casa do Direito, 2018.

GOUVÊA, Carina B. *O direito fundamental à saúde, um olhar para além do reconhecimento:* construindo à efetividade que opera em favor da democracia e do desenho institucional. Brasília: Gomes & Oliveira, 2015.

GOUVÊA, Carina Barbosa. *As intervenções da ONU no processo de constitution-making nos estados em transição política*: o papel das nações unidas no resgate da ordem democrática. Curitiba: Juruá, 2016.

GOUVÊA, Carina Barbosa; KIEFER, Sandra Filomena Wagner. O litígio estratégico como ferramenta para a transformação social: construindo efetividade para a inclusão da pessoa com deficiência. In BARBOSA-FOHRMANN, Ana Paula (Org.). *Autonomia, reconhecimento e dignidade*: sujeitos, interesses e direitos. Rio de Janeiro: Gramma, 2017, p. 299-324.

GOUVÊA, *Carina Barbosa; CASTELO BRANCO, Pedro Hermílio Villas Bôas. Critérios para a alocação de recursos escassos na pandemia da COVID-19. In:ESTEVES, Juliana Teixeira (Org).Dimensões críticas da condição pandêmica: transformações e percepções. Editora: RTM, Belo Horizonte, 2020, p. 103-112.*

INSTITUTO BRASILEIRO DE PESQUISA E ESTATÍSTICA (IBGE). Censo Demográfico 2010: características gerais da população, religião e pessoas com deficiência. *IBGE*, Rio de Janeiro, 2010. Disponível em: <http://www.ibge.gov.br/home/estatistica/populacao/censo2010/caracteristicas_religiao_deficiencia/default_caracteristicas_religiao_deficiencia.shtm>. Acesso em: 01 out. 2016.

KOSELLECK, Reinhart. *Futuro passado*: contribuição à semântica dos tempos históricos. Trad. MASS, Wilma Patrícia; PEREIRA, Carlos Almeida. Ver trad. BENJAMIN, César. Rio de Janeiro: Contraponto Editora, 2006, p. 267.

LÓPEZ, Luis Miguel Cano; MANZO, Graciela Rodríguez. Del litigio estratégico como experiencia democrática. *In*: MATUS, Fabián Sánchez. (Coord.). *El litigio estratégico en México*: la aplicación de los derechos humanos a nivel práctico. México: Oficina del Alto Comisionado de las Naciones Unidas para los Derechos Humanos, 2007, p.131-154.

MANEIRO, Renata de Marins Jaber; CRUZ, Eugeniusz Costa Lopes da. Constitucionalismo Democrático e Litígio Estratégico: o caso do Mandado de Injunção nº 4.733. *In*: VIEIRA, José Ribas; *et al.* (Org.). *Diálogos Constitucionais e as relações entre os poderes*: VI Fórum de Grupos de Pesquisa em Direito Constitucional e Teoria do Direito, 2015. Texto cedido pelo autor.

MORELOS GARCÍA, Gumesindo. *Controle de convencionalidad de los direitos humanos en los tribunais mexicanos*. México: Tribunal Electoral del Poder Judicial de la Federación, 2015.

O'CONNOR, Vivienne. Mapping the Justice System and Legal Framework in a Conflict-affected country. *International Network to Promote the Rule of Law*. Aug. 2015. Disponível em: <http://ssrn.com/abstract=2665652>. Acesso em: 04 dez. 2016.

ORGANIZAÇÃO DAS NAÇÕES UNIDAS (ONU). Fundo das Nações Unidas para a Infância (UNICEF). 2013. *Relatório Situação Mundial da Infância 2013*: crianças com deficiência. UNICEF. Disponível em: http://www.unicef.org/brazil/pt/PT_SOWC2013.pdf. Acesso em: 21 dez. 2016

POTTER, Van Rensselaer. Bioethics: bridge to the future. 1971.

QUINTANAS, Anna. Reseña de" Bioethics: Bridge to the Future" de Van Rensselaer Potter. *Sinéctica, Revista Electrónica de Educación*, n. 32, p. 1-5, 2009.

RODRÍGUEZ-GARAVITO, César. Beyond the courtroom: the impact of judicial activism on socioeconomic rights in Latin America. Texas Law review, v. 89 (7), 2011, p. 1669-1698.

ROVER, Tadeu. Por ver discriminação, juiz inclui netas de relação não matrimonial em testamento. *Consultor Jurídico*. Pub. 21 de jul de 2018. Disponível em < https://www.conjur.com.br/2018-jul-31/testamento-nao-discriminar-netos-relacao-nao-matrimonial>. Acesso em 01 de agosto de 2018

SARMENTO, Daniel. *Dignidade da Pessoa Humana*: conteúdo, trajetórias e metodologia. 376.p. Belo Horizonte: Fórum, 2016.

UCÍN, Carlota. Evento de Litigio Estrutural. *Revista Argentina de Teoría Jurídica*, v. 16, Agosto de 2015, p.1-25.

VILLARREAL, Marta. El litigio estratégico como herramienta del Derecho de interés público. *In*: MATUS, Fabián Sánchez. (Coord.). *El litigio estratégico en México*: la aplicación de los derechos humanos a nivel práctico. México: Oficina del Alto Comisionado de las Naciones Unidas para los Derechos Humanos, 2007, p.13-26.

VALLE, Vanice Regina Lírio do. Estado de coisas inconstitucional e bloqueios institucionais: desafios para a construção da resposta adequada. *In*: BOLONHA, Carlos; BONIZZATO, Luigi; MAIA, Fabiana (Coord.). *Teoria institucional e constitucionalismo contemporâneo*. Curitiba: Juruá, 2016, p.331-354.

VINCENZI, Brunela. et al. As Ações Coletivas como Espécie de Litígio Estratégico: um diálogo com a luta social por reconhecimento de Axel Honneth. p. 209-236. *In*: *Revista Jurídica Direito & Paz*. ano XVIII. n. 34. 1. sem. São Paulo, 2016. Disponível em: <http://webcache.googleusercontent.com/search?q=cache:zLGI4fZ_TvAJ:www.revista.unisal.br/lo/index.php/direitoepaz/article/download/351/253+&cd=14&hl=pt-BR&ct=clnk&gl=br>. Acesso em: 11 jan. 2017.

PROCEDURALIZAÇÃO JURÍDICA E BIODIREITO

HENDERSON FÜRST[1]

SUMÁRIO: 1. A proceduralização jurídica no biodireito; 2. Técnicas de proceduralização aplicadas ao biodireito; 2.1. A abertura do biodireito; 2.2. A atualização do biodireito; 2.3. A prudência do biodireito; 3. A resposta correta em questões que envolvam a judicialização da bioética; A. Quanto ao Poder Judiciário; B. Quanto ao Poder Legislativo; C. Quanto ao Poder Executivo

A sociedade se transforma e cria novas formas de interação e relações sociais. A ciência, em saltos, amplia sua capacidade cognitiva e intervém de maneiras inimagináveis na vida, no comportamento, na saúde e na expectativa do futuro de si.

O Direito, todavia, desenvolve-se a passos firmes, lentos e seguros – como de outra forma não poderia ser, considerando sua nomogênese pautada na experiência média consolidada pela sociedade, bem como na necessidade de transmitir segurança jurídica e pacificar litígios que a sociedade apresenta.

Ocorre que, enquanto instituições que influenciam e são influenciadas, temos uma sociedade que corre e acelerar, e um Direito cujos instrumentais são para problemas conhecidos e replicados, não para o inédito, e não há qualquer vocação para a velocidade de transformação apresentada.

Surge, aí, um grave hiato. As respostas jurídicas podem se tornar um problema ainda maior que os problemas que pretendem resolver. No paradigma da complexidade, o Direito encontra seu limite cognitivo e, em especial na temática abarcada pela Bioética, não é incomum observarmos o retrocesso da metodologia jurídica à retórica axiológica, moral ou religiosa para criar uma resposta com verniz jurídico. É o movimento do retorno à genealogia em que religião, ética e direito comungam como forma de se manter num espaço conhecido.

---

1 Presidente da Comissão Especial de Bioética e Biodireito do Conselho Federal da OAB. Doutor em Direito pela PUC-SP. Doutor e Mestre em Bioética pelo CUSC. Professor de Direito Constitucional da PUC-Campinas. Professor de Bioética e Direito das Organizações de Saúde do Hospital Israelita Albert Einstein.

Mas, e se fosse possível desenvolver novos mecanismos jurídicos para dar um passo adiante e manter o Direito, com segurança, adequando-se aos novos desafios?

Considerando que a Bioética é um dos campos que mais desafios complexos apresentam ao Direito, neste capítulo analisaremos a possibilidade de novos mecanismos de solução de conflitos biojurídicos.

1. A PROCEDURALIZAÇÃO JURÍDICA NO BIODIREITO

A proceduralização é um conceito que foi desenvolvido por Rudolf Wiethölter como um novo paradigma às ciências sociais para a complexidade econômica e social do começo dos anos 1980, e que repercutiu em diversas áreas.[2] Tendo demonstrado o desenvolvimento desse paradigma ao direito, tem sido cada vez mais utilizado para compreender e estruturar mecanismos em sistemas complexos e com modificações que demandam participação social, como é o caso de normas comuns da comunidade europeia nas mais diversas áreas do direito.[3] Suas ideias foram construídas especialmente em três artigos,[4] com os quais ele dialoga com as ideias de Habermas e Luhmann, aplicando-as a um modelo social que seja adequado ao desenvolvimento da sociedade pós-industrial.

---

[2] Por exemplo, LO FARO, Antonio. *Reality and Myth of Collective Bargaining*. Sidney: Hart Publishing, 2000; LOMFELD, Bertram; SOMMA, Alessandro; ZUMBANSEN, Peer. *Reshaping Markets:* economic governance, the global financial crisis. Cambridge: Cambridge University Press, 2016.

[3] Cf. ELIANTONIO, Mariolina. Concluding thoughts: legitimacy, rational and extent of the incidental proceduralization EU law. *Review of European Administrative Law*, vol. 8, n. 1, p. 177-204, Paris: Paris Legal Publishers, 2015; ELIANTONIO, Mariolina. The Procedural ius ationof EU Environmental Legislation: International Pressures, Some Victories and Some Way to Go. *Review of European Administrative Law*, vol. 8, n. 1, p. 99-123. Paris: Paris Legal Publishers, 2015.

[4] WIETHÖLTER, Rudolf. Social Science models in economic law. In: DAINTITH, T.; TEUBNER, Gunther (eds.). *Contract and organization*. Berlin e New York, 1986, p. 52-67; WIETHÖLTER, Rudolf. Materialization and proceduralization in modern law. In: TEUBNER, Gunther (ed.). *Dilemmas of Law in the Welfare State*. Berlin e New York, 1986, p. 221-248; WIETHÖLTER, Rudolf. Proceduralization of the Category of Law. Universitätsbibliothek Johann Christian Senckenberg, 2006.

A primeira fagulha teria acontecido em 1977, quanto Wiethölter escreveu um artigo[5] analisando as possibilidades do futuro da ciência jurídica no *Festschrift*, em homenagem ao seu professor, Gerhard Kegel, e listava pontos favoráveis e contrários à teoria de Kegel sobre conflitos entre normas jurídicas. A partir de uma fórmula conciliatória proposta por Kegel e seguidores, Wiethölter propõe uma "politização do direito privado", no qual o clássico direito constitucional contratualizado e o direito privado se transformariam em um direito constitucional organizacional com um moderno direito não privado,[6] em que o bem comum resulta não do exercício institucional de direitos subjetivos por atores privados, mas de conflitos políticos dentro de organizações sociais constituídas legalmente.[7] Algumas premissas são adotadas para isso, como a de que o direito clássico formal foi substantivo enquanto filosofia da liberdade e, enquanto programa diretivo, orientado para sua realização em direção à proceduralização, bem como a de que não há como existir materialização sem forma e sem procedimento.[8]

O contexto que Wiethölter escreve é justamente aquele em que Habermas[9] observara que haveria ocorrido uma mudança na consciência moral que superava a rígida separação entre o direito, a moral, a política etc., e que agora estariam se articulando em outro nível, embora não tenham com isso perdido completamente suas autonomias. Isso implicaria uma nova forma de compreender o que seriam normas, bem como sua distinção de princípios justificadores e procedimentos para regular e controlar suas correlativas adequações. Acerca disso é que o professor Willis Santiago Guerra Filho aponta: o direito passa a depender, sobretudo, dos procedimentos que institui, bem como os re-

---

[5] WIETHÖLTER, Rudolf. *Begriffs-und Interessenjurisprudenz – Falsche Fronten Im IPR und Wirtschaftsverfassungsrecht*: Bemerkungen zur selbstgerechten Kollisionsnorm. *Festschrift für Gerhard Kegel*. Franfkurt, 1977, p. 213-263.

[6] WIETHÖLTER, Rudolf. *Begriffs-oderInteressenjurisprudenz*, cit., 1977, p. 260.

[7] Idem, p. 216. Cf. também WIETHÖLTER, Rudolf. *Zum Fortbildungsrecht der (richterlichen) Rechtsfortbildung*: Fragen eins lesenden Recht-Fertigungslehrers. Kritische Vierteljahreszeitschrift für Gesetzgebung und Rechtswissenschaft. 1988, p. 1-28.

[8] WIETHÖLTER, Rudolf. Materialization and proceduralization in modern law. In: TEUBNER, Gunther (ed.). *Dilemmas of Law in the Welfare State*. Berlin e New York, 1986, passim.

[9] HABERMAS, J. Wieist Legitimität durch Legalität möglich? *Kritische Justiz*, n. 20, 1987.

sultados das decisões necessitam ser fundamentados e justificados para estar de acordo com ideais básicos da comunidade, tal como racionalidade, participação democrática, pluralismo etc., que são ideários que fomentam a instituição dos próprios procedimentos.[10]

Nas sociedades pós-industriais, diante desse contexto, encontra-se como característica mais distintiva do direito justamente sua *Prozeduralisierung*. É importante ressaltar, nesse ponto, que há uma divergência relevante para a forma como se traduziu o termo para o português. Para o mesmo termo utilizado por Wiethölter, Willis Santiago Guerra Filho[11] e Henrique Garbellini Carnio[12] traduzem como procedimentalização, enquanto Georges Abboud[13] utiliza como proceduralização. A primeira tradução conta com a congenialidade da tese de Luhmann, que historicamente tem a obra *Legitimation durch Verfahren* traduzida como *Legitimação pelo Procedimento*. Assim, ao se optar por um termo que fosse mais próximo ao português para expressar tal conceito, partiu-se de outra leitura léxica, formando-se o neologismo "procedimentalização" – que é utilizado com significativa amplitude. Todavia, diante da poluição conceitual de procedimentalização – que evoca procedimento, fluxo burocrático para algo, e sua crescente utilização na burocracia estatal –, não necessariamente estaremos diante do mesmo conceito ao se falar *procedimentalização*, correndo o risco de uma poluição semântica. Nesse sentido, a tradução por proceduralização evita tais confusões, mantendo inclusive paralelismo léxico com o termo *Prozeduralisierung* e *proceduralization* – embora tanto *Prozedure* quanto *procedure* possam ser traduzidos como *procedimento* ou, no inglês, também se possa entender como processo. Com o intuito de evitar a confusão semântica que o primeiro termo permite, utilizaremos a segunda, mas reconhecendo perfeitamente a possibilidade de uso da primeira.

A proceduralização do direito proposta é um problema de justificação de regras de colisão enquanto instituição de vinculatividade.[14] A

---

[10] GUERRA FILHO, Willis Santiago. Reapreciação da autopoiese do Direito na pós-modernidade. *Revista opinião jurídica*. n. 11, 2009, p. 279-295.

[11] CARNIO, Henrique Garbellini. Filosofia do direito processual e procedimentalização do Direito. *Revista de Processo* vol. 231, p. 367-378, São Paulo: RT, maio/2014.

[12] Idem, ibidem.

[13] ABBOUD, Georges. *Processo constitucional brasileiro*, cit., p. 1.241.

[14] ABBOUD, Georges. *Processo constitucional brasileiro*, cit., p. 1.241.

ação de vinculação sempre se refere a algo ou coisa como materialização de um conteúdo, sendo as regras de conflito uma forma. Sua tese é a de que a ideia de indivíduo (que tanta importância tem à formulação do direito, em especial do direito civil) não existe para as teorias sociais. As aspirações individuais, conectadas a um sonho de justiça, liberdade, equidade e fraternidade, podem ser buscadas pelo direito, e a proceduralização pode ser o caminho para alcançar tais promessas e, ao mesmo tempo, suportar a frieza da massificação moderna, aproveitando seus frutos. Ou seja, dentro da massificação das teorias sociais modernas, em que o ser perde a individualidade dentro da complexidade, é possível abrir espaço no direito formal para manifestação das representações dessas aspirações massificadas.

Com isso, a tese de Max Weber de que o direito na sociedade moderna seria essencialmente formal para perder justamente a subjetividade com a prevalência de normas abstratas gerais passa a não ser a mais adequada à necessidade pós-industrial da sociedade. O problema maior da sociedade, agora, não é mais a proteção da liberdade individual diante da arbitrariedade do Estado, mas a efetivação de interesses coletivos e públicos pelo Estado diante da sociedade civil organizada, respeitando interesses individuais, o que é complexo o suficiente para se conseguir apenas por normas jurídicas gerais, abstratas e objetivamente positivadas.[15]

Segundo Wiethölter, o paradoxo do direito em nosso tempo é que, para demandas substantivas no direito, como é o caso do conflito positivo de normas, em que as duas são igualmente indispensáveis e precisam ser limitadas, não se tem critérios ou formas procedimentais de se discutir, apenas fórmulas, ou seja, um aspecto formal resolvendo um aspecto substancial. A teoria jurídica crítica deveria ter influenciado o pensamento jurídico para trabalhar no sentido de justificar a mediação feita entre os conflitos normativos e suas condições de validade e trabalhar para incluí-los no processo de tomada de decisão como recontextualizações.[16] Aponta, ainda, que os juristas de seu tempo trabalham e interpretam suas próprias funções no processo, falam constantemente em dogmática jurídica, embora sejam parte de um sistema social analisado pela teoria social, ignorando tal fato, e, eventual-

---

[15] GUERRA FILHO, Willis Santiago. Reapreciação da autopoiese do Direito na pós-modernidade, cit., p. 283.

[16] WIETHÖLTER, Rudolf. *Proceduralization of the Category of Law*, cit., p. 502.

mente, mencionem sobre metodologia. Não obstante tenham métodos, não necessitam falar sobre eles, muito menos legitimá-los; a doutrina (e também os tribunais) descansa no fato de que falando de dogmática jurídica, de fontes jurídicas, de lógica de aplicação e de interpretação jurídica – seja na prática, seja na reflexão – estará trabalhando o direito como uma teoria social e que, simplesmente, se atentando a elementos de autolimitação e autotranscendência, será suficiente a produção de ciência jurídica, sem precisar se envolver com o constrangimento da legitimação. Nesse sentido, Wiethölter aponta que uma jurisprudência crítica deve reconstruir sua consciência e seu arcabouço metodológico jurídico como um desenvolvimento voltado a resolver crises e, ao mesmo tempo, procurando as condições da possibilidade de superar a própria crise. É a isso que deve se voltar um programa de procedimentalização do direito.[17]

Sob esse prisma, o fato de um *direito natural sociológico*, com distintos conteúdos que aparece de tempos em tempos como uma solução para a cultura jurídica contemporânea, pode ser uma equação de três fatores desconhecidos. (1) O direito natural permanece como uma herança de expectativas de justificação, em que os esforços relativos de justificação são devidos; (2) O aspecto sociológico permanece como um atributo complementar do direito, pois, embora ele regulamente a sociedade, prioriza a categorização formalista de elementos com os quais analisará elementos sociais. Como categoria formal, o direito privilegia substancialmente liberdades e mecanismos de controle, enquanto as categorias substantivas do direito evocam ideias contrárias à realidade social e a seu desenvolvimento. Esses dois elementos levam a (3) o direito falha como uma promessa de instituição neutra apta a realizar as aspirações de distribuição da justiça, sendo explicada contemporaneamente por três abordagens teóricas: (a) a teoria do mercado, ou a renovada teoria da economia política como teoria social; (b) a teoria dos sistemas; e (c) as teorias sociais críticas.[18]

Sobre as transformações jurídicas, Wiethölter[19] estabelece que alguns problemas recorrentes podem ser estabelecidos nos seguintes pontos:

1. Socialização dos critérios legais: demonstra a própria transformação do direito, desde sua a disposição política (o direito como

---

[17] Idem, p. 503.
[18] Idem, p. 506-507.
[19] Idem, p. 509.

ordem do Estado), por meio da disposição legal da sociedade (direito como mercado ou como liberdade), até sua a disposição social;
2. Descentralização dos macrocontroles: demonstra os esforços contemporâneos para lidar com a mediação de integração social e sistêmica. Wiethölter considera que, após a falência do mercado e da política, uma terceira via, aparentemente, é requerida para aliar tanto liberdade quanto igualdade: a solidariedade. O desenvolvimento histórico demonstra que é difícil mensurar conceitos como trabalho, classes, sistemas de divisão, gerando uma grande irracionalidade de compreensão da sociedade e sua forma de organização. Por outro lado, em termos jurídicos, a "solidariedade" poderia significar as condições de possível universalização e imparcialidade do critério sobre o qual cada tipo de particularidade poderia assegurar a *justiça*. Se ainda for possível falar em universalização sobre particularidades radicais, então é na proceduralização que se encontrariam os meios de transformações, mediante a justificação e do direito como funcionalidade a ser atingida.
3. Reestruturação de orientações por meio de proibições: significa a redefinição da formalização do direito de modo que a autonomia social possa ser exercitada sob condições confiáveis de regras básicas e controles, assim, a meta passa a ser a garantia da reciprocidade como uma forma de pacificação social.

Nesse contexto, a proceduralização visa a construção e produção de tais reciprocidades sociais como forma de estabilização social. É um meio de reconstitucionalizar a liberdade como um caminho de readquirir critérios, vias e processos de justificação do direito. A materialização do direito é menos um estágio de desenvolvimento que um problema de disjunção, incorporado no modo de realizar o direito por morais universais e na ideia de imparcialidade como um jeito específico de se fazer o direito. Dessa forma, a proceduralização não se trata de uma materialização travada do direito, mas sim de uma forma de reconstrução permanente e crítica em busca de uma construção correta do direito, baseada em se tornar acessível a manifestações sociais e interagirem enquanto atores de construção jurídica, bem como em tentativa e erro e *recall*, tanto quanto na valorização das diferenças (dualismo e disjunção) entre o direito como justificação e assertividade como no direito enquanto aplicação e direito positivo.[20] A racionalidade jurídica deve buscar um projeto de mediação entre universalidade normativa e circunstâncias reais.

Reitera-se o que mencionamos acerca da congenialidade da proceduralização com a tese luhmanniana da legitimidade pelo procedimento, sendo o conceito da proceduralização entendido também como um "chamado à responsabilidade judicial",[21] pois, como Rawls afirma, o melhor que se pode ser feito pelo direito é assegurar um procedimento isento, alcançando decisões aptas a equalizar todos os interesses e valores em conflito.[22] Willis Santiago aponta que isso acontece principalmente pela *ponderação* (*Abwägung*) desses interesses, de acordo com o "princípio da proporcionalidade" (*Grundsatz der Verhältnismäigkeit*)[23], que realizaria a função de um oscilador, em termos de teoria de sistemas sociais autopoiéticos, necessária para alterar em ambas as direções – de heterorreferência para autorreferência, que seria vital para o sistema autopoiético. Assim, em vez de uma distinção epistêmica que oscila entre verdadeiro/falso, ou ética, oscilando entre justo/injusto, tem-se uma alternância "para cima/para baixo", em que o "para cima" seria o mais próximo que um sistema jurídico pode fornecer de fórmula contingente de justiça e, ao mesmo tempo, também "para baixo", com a introdução de uma exceção no sistema, levando-o próximo à negação do direito.[24]

É assim que Luhmann aponta existir uma dependência entre o Judiciário e o Legislativo, conforme se pode perceber pelo art. 97 da Constituição Federal alemã: "os juízes são independentes e se sujeitam somente às normas do direito". Trata-se do paradoxo da *coerção que se torna liberdade*,[25] pois se tem a obrigação de decidir somente conforme o direito, estando livres da tarefa política de fornecer regras de conduta de uma determinada sociedade, e não podendo ser responsabilizados por suas decisões – se, e somente se, decidirem conforme o

---

20 Idem, p. 509.

21 CORNELL, Drucilla. *Philosophy of the limit*. Amazon,1992.

22 RAWLS, John. *A theory of justice*. Harvard University Press. 1972.

23 GUERRA FILHO, Willis Santiago. Reapreciação da autopoiese do Direito na pós-modernidade, cit., p. 281.

24 Idem, p. 282.

25 LUHMANN, Niklas. Die Stellung der Gerichteim Rechtssystem. *Rechtstheorie*, n. 21, 1990.

direito. Willis Santiago aponta que, nesse sistema, o Judiciário é a unidade do sistema legal que, por definição, opera por retroalimentação, e que, embora apareçam elementos que são encontrados também em outros sistemas, tal como moral, economia, política etc., e conforme são utilizados pelo Judiciário para justificar decisões, são convertidos em elementos do sistema legal. O Judiciário teria um *toque de Midas*, convertendo tudo em sistema jurídico – "o sistema é fechado com, não para o ambiente".[26] Por conta disso é que se postula o papel da Magistratura como o centro do sistema jurídico que seja autônomo, enquanto o Legislativo é apenas periférico.[27]

Há uma função relevante do sistema jurídico, que é regular os demais sistemas como um sistema imunológico da sociedade, com a tarefa de mantê-la livre de "doenças dos conflitos" a partir da representação desses conflitos como prescrições a serem seguidas pelos Tribunais, imunes à política.[28] Por outro lado, a autoimunidade também destrói o sistema que tem por objetivo proteger – eis que as doenças autoimunes são as mais complexas e menos compreendidas de nossos tempos. Daí que também pode o direito, enquanto sistema autoimune social também implicar problemas à própria sociedade. Se o sistema autoimune não se abre ao estranho para torná-lo parte do próprio sistema ou para combatê-lo, não é funcional. Acontece que o sistema precisa prever mecanismos de ter o outro dentro de si para combatê-lo, correndo o risco de não vencer, e começar, assim, a ser derrotado. Como menciona Willis Santiago, "a hospitalidade carrega dentro de si o perigo da hostilidade, mas igualmente toda hostilidade retém uma chance de hospitalidade".[29] O mesmo autor também lembra que a etimologia da palavra "imunidade" vem do latim *immunis*, que significa isento, e que, no caso o sistema, procuraria estar isento de parasitas; no direito, o parasita da lei seria a violência.[30]

Nesse contexto, para Wiethölter, o conflito de direitos passa a ser de paradoxo jurídicos, uma vez que a tendência de resolver conflitos unilateralmente se torna uma interpretação do paradoxo inerente do

---

26 GUERRA FILHO, Willis Santiago. Reapreciação da autopoiese do Direito na pós-modernidade, cit., p. 283.

27 Idem, ibidem.

28 Idem, p. 284.

29 Idem, p. 285.

30 Idem, p. 286.

problema que não se pode ser alcançado com decisões baseadas em critérios ou procedimentos.[31] A diferença entre conflito de direitos e conflito de paradoxos jurídicos pode ser melhor sistematizada da seguinte forma:

1. Conflitos de direito são contradições entre diferentes reivindicações de validade: Se x, então y, e não z. Tem-se aqui um dualismo, no qual uma das opções necessariamente exclui a outra;
2. Conflitos podem ser resolvidos pela escolha de uma das alternativas, enquanto paradoxos não são resolvidos apenas por uma das alternativas, pois cada escolha abrirá uma série de consequências, que implicam novas decisões para resolver novos problemas jurídicos e sociais;
3. Conflitos podem ser solucionados por critérios e procedimentos formais em que uma decisão seja possível, enquanto paradoxos não possuem uma forma de resolução, pois levam à tona não a decisão do conflito, mas o próprio conflito em si.[32]

O foco dos paradoxos deve-se porque há uma relação de destruição relevada por eles: a complexidade da realidade resolvida de forma binária pode representar novos problemas sociais – para não dizer "caos social" criado pelo direito formalizado em uma forma de decisão judicial.

Um exemplo brasileiro que pode ser citado é o caso da ADPF 165, que tratava sobre o conflito acerca da taxa de juros a ser aplicada aos diversos planos econômicos e a expectativa dos poupadores que, em sua maioria, representavam parcela social mais frágil da sociedade brasileira. Se, de um lado, a causa fosse dada ao sistema financeiro nacional, valendo-se a tese demandada pelos bancos, haveria uma grande ruptura com a segurança jurídica esperada pela sociedade e pela opinião pública e, consequentemente, também com a pacificação social. Por outro lado, se os poupadores "vencessem", uma crise econômica surgiria pela quebra do sistema financeiro nacional. Seja qual fosse a decisão, ou qual o lado vencedor, as consequências não seriam favoráveis a ninguém. Por esse motivo, optou-se pelo inédito acordo em sede de jurisdição constitucional, com mediação da AGU e com a inter-

---

[31] TEUBNER, Gunther. *Dealing with Paradoxes of Law: Derrida, Luhmann, Wiethölter*, p. 51.

[32] Idem, p. 52.

venção do Banco Central.³³ Esse caso é representativo de um paradoxo jurídico, pois, uma decisão jurídica formal não daria conta de resolver o conflito que se apresentava, abrindo inúmeros outros problemas jurídicos a serem resolvidos pelo direito.

Tal análise em relação à visão sistêmica de Luhmann é também apresentada por Wiethölter, seja concordando ou discordando. Em relação aos pontos de convergência, apresenta-se a proceduralização nos seguintes passos:

1. Paradoxificação: Luhmann mostra a ilusão do código jurídico binário, o qual é exposto para os paradoxos de sua própria autorreferência. Não há apenas certo e errado, mas um complexo, em que cada escolha implica novos problemas. Assim, o sistema jurídico propõe uma ilusão de estabilidade artificial, apesar de as formas de desparadoxificação nos programas jurídicos terem mudado;³⁴

2. Desparadoxificação: para Luhmann, o direito alcança uma forma de sistema autopoiético que converte o paradoxo perigoso em uma diferença inofensiva, confundindo um conflito sem-fim em uma contradição condicionável, enquanto código binário programável.³⁵ Daí a pergunta: o que está em conflito no ordenamento jurídico? Suas normas, a racionalidade, os princípios, as teorias, os paradigmas?³⁶

3. Sociologizando o paradoxo: para se resolver o paradoxo, Luhmann propõe que se escolha um observador por meio da comunicação social, e não das decisões individuais, pois sistemas sociais que sofrem ambivalências e incertezas podem encontrar distinções que causem certas estabilidades temporais. Todavia, Wiethölter propõe que escolher o sistema jurídico como observador, internalizando a oposição do direito com a sociedade, propiciaria uma nova perspectiva, alinhando-se teoria crítica, teoria autopoiética e institucionalismo econômico.³⁷

---

33 Disponível em: <http://www.stf.jus.br/portal/cms/verNoticiaDetalhe.asp?idConteudo=371096>. Acesso em: 19 dez. 2018.

34 LUHMANN, Niklas. Die Stellung der Gerichteim Rechtssystem, cit., p. 55-56.

35 Idem, p. 56.

36 Idem, ibidem.

37 Idem, p. 56-57.

4. Retorno do paradoxo e sua ocultação que se renova: Luhmann estabelecia que as catástrofes sociais ocorriam entre as estruturas semânticas e sociais, quando ocorriam mudanças nas estruturas sociais que colocavam em descompasso as estruturas semânticas. Sob a pressão dos problemas sociais, novas diferenças são aceitas por meio da comunicação social se elas forem plausíveis, enquanto, sob outras circunstâncias, se a pressão dos problemas sociais preza pela sua manutenção e sua plausibilidade é alta, então se pode descartar sua nova paradoxificação.[38]

Nesse aspecto, Wiethölter coloca como foco jurídico o pluralismo radical de autonomias sociais, dissolvendo a distinção *direito central vs. não direito* em vários conflitos de direito contra moralidade, política e economia. O que passa a estar no centro do direito é a sua relação com autonomias sociais extremamente variadas e suas normatividades e racionalidades intrínsecas.[39] Com isso, deve-se abandonar o triângulo direito/política/economia para aceitar um polígono de racionalidades sociais que o direito deve considerar.

Isso implica também uma mudança na forma como se compreende e se distribui o peso das fontes jurídicas habituais, pois há uma queda na importância do direito legislado para dar maior predileção a um fazer direito dentro da sociedade como resultado de conflitos internos, e a um valor maior do direito feito pelo juiz como agente sensível e capaz de refletir normatividades sociais,[40] o que demanda inúmeras críticas, por si só, à capacidade de interpretação da sociedade por parte do magistrado. É preciso considerar que o contexto em que se desenvolve a ideia de proceduralização é o fracasso da razão legal, a perda de coesão social e a estagnação da política, de tal forma que não há mais um certo consenso fundamental para orientar as organizações e formas institucionais de coexistência pacífica.[41]

Desse modo, a ideia básica é a de que o direito precisa propiciar mecanismos em que o Tribunal possa agir como um "árbitro de interesses", propiciando que as partes possam interagir, definindo condi-

---

38 Idem, p. 57.

39 TEUBNER, Gunther. *Op. cit.*, p. 62.

40 Idem, ibidem.

41 KENNEDY, Duncan. Comment On Rudolf Wiethölter's Materialization and Proceduralization in Modern Law and Proceduralization of the Category of Law, p. 512

ções amplas de interação de instituições que clamam por um direito para decidir e uma parte nos procedimentos de decisão.[42] Com isso, haveria uma socialização de critérios legais, na qual os tribunais não dão total vitória a um lado, mas, sim, estabelecem uma área de atuação livre e negociada para as instituições atuarem de acordo com a sua competência, mantendo essa área livre de critérios jurídicos de proporcionalidade ou razoabilidade, em que o juiz aplica seus parâmetros para estabelecer uma resposta, deixando que as instituições negociem uma resposta equilibrada que atende parcialmente o interesse de cada e promova um consenso.[43] O Judiciário, nesse sentido, deveria limitar sua forma de agir para não perturbar o equilíbrio básico, e por isso que Dunkan Kennedy entende que Wiethölter enxerga essa limitação própria do Judiciário como uma consequência do fracasso do direito, pois o Tribunal não teria um método jurídico neutro que, no lugar desse acordo entre as instituições sociais, possa decidir inequivocadamente.[44]

Diante da insuficiência do direito em dar respostas a paradoxos complexos é que Henrique Garbellini propõe, sob a luz de uma filosofia do direito processual, a existência da procedimentalização para construir respostas para o processo que não são simplesmente dadas, mas construídas, uma vez que não há verdade ou decisão pronta, velada na questão jurídica posta, mas, sim, uma resposta que se dá na construção e no desenvolvimento do processo.[45] É nesse sentido que, diante da importância de uma filosofia do direito processual (em especial o processual constitucional) e da necessidade de proceduralização do direito, Garbellini aponta que o estudo do direito ganha novo enfoque, mais crítico e com novas possibilidades de investigação e perquirição.

A proposta da proceduralização, portanto, é fomentar a jurisdição com um mecanismo sofisticado que possibilite melhor adequação de resposta jurídica a problemas complexos da sociedade, especialmente aqueles que envolvem tecnologia.[46] A resposta jurídica não estaria fechada e definitiva, mas aberta e flexível ao influxo do desenvolvimento das novas tecnologias e do desenvolvimento da ciência.

---

42 Idem, p. 514

43 Idem, ibidem

44 Idem, ibidem.

45 CARNIO, Henrique Garbellini. *Op. cit.*

46 ABBOUD, Georges. *Processo Constitucional Brasileiro*, cit., p. 1.256.

A possibilidade de uso da proceduralização deve-se especialmente porque, diante da insuficiência do direito, é necessário reconhecer que há limites no uso de mandados de otimização, na forma utilizada por Alexy, conforme Ladeur e Campos[47] demonstram. Para eles, os princípios, enquanto mandados de otimização, exigem uma centralização na instituição *Tribunal*, que não condiz com uma sociedade complexa, descentralizada e com grande fragmentação social, que demanda uma crescente necessidade de participar e cooperar com a forma como se compreende juridicamente uma questão que envolva direito digital, pesquisa científica, biotecnologia etc. Para Ladeur e Ricardo[48], os clamores sociais só começarão a ser atendidos se houver substituição de prospecções materiais do direito por prospecções procedimentais, as quais conferem um caráter dinâmico e aberto a revisões da situação jurídica futura.

2. TÉCNICAS DE PROCEDURALIZAÇÃO APLICADAS AO BIODIREITO

O desenvolvimento das ciências biomédicas e da biotecnologia no século XXI é um fato inegável e desejado pela euforia científica biológica já mencionada anteriormente. Os efeitos benéficos desse desenvolvimento justificam bem a manutenção dos recursos destinados à pesquisa nas ciências da vida, bem como a expectativa social em relação a elas. Apenas a título de exemplo, em um século, a expectativa de vida humana ao nascer aumentou de aproximadamente 50 anos para mais de 80 em um grande número de países[49] – embora os problemas basilares já conhecidos e recorrentes ainda impeçam o melhor desenvolvimento dessa expectativa globalmente, tais como o escasso acesso a tratamento médico, baixa qualidade de água potável disponível, saneamento básico etc.

---

[47] LADEUR, Karl-Heinz; CAMPOS, Ricardo. Entre teorias e espantalhos – Deturpações constitutivas na teoria dos princípios e novas abordagens. In: CAMPOS, Ricardo (org.). *Crítica da ponderação*: método constitucional entre a dogmática jurídica e a teoria social. São Paulo: Saraiva, 2016. p. 117.

[48] Idem, ibidem.

[49] Disponível em: <https://data.oecd.org/healthstat/life-expectancy-at-birth.htm> e <https://www.nia.nih.gov/research/publication/global-health-and-aging/living-longer>. Acesso em: 13 dez. 2018.

Esse desenvolvimento não veio, e tampouco virá, desprovido de questões polêmicas que demandarão questionamentos em busca de uma resposta de qual conduta correta a se tomar, bem como os limites permitidos ao desenvolvimento e as consequências deles. Questões como o melhoramento cognitivo humano por meio do uso de neuroestimulantes levantam uma série de debates éticos, sociais e econômicos que resvalam ao direito dar a resposta para pacificar socialmente,[50] ou ainda a possibilidade de patenteabilidade de embrião humano geneticamente modificado[51], o acesso à tecnologia de diagnóstico genético pré-implante, seus limites e o uso para questões não médicas.[52]

Enquanto esta tese foi escrita, causou bastante alvoroço na mídia e nas academias científicas o anúncio feito pelo pesquisador chinês He Jiankui de que teria criado bebês geneticamente modificados resistentes ao vírus HIV. Ele teria feito as mudanças durante o tratamento de fertilidade de 7 casais, mas apenas um teria engravidado de gêmeas. A grande repercussão no meio científico internacional fez que o governo chinês se preocupasse com a manutenção da imagem de ciência ética desenvolvida e publicamente se manifestasse contrário à prática. Embora a universidade em que leciona negue que ele tenha sido preso, o cientista seguia desaparecido, levantando suspeitas de que tenha sido executado por conta da repercussão pública.[53]

---

[50] Nesse sentido, vale conferir a opinião do Comitê Nacional de Bioética da Itália: *Neuroscience and pharmacological cognitive enhancement*: bioethical aspects. Disponível em: <http://presidenza.governo.it/bioetica/eng/opinions.html>. Acesso em: 28 nov. 2018.

[51] Cf., nesse sentido, *Oliver Brüstle v. Greenpeace*, em outubro de 2011, e *International Stem Cell Corporation v. Comptroller General of Patents, Designs and Trade Marks*, em dezembro de 2014.

[52] Cf. entrevista de Arthur Caplan acerca de embriões selecionados com base no gênero ao *Wall Street Journal* em agosto de 2015: Disponível em: <http://www.wsj.com/articles/fertility-clinics-let-you-select-your-babys-sex-1439833091>. Acesso em 28 nov. 2018.

Sobre tema, é importante mencionar ainda que em países como a Índia, o número de mulheres com menos de 6 anos para cada 1000 homens (cálculo que compõe o índice CSR – Child Sex Ratio) diminuiu nos últimos 20 anos – de 945 (em 1991) para 918 (em 2011). Cf. <http://asiapacific.unwomen.org/en/digital-library/publications/2014/9/sex-ratios-and-gender-biased-sex-selection>. Acesso em; 19 dez. 2018.

[53] Confira: <https://www.abc.net.au/news/2018-12-07/chinese-scientist-who-edited-twins-genes-he-jiankui-missing/10588528>. Acesso em: 19 dez. 2018.

Ainda no sentido de edição genética, é importante mencionar sobre o estado da arte enquanto esta tese foi produzida, o CRISPR-Cas9. Do inglês *Clustered Regularly Interspaced Short Palindromic Repeats* – ou "agrupados de curtas repetições palindrômicas regularmente interespaçadas" –, trata-se de uma técnica que se tornou "popular" pela qualidade de edição, precisão e custo do procedimento. Utiliza-se a proteína de uma bactéria e um RNA que a direciona para uma sequência específica da DNA. Cas9 é o gene responsável pela produção da enzima que possibilita cortar precisamente o DNA, de modo que a combinação entre as duas coisas gera a tecnologia de edição de sequências de DNA que mais tem revolucionado a biotecnologia nos últimos tempos.

Apenas para exemplificar as possibilidades, em 2015, essa técnica foi utilizada para provar que era possível suprimir o vírus HIV de células vivas de pacientes portadores.[54] Posteriormente, formaram um projeto maior, com animais cobaias que portavam o vírus em praticamente todas as suas células, e obtiveram a redução de 50% do vírus de células de todo o corpo com apenas uma injeção de CRISPR na calda. É diante da grande expectativa de pesquisas como essa que se imagina ser possível curar não apenas o HIV, mas diversas outras doenças no futuro. Em seres humanos, já foi aprovado o primeiro tratamento de câncer com a edição de DNA no começo de 2016, nos EUA.[55] Em outubro do mesmo ano, os cientistas chineses realizaram testes em pacientes com câncer de pulmão, criando células imunes modificadas pela técnica de edição CRISPR.[56]

As vantagens de utilização da CRISPR-Cas9 implicam também diversas questões[57] que demandam debate não apenas prévio às tentativas de uso, mas também posteriores ao desenvolvimento da técnica. Embora He Jiankui tenha ganhado repercussão midiática em 2018, três anos antes, em 2015, os cientistas da Universidade de Guangzhou, na China, aplicaram o CRISPR-Cas9 em 86 embriões humanos não viáveis.

---

[54] Confira: <https://www.nature.com/articles/srep22555>. Acesso em: 19 dez. 2018.

[55] Confira: <https://www.nature.com/news/first-crispr-clinical-trial-gets-green-light-from-us-panel-1.20137>. Acesso em: 19 dez. 2018.

[56] Confira: <https://www.nature.com/news/crispr-gene-editing-tested-in-a-person-for-the-first-time-1.20988>. Acesso em: 19 dez. 2018.

[57] LEDFORD, H. CRISPR, The disruptor. *Nature*, 522, 20-24. Disponível em: <http://www.nature.com/news/crispr-the-disruptor-1.17673>. Acesso em: 19 dez. 2018.

Eles procuravam editar o gene responsável por β-thalassaemia e, após 48 horas, 28 dos 54 embriões sobreviventes apresentaram a modificação desejada. Contudo, ao mesmo tempo, desenvolveram-se diversas outras mutações inesperadas e de consequências desconhecidas, de modo que os próprios pesquisadores questionaram os riscos do uso médico.[58] Como se tratava da primeira vez (que se tem notícias) em que se aplicou a técnica de edição genética em embriões humanos, iniciaram-se debates entre bioéticos, pesquisadores e juristas sobre aspectos éticos e legitimidade da aplicação da nova técnica em embriões humanos. Apenas para citar um caso que gera profundo debate: a possibilidade de se prevenir a surdez progressiva causada pela mutação do gene *Tmcl*, que leva à destruição gradativa de parte das células do ouvido interna dos mamíferos. Já se conhece a possibilidade de corrigir a mutação genética e, assim, prevenir a surdez, conforme estudo publicado na *Nature*,[59] em dezembro de 2017. Ocorre que entre os indivíduos portadores de surdez, tal condição nem sempre é vista como uma deficiência, mas uma variabilidade da espécie humana que precisa ser respeitada, razão pela qual não aceitam a utilização de técnicas que os façam ouvir, e podem até mesmo considerar um desrespeito a adaptação por meio de leitura labial, por exemplo.

Ao se debater a formação do biodireito, fica evidente que ele é feito conforme se caminha a ciência, pois não há um modo de estabelecer um conhecimento jurídico para aquilo que desconhecemos ainda, que apenas o desenvolvimento científico futuro vivenciará e proporá como novos fatos sobre os quais serão necessários discutir implicações éticas e jurídicas. Se o biodireito se faz ao caminhar, não se pode atribuir a ele apenas dois extremos, entre os quais ele pode se apoiar: um conservador, que se baseia num ideário de princípio da precaução e atribui obstáculos à liberdade de pesquisa científica;[60] e um liberal, que chega

---

58 CYRANOSKI, D.; REARDON, S. Chinese scientists genetically modify human embryos. *Nature*. Disponível em: <https://www.nature.com/news/chinese-scientists-genetically-modify-human-embryos-1.17378>. Acesso 22 jan. 2019.

59 Confira: <https://www.nature.com/articles/nature25164>. Acesso em: 19 dez. 2019.

60 Cf. as críticas feitas a essa formulação de pensamento, em especial quanto ao impacto sobre a liberdade de desenvolvimento científico: BARON, J. *Against Bioethics*, MIT Press, 2006.

aos exageros de afirmar que a principal finalidade da bioética, hoje, deveria ser: "sair do caminho".[61]

Nesse encontro entre direito e biotecnologia, as particularidades apresentadas pelo desenvolvimento do domínio da vida necessitam ser respeitadas pelo direito, em especial ao desenvolver uma área para pesquisar tais fenômenos, que é o biodireito. É preciso considerar que as biotecnologias e as ciências da vida trabalham em questões materiais complexas, cuja compreensão demanda entender não apenas sobre o que se trata, mas também a repercussão ética em que aquela técnica complexa implicará.

Com efeito, não é incomum que cientistas que não estejam sensibilizados com problemas éticos e conscientes de sua complexidade não percebam nenhuma complicação com o desenvolvimento e a aplicação de uma biotecnologia. Do mesmo modo, atores jurídicos, políticos ou éticos e regulatórios podem igualmente não compreender plenamente as funcionalidades da biotecnologia e, com isso, ter dificuldades para identificar problemas éticos.

Também é preciso considerar que aspectos antropológicos e culturais sensíveis de uma comunidade podem se alterar de forma complexa e nem sempre perceptível, especialmente quando se diz respeito à percepção de uma tecnologia e das possibilidades de sua aplicação no cotidiano, levantando novas questões que antes não eram apresentadas, ou seja, é possível que um consenso ético venha a ser questionado, implicando também a revisão das consequências jurídicas atribuídas a tal consenso, sendo necessário que legisladores e Cortes abram seus procedimentos a atores sociais mais sensíveis a tais alterações.

A atualização constante e o desenvolvimento não linear e rápido das ciências da vida e das biotecnologias também representam um desafio ao biodireito. Embora o conhecimento científico implique a replicabilidade de dados, ou seja, os resultados precisam ser testados novamente em outra pesquisa que os ratifique, não é possível que o direito aguarde a futura confirmação da cientificidade de um dado e sua operacionabilidade técnica para que só então se atente a debater as consequências jurídicas e éticas dele. Além disso, uma decisão tomada

---

[61] Cf. a entrevista de Steven Pinker's ao *Boston Globe Today*, relatada por Michael Cook, *Disdain for bioethics ignites controversy*. BioEdge 9 August 2015. Disponível em: <http://www.bioedge.org/bioethics/disdain-for-bioethics-ignites-controversy/11516>. Acesso em: 22 dez. 2018.

com base em um dado pode vir a se tornar obsoleta, pois esse dado não representa mais o estado da arte científica naquele tema, sendo necessário revisitar decisões judiciais para atingir as expectativas dos interessados, especialmente se pautando por estabilidade e precisão da decisão em face do desenvolvimento científico. Esses elementos determinam as particularidades que a formulação do biodireito necessita ter para lidar com as características do desenvolvimento das ciências da vida.

2.1. A ABERTURA DO BIODIREITO

A complexidade do conhecimento das ciências da vida dificulta a compreensão das implicações éticas possíveis e, consequentemente, dos impactos jurídicos de uma nova biotecnologia. Essa peculiaridade acarreta uma formulação epistemológica do biodireito, causando, desde o começo, uma abertura do processo de criação do suporte normativo jurídico bem como do processo decisório.

Um exemplo da abertura no caso da criação do suporte normativo é o caso da *Lei de Bioética*, editada pelo Parlamento francês em 2011, que previu que "todo projeto de reforma sobre os problemas éticos e as questões sociais relevantes para o progresso do conhecimento e do domínio da biologia, da medicina e da saúde devem ser precedidos por um debate público". As revisões ocorrem por iniciativa do *Comité Consultatif National d'Ethique pour les Sciences de la vie et de la santé* (CCNE), após consulta das comissões parlamentares permanentes competentes e do Office Parlementaire d'Évaluation des choix scientifiques et technologiques (OPESCT). Depois dos debates, o Comitê estabelece um relatório que apresenta ao OPESCT, que procede à sua validação.[62] As revisões devem ocorrer em um intervalo de 7 anos. Dentro dos tópicos que permearam os debates ocorridos em 2018 estão:

- avanços da pesquisa nos domínios da reprodução, desenvolvimento embrionário e das células tronco, e do respeito ao embrião como uma pessoa em potencial;

---

[62] Conforme mencionou o Roselyne Bachelot em seu discurso inaugural: "(...) non seulement une considérable somme d'études, de travaux de rapports et produits par les différentes instances concernées, mais aussi du Préambule nécessaire d'une reflexion collective suscitant l'expression d'un accord ayant vocation fondé à être sur la reconnaissance de valeur spartagées". Disponível em: <http://www.etatsgenerauxdelabioethique.fr/>. Acesso em: 22 jan. 2019.

- técnicas de sequenciamento e de engenharia genética e premissas éticas de uma medicina preditiva;
- doações e transplantes de órgãos;
- inteligência artificial e robôs e a responsabilidade dos profissionais de saúde em sua utilização;
- neurociência e desenvolvimento de técnicas de diagnóstico por imagem;
- relação saúde/meio-ambiente e as responsabilidades científicas e técnicas do ser humano;
- procriação;
- término de vida, analisando questões como a legalização do suicídio assistido e políticas de acompanhamento para as questões em final de vida.

Outro exemplo de abertura do processo legislativo ao desenvolvimento científico e suas dimensões éticas é a regulamentação britânica à doação mitocondrial, que passou a valer em outubro de 2015.[63] A técnica da doação mitocondrial é parte do processo de FIV, permitindo alterar o DNA mitocondrial de um óvulo retirado de uma mulher que possua alguma doença genética mitocondrial com o de uma doadora saudável. Com isso, evita-se a transferência da doença por meio da exclusão da linhagem genética materna.

Diante da complexidade da questão, levando em conta que alguns especialistas consideram a prática ainda como insegura e insuficientemente testada, o Parlamento britânico procedeu com uma série de passos que visavam a apurar tanto a informação científica disponível quanto as opiniões éticas. Foi nomeado um comitê de especialistas pelo *Human Fertilisation and Embryology Authority*, em 2011, 2012 e 2014, com o objetivo de analisar os dados levantados, além de requisitar especificamente a opinião do *Nuffield Councilon Bioethics* (um órgão filantrópico independente do Reino Unido, mantido pelo Nuffield Foundation, pelo Medical Research Council e pelo Wellcome Trust para examinar questões bioéticas), para então abrir consultas públicas *on-line*.[64] No mesmo sentido, em 2009, o diretor do órgão equivalente

---

[63] MCLEAN, S.A.M. Mitochondrial DNA transfer. Some reflections from the United Kingdom, *BioLaw Journal*, 2015, II, 81.

[64] Cf. CRAVENAT, L. et al., *Research in to Policy: A Brief History of Mitochondrial Donation*, Stem Cells. Feb. 2016, n. 34, v. 2, p. 265-267. Mais informações em: <http://www.hfea.gov.uk/9935.html>. Acesso em: 22 jan. 2019.

ao Ministério Público britânico iniciou uma consulta pública antes de decidir as condições pelas quais não processaria pessoas que cometiam o crime de assistência ao suicídio.[65] Também para questões relacionadas à reprodução humana, a *Human Fertilization and Embriology Act*, de 1990, teve por base o Relatório de Warnock, de 1984, enquanto na Espanha, a *Ley de Reproducción Humana Asistida* trouxe, em suas várias versões, as recomendações da *Comisión Palacios*, inicialmente, e, posteriormente, da *Comisión Nacional de Reproducción Humana Asistida*.

Essas experiências demonstram a vantagem da abertura do procedimento de criação do texto normativo por novos atores, com sensibilidade técnica necessária e mediante participação popular, uma forma de proceduralização do biodireito que permite a abertura da nomogênese. Uma experiência distinta que serve para comparar com a abertura é a opção italiana, que não possui nenhum canal técnico-científico estruturado para auxiliar o Parlamento. Por exemplo, a Lei 40/2004, sobre reprodução medicamente assistida, é um caso paradigmático sobre o problema de uma legislação que não considera informações científicas em seu processo de criação, resultando em um texto normativo com pouca efetividade em sua regulação. O Tribunal Constitucional italiano já interferiu diversas vezes na interpretação legislativa para corrigir suas falhas científicas e constitucionais.[66] Por exemplo, ao se determinar a imposição de transferir ao útero todos os embriões fecundados até o número de três, a lei ignorava a literatura médica sobre os riscos à gestante e à gestação de tal procedimento. Determinando isso, a própria lei estaria arriscando a saúde de seres humanos desnecessariamente – ou seja, não haveria direito fundamental algum que fosse tutelado e estivesse em conflito com o direito à saúde da gestante para que se preferisse arriscar a implantação de todos os embriões fecundados. Assim, a lei extrapolou sua extensão normativa, criando um suporte normativo contrariamente ao conhecimento científico desenvolvido, o que levou o Tribunal Constitucional a se manifestar: "exceto quando outros direitos ou deveres constitucionais estão envolvidos, não é o legislador, via de regra, que está apto à determinar direta e especifi-

---

[65] Confira: <http://www.cps.gov.uk/publications/prosecution/assisted_suicide_policy.html>. Acesso em: 22 jan. 2019.

[66] Cf. Dossier: come è cambiata la legge 40 (2004-2017). *Biodiritto*. Disponível em: <http://www.biodiritto.org/index.php/item/480-dossier-come-%C3%A8-cambiata-la-legge-40-2004-2014>. Acesso em: 22 jan. 2019.

camente qual é a prática terapêutica aceitável, em qual extensão e em quais condições".[67]

Em outra ocasião, ao se proibir um tratamento que a literatura médica entendia como eficiente, o Tribunal Constitucional italiano entendeu que o Parlamento estaria infringindo o direito fundamental à saúde, previsto no art. 32 da Constituição italiana.[68] Na fundamentação, o Tribunal Constitucional manifestou que "é importante salientar que a jurisprudência do Tribunal Constitucional tem repetidamente enfatizado os limites colocados pelo conhecimento científico e experimental sobre a discrição legislativa, que estão em constante desenvolvimento e na qual o estado da arte médica é baseado: isso significa que, em questões relativas à prática clínica, a regra básica deve ser a autonomia e a responsabilidade do médico que, com o consentimento do paciente, faz as escolhas profissionais necessárias".[69]

Considerando os casos supracitados, sem esquecer a experiência do Tribunal de Justiça da União Europeia (TJUE) e da Corte Europeia de Direitos Humanos, que também analisaram diversas situações envolvendo desenvolvimento médico-científico e regulação jurídica,[70] pode-se afirmar que o conhecimento científico pode preencher o conteúdo normativo do direito à saúde, atribuindo um critério que possui legitimidade constitucional para melhor interpretar o suporte normativo. As ciências da vida, nesse sentido, necessitam ser consideradas no âmbito normativo para criação da norma.

No âmbito da jurisdição constitucional, parte dessa abertura ao conhecimento científico ou a atores morais pode ser realidade por meio da figura do *amicus curiae*, que, no direito brasileiro, está previsto pelo art. 7.º, § 2º, da Lei de Ação Direta de Inconstitucionalidade, e que a

---

[67] Dec. 282/2002, que declarou a inconstitucionalidade da Lei regional de Marche, proibindo a eletroconvulsoterapia e a psicocirurgia.

[68] Decisão 151/2009: declaração de inconstitucionalidade do artigo da lei sobre a FIV que impõe a transferência "em um implante único e contemporâneo" de todos os embriões criados no procedimento.

[69] Dec. 151/2009.

[70] Entre alguns, citamos os seguintes: *Artegodan v. Commission* (ECJ 2002); *Hatton and Others v. The United Kingdom* (ECtHR 2003). Ainda sobre FIV, a Corte Europeia de Direitos Humanos enfatizou a importância de se considerar a velocidade e dinâmica do desenvolvimento social e científico no *Case of S.H. and Others v. Austria* (57813/00; november 2011).

jurisprudência do STF corretamente estendeu à ADPF por analogia a essa possibilidade.[71] Embora Samual Krislov ensine que a figura do *amicus curiae* seja a de ajudar a Suprema Corte a identificar os precedentes que devam ser aplicados no caso,[72] o fato é que cada entidade que nessa condição se manifesta procura apresentar suas razões, sua forma de vislumbrar a categorização jurídica ao caso analisado conforme seus interesses, tanto que, para ingressar na qualidade de *amicus curiae* é requisito a demonstração de interesse jurídico[73] e pertinência temática com a matéria discutida.[74]

Embora não seja equiparado à parte ou à figura do *terceiro* em sua compreensão tradicional no processo, discute-se a ampliação de seus poderes processuais para possibilitar que melhor representem o grupo social cujas ideias estão representadas pelo *amicus*.[75] E essa ideia de maior participação e de maiores atores figurando como *amicus curiae* vai ao encontro da ideia do caráter democrático do constitucionalismo contemporâneo pluralista da qual Peter Häberle fala,[76] ampliando a possibilidade de ilustração do universo interpretativo da Corte ou do juiz. Veja-se, na experiência norte-americana, o caso *Webster vs. Reproductive Health Services*, que poderia revisar o entendimento jurídico estabelecido por *Roe vs. Wade*, em 1973, sobre a possibilidade do aborto, razão pela qual a Corte Suprema recebeu, além do memorial apresentado pelo Governo, 77 outros memoriais a respeito dos mais diversos aspectos da controvérsia por parte de 25 senadores, 115 deputados federais, da Associação Americana de Médicos e de outros grupos médicos, 281 historiadores, de 885 professores de direito e de um grande grupo de organizações contra o aborto.[77]

---

[71] Cf. ADPF 165/DF, ADPF 155/PB, ADPF 132/RJ.

[72] KRISLOV, Samuel. The *amicus curiae* brief: from friendship toadvocacy. *The Yale Law Journal*, v. 72, 1963, p. 695.

[73] BUENO, Cassio Scarpinella. *Amicus curiae no processo civil brasileiro*: um terceiro enigmático. 3.ed. São Paulo: Saraiva, 2012, p. 595.

[74] STF, ADI 3.931, rel. Min. Carmen Lucia, j. 06.08.2008, *DJU* 19.08.2008.

[75] STF, ADI 5.022/RO, rel. Min. Celso de Mello, decisão monocrática do relator, j. 16.10.2013.

[76] HÄBERLE, Peter. *A sociedade aberta dos intérpretes da Constituição*: contribuição para a interpretação pluralista e procedimental da Constituição. Trad. Gilmar Ferreira Mendes. Porto Alegre: Livraria do Advogado, 1997, p. 47-48.

[77] DWORKIN, Ronald. *Freedom's Law*. 2. ed. Cambridge, 1996, p. 45.

Essa virtude de pluralismo trazida pelo *amicus curiae* foi bem regulamentada pelo novo Código de Processo Civil, mas pesquisa recente demonstra que, embora haja no direito brasileiro um certo entusiasmo teórico e jurisprudencial por meio da relevante expansão da participação dos *amici curiae* entre os anos 1990 a 2015, a análise empírica demonstra que expressiva parcela das decisões do STF em processos de controle concentrado com participação de *amici curiae* não considera, de forma explícita, os argumentos por eles aventados – 94% dos relatórios e 70% dos votos.[78]

Assim, para possibilitar a realização da abertura do biodireito no Brasil, no que diz respeito à proceduralização em situações de controle concentrado de constitucionalidade na Jurisdição Constitucional, é necessário revisitar o modo como institucionalmente se realizam audiências públicas e se dialogam com os *amici curiae*.

2.2. A ATUALIZAÇÃO DO BIODIREITO

Se a abertura do biodireito considera a utilização de meios técnico-científicos estruturados para a criação de novos enunciados no suporte normativo que sejam adequados e atualizados com o conhecimento científico disponível e que não viole direitos fundamentais, estabelecendo ou vedando condutas que os realize de forma indevida, a atualização é uma característica que o biodireito necessita ter pela peculiaridade da dinâmica de desenvolvimento não linear, mas rápido, com consequências que mudam significativamente a forma de aplicação e compreensão de terapêuticas, necessitando, também, atualizar a consequência normativa que há sobre tais técnicas.

Para dar conta de tal característica, alguns sistemas jurídicos utilizam instrumentos normativos que possibilitam velocidade de edição e temporalidade, tal como leis emergenciais, com efeitos temporários ou cláusulas de caducidade, ou ainda legislação experimental. As cláusulas de caducidade (ou *sunset clauses*) e as legislações experimentais costumam ser relevantes ao biodireito. As *sunset clauses* são textos normativos que estabelecem quando aquela regulação acabará e em quais condições isso acontecerá, a menos que haja sólidas evidências de que deve ser renovada por outro período fixo. Para isso, estabele-

---

[78] FERREIRA, Débora Costa; BRANCO, Paulo Gustavo Gonet. *Amicus Curiae* em números: nem amigo da corte, nem amigo da parte? *Revista de Direito Brasileira* v. 16, n. 7, p. 169-185, São Paulo, jan.-abr./2017.

ce-se quem são os atores jurídicos legitimados a analisar e estabelecer o fim da vigência ou a sua renovação. Já a legislação experimental são, normalmente, atos administrativos que regulamentam situações que estão fora da previsão legal por um período fixo de tempo e para um grupo determinado ou determinável de cidadãos num território específico, estando tal ato administrativo sujeito a uma avaliação periódica ou final.[79]

Um exemplo dessa experiência é a Autorização para Processamento de Dados Genéticos definida pela Autoridade de Proteção de Dados italiana, em 2007, que estabeleceu a validade de um ano e, desde então, anualmente, a Autorização é aprovada sem mudanças substanciais. Em algum momento, quando se observar que o processamento de dados genéticos é nocivo ou tem sido utilizado para questões não médicas, tal autorização é facilmente cancelável, protegendo os direitos fundamentais dos cidadãos italianos.

Ao lado do modelo que prevê instrumentos que conectam a efetividade do texto normativo à passagem do tempo, outro modelo possível é o que convida regularmente agentes a tecer reconsiderações ao texto normativo adotado previamente, ou que estabelece mecanismos de alteração por manifestação de alguma parte legítima para apontar que o texto se encontra desatualizado.

É exemplo desse modelo o sistema francês adotado pela *Lois de Bioéthique*, que prevê a revisão a cada sete anos, embora sua primeira versão, introduzida por uma opinião do *Conseil d'Etat*, previsse a revisão a cada 5 anos. Também a lei canadense de reprodução humana assistida de 2004 tem a mesma lógica, prevendo a revisão parlamentar a cada 3 anos.

Naturalmente, há um problema de previsibilidade e segurança jurídica nessa questão, afinal, espera-se que o direito seja previsível e que as instituições respeitem regras de funcionamento e aplicação. Todavia, é preciso observar o contraste entre a certeza jurídica e a necessidade de atualização do ordenamento jurídico com o conhecimento de ponta das ciências da vida e biotecnologia, que não é algo exclusivo do biodireito. Esse mesmo conflito de estabilidade e atualidade é percebido em outras áreas do conhecimento jurídico, tanto que, em 1923, Roscoe

---

[79] RANCHORDÁS, S., Sunset clauses and experimental regulations: blessingor curse for legal certainty? *Statute Law Rev.*, 2014, 1. Disponível em: <http://slr.oxfordjournals.org/content/early/2014/02/11/slr.hmu002.abstract>. Acesso em: 22 jan. 2019.

Pound menciona sua famosa afirmação: "Law must be stable, and yet it cannot stand still".[80] A favor do uso desses instrumentos jurídicos no biodireito, tem-se a dizer que, diferentemente do uso típico em condições de guerra, terrorismo ou crises econômicas, que são situações excepcionais, emergenciais ou temporárias, no que tange a regulação das ciências da vida se está tratando de uma condição regular da natureza científica desse conhecimento e das biotecnologias dele derivadas, impossibilitando a regulação de um objeto em constante mutação que não seja igualmente mutável.[81]

Analisando os sistemas anteriormente citados como exemplos, podemos falar da existência de dois modelos de atualização possíveis ao biodireito. No primeiro modelo, a flexibilidade da regulação está ligada diretamente com a mudança do conhecimento científico e seus paradigmas, ou seja, a lei não faz mais sentido porque seu objeto não existe mais, pois fora substituído por novos objetos mais precisos e avançados. Nesse caso, o sistema estabelece quem são os sujeitos legitimados a apontar a desatualização da regulação jurídica diante do novo estado científico e os mecanismos pelos quais se validarão a criação de uma nova regulação ou a atualização do estatuto normativo atual.

No segundo modelo, a flexibilidade da regulação está ligada a uma revisão prevista pelo próprio ordenamento em períodos iguais e consecutivos. Não se observa aqui a desatualização científica, mas sim a possibilidade de mudança da compreensão ética e moral daquilo que está regulamentado. Nesse modelo, a regulação jurídica não está desatualizada pela perda do objeto por mudança no conhecimento científico, mas sim pela mudança da sensibilidade social e política em relação ao objeto da regulação.

A utilização dos dois modelos permite ao ordenamento jurídico uma igual preocupação com o acompanhamento do desenvolvimento científico e com as mudanças axiológicas que a sociedade apresenta com o tempo, conectando o direito não apenas à ciência, mas também às mudanças culturais. O direito não apenas se encontraria atualizado, mas também aberto ao diálogo com os diferentes atores sociais, religiosos e ideológicos para possibilitar um acordo democrático que fundamen-

---

[80] POUND, Roscoe. *Interpretations of Legal History*. Cambridge University Press, 1923, I.

[81] RANCHORDÁS, S. Sunset Clauses and Experimental Regulations: Blessingor Curse for Legal Certainty? *Op. cit.*

ta o direito contemporâneo. Com isso, não se estará diante de uma situação de posições vencedoras e vencidas, que é a lógica normativa usual; antes, cria condições de manter viva a pluralidade de opiniões, com um debate politicamente responsável que possibilita, inclusive, negociações e novos resultados, de modo que a argumentação se torne mais relevante que o cômputo de votos.

No âmbito da decisão judicial, também é relevante a consideração do tempo diante da possibilidade de desatualização do conteúdo decisório com o conhecimento científico acerca do objeto discutido. Diversos exemplos de revisão da decisão judicial com o objetivo de mantê-la atualizada são possíveis de serem citados, entre eles o caso da *International Steam Cell Corporation*, em que a Corte Europeia de Justiça decidiu, em dezembro de 2014, pela possibilidade de patentear partenomas, ou seja, células derivadas do processo de partenogênese, ou divisão independente de fecundação. O precedente era o caso *Brüstle v. Greenpeace*, que, três anos antes, decidira pela expressa exclusão dessa possibilidade. O *overruling* foi possibilitado pelo surgimento de novos estudos que determinavam com maior precisão a impossibilidade do desenvolvimento como embrião humano se colocado em um útero humano.[82]

Tais sentenças podem ser classificadas como manipulativas, que são decisões de inconstitucionalidade que interferem diretamente na atuação do legislador, pois não apenas declara que o texto normativo emitido pelo legislador é inconstitucional, como também, em seu lugar, estabelece um novo conteúdo normativo. Não se trata de um conteúdo debatido democraticamente em algum momento pelo Legislativo, mas sim algo originário do Judiciário, que tem valor normativo até a edição de um novo texto adequado constitucionalmente.[83] São essas sentenças que permitem a atualização do direito mediante a concretização da doutrina, superando a ideia de que o controle de constitucionalidade

---

[82] "(...) According to current scientific knowledge, a human parthenote, due to the effect of the technique used to obtain it, is not as such capable of commencing the process of development which leads to a human being... The mere fact that a parthenogenetically activated human ovum commences a process of development is not sufficient for it to be regarded as a human embryo" (Case C-364/1, *International Stem Cell Corporation v. Comptroller General of Patents, Designs and Trade Marks*. Judgment of 18 December 2014. Conferir também: CaseC-34/10, *Oliver Brüstle v. Greenpeace*, Judgment of 18 October 2011.

[83] ABBOUD, Georges. *Processo constitucional brasileiro*, cit., p. 563.

se dá apenas como juízo sobre o texto normativo, e não sobre toda a normatividade.[84] Tal como ocorreu nos exemplos mencionados sobre o controle de constitucionalidade da lei italiana de reprodução humana assistida pelo Tribunal Constitucional italiano, as sentenças manipulativas rescrevem o trecho, incorporando, por meio do dispositivo da sentença de inconstitucionalidade, um novo conteúdo.[85] A intensão não é apenas retirar do suporte normativo o texto constitucionalmente incompatível, mas também responder institucionalmente à inércia do legislador.

As sentenças manipulativas podem ser divididas em dois subgrupos, conforme a atuação que possuem: aditivas e substitutivas.[86] No primeiro grupo, encontram-se aquelas sentenças que declaram a ilegitimidade constitucional de um texto normativo por não conter todo o conteúdo esperado pelo texto constitucional. Ou seja, há uma omissão parcial ou total que torna insuficiente o ordenamento jurídico vigente diante da complexidade fática apresentada pela sociedade e, no caso do biodireito, pelo desenvolvimento científico da biotecnologia. Na Alemanha, as sentenças aditivas ainda podem ser utilizadas provisoriamente como forma de o Tribunal Constitucional regular transitoriamente alguma situação urgente, com o intuito de evitar graves prejuízos em prol do bem comum, conforme § 32, 1, da BVerfGG. No segundo grupo, estão aquelas sentenças que, declarando inconstitucional a disposição normativa aprovada pelo Legislativo, irão substituí-la com uma estrutura normativa completamente nova, criando conteúdo jurídico que não passou pelo crivo democrático. A esse grupo, temos o ativismo judicial.

Para se valer de sentenças manipulativas, Georges Abboud estabelece dois requisitos autorizadores da possibilidade de interferência do Poder Judiciário na competência nomogênica de outro Poder. O primeiro deles é a antecedência de uma decisão de inconstitucionalidade, seja em razão do conteúdo omisso da lei, seja em razão do conteúdo expresso da lei. Não é possível emitir uma decisão manipulativa se ela

---

[84] CERRI, Augusto. *Corso di giuztizia constituzionale*. 5. ed. Milano: Giuffrè, 2008, p. 256-257.

[85] PINARDI, Roberto. *L'horror vacui nel giudizio sulle leggi: prassi e tecniche decisionali utilizzate dalla Corte Constituzionale allo scopo di ovviare all'inerzia del legislatore*. Milano: Giuffrè, 2007, p. 106.

[86] ABBOUD, Georges. *Processo constitucional brasileiro*, cit., p. 564.

não for inconstitucional, pois, do contrário, o equilíbrio democrático que deve haver entre as instituições estaria prejudicado e o ordenamento jurídico seria preenchido por conteúdos sem qualquer legitimidade democrática, tornando o novo texto estabelecido pelo Poder Judiciário inconstitucional. Assim, em nosso ordenamento, somente seria cabível ao STF emitir decisões manipulativas com eficácia *erga omnes* em processos de controle de constitucionalidade, nos termos do art. 102, I, *a*, da CF. Importante, nesse aspecto, enfatizar que primeiro é preciso declarar a inconstitucionalidade – sem isso, haveria uma quebra do pacto democrático. É a partir do estabelecimento de qual a natureza da infração ao texto constitucional que se pode determinar qual forma de adição ou substituição se poderá realizar.

Por conta disso, Georges aponta para a ilegitimidade da decisão que julgou o conflito de demarcação da área indígena Raposa Serra do Sol.[87] O caso tratava-se de uma ação popular ajuizada contra a União com o objetivo de declarar nulidade de Portaria Ministerial que demarcava a área indígena em questão. O STF, ao decidir, elencou no dispositivo decisório dezenove regras gerais que toda demarcação de área indígena deveria observar.[88] Ou seja, não se tratava de questionar a inconstitucionalidade da Portaria, mas sim de dizer que ela estava ferindo patrimônio cultural; além disso, não se declarou previamente os fundamentos pelo qual referida portaria seria inconstitucional. Além de quebrar o requisito, o STF legislou indevidamente ao estabelecer efeitos *erga omnes* em critérios que criou sem qualquer parâmetro democrático, senão por autorrefência de justo e socialmente pacificador.

O segundo requisito que autoriza o uso de decisões manipulativas consiste na natureza do conteúdo dessa decisão, pois deve ser oriunda diretamente do texto constitucional. Trata-se, portanto, de uma vedação à discricionariedade do Poder Judiciário, pois é preciso algum limite no conteúdo criado, e o parâmetro para ele sempre será a Constituição. A doutrina italiana chama esse efeito de *rime obbligate*, ou seja, decorre da obrigatória aplicação do texto constitucional.[89] O

---

[87] ABBOUD, Georges. *Processo constitucional brasileiro*, cit., p. 576.

[88] STF, Pet 3388/RR, Pleno, m.v., rel. Min. Carlos Ayres Britto, j. 19.03.2009, *DJU* 24.09.2009.

[89] CERRI, Augusto. *Corso di giuztizia constituzionale*, cit., p. 262.

Tribunal não inventa nada, mas limita-se a explicar um comando que estaria implicitamente contido no texto constitucional.[90]

No Brasil, as decisões manipulativas foram introduzidas recentemente, mormente por votos formulados pelo Ministro Gilmar Mendes, conforme destaca Georges Abboud,[91] especialmente apontando para o caso da análise da constitucionalidade do art. 5º da Lei de Biossegurança, que dispunha sobre a pesquisa com células tronco embrionárias,[92] bem como para a análise da constitucionalidade da fidelidade partidária e para a admissibilidade da aplicação das resoluções do TSE que disciplinam os procedimentos de justificação da desfiliação partidária e da perda do cargo eletivo.[93]

No que diz respeito ao primeiro caso, que é afim a este trabalho, o Ministro Gilmar Mendes entendeu que o art. 5º da Lei 11.105/2005 regulamentava as pesquisas com células-tronco embrionárias de forma deficiente e, por isso, seria inconstitucional por violar o princípio da proporcionalidade como proibição de proteção deficiente (*Untermassverbot*). Analisando o estado científico das pesquisas com células-tronco, o Ministro bem observou a existência de pesquisas avançadas e eficientes para tratamentos de algumas patologias de seres humanos com células-tronco adultas, de modo que o desenvolvimento de técnicas alternativas aos embriões humanos poderia afastar, ao menos em parte, a discussão sobre a utilização delas, uma vez que, usualmente, a legislação estrangeira opta por permitir a pesquisa com células-tronco embrionárias apenas quando outros meios científicos não se mostram eficientes para a finalidade ao qual se pesquisa o emprego de célula-tronco, como uma espécie de *cláusula de subsidiariedade*. Essa seria apenas uma das deficiências da lei, podendo-se citar também a necessidade de instituir, na opinião do Ministro, um Comitê Central de Ética devidamente regulamentado para tais finalidades. Diante dessa deficiência, não se poderia declarar totalmente inconstitucional, pois seria possível preservar o texto do dispositivo, desde que fosse interpretado conforme a Constituição por meio de uma sentença de perfil aditivo. Assim,

---

[90] BRANCO, Ricardo. *O efeito aditivo da declaração de inconstitucionalidade com força obrigatória geral*. Coimbra: Coimbra Ed., 2009, p. 205.

[91] ABBOUD, Georges. *Processo constitucional brasileiro*, cit., p. 584.

[92] STF, ADI 3510/DF, Pleno, m.v., rel. Min. Carlos Ayres Britto, j. 28 e 29.05.2008, *DJU* 04.06.2008.

[93] STF, ADI 39999, Pleno, m.v., j. 12.11.2008, rel. Min. Joaquim Barbosa, *DJU* 16.04.2009.

Além das muito conhecidas técnicas de interpretação conforme a Constituição, declaração de nulidade parcial sem redução de texto, ou da declaração de inconstitucionalidade sem a pronúncia da nulidade, aferição da "lei ainda constitucional" e do apelo ao legislador, são também muito utilizadas as técnicas de limitação ou restrição de efeitos da decisão, o que possibilita a declaração de inconstitucionalidade com efeitos *pro futuro* a partir da decisão ou de outro momento que venha a ser determinado pelo tribunal. (...) Portanto, é possível antever que o STF acabe por se livrar do vetusto dogma do legislador negativo e se alie à mais progressiva linha jurisprudencial das decisões interpretativas com eficácia aditiva, já adotadas pelas principais Cortes Constitucionais europeias. A assunção de uma atuação criativa pelo Tribunal poderá ser determinante para a solução de antigos problemas relacionados à inconstitucionalidade por omissão, que muitas vezes causa entraves para a efetivação de direitos e garantias fundamentais assegurados pelo texto constitucional. (...) Seguindo a linha de raciocínio até aqui delineada, deve-se conferir ao art. 5º uma interpretação em conformidade com o *princípio responsabilidade*, tendo como parâmetro de aferição o princípio da proporcionalidade como proibição de proteção deficiente (*Untermassverbot*). Conforme analisado, a lei viola o princípio da proporcionalidade como proibição de proteção insuficiente ao deixar de instituir um órgão central para análise, aprovação e autorização das pesquisas e terapia com células-tronco originadas do embrião humano. O art. 5º da Lei 11.105/2005 deve ser interpretado no sentido de que a permissão da pesquisa e terapia com células-tronco embrionárias, obtidas de embriões humanos produzidos por fertilização *in vitro*, deve ser condicionada à prévia aprovação e autorização por Comitê (Órgão) Central de Ética e Pesquisa, vinculado ao Ministério da Saúde. Entendo, portanto, que essa interpretação com conteúdo aditivo pode atender ao princípio da proporcionalidade e, dessa forma, ao princípio responsabilidade. Assim, *julgo improcedente a ação, para declarar a constitucionalidade do art. 5º, seus incisos e parágrafos, da Lei 11.105/2005, desde que seja interpretado no sentido de que a permissão da pesquisa e terapia com células-tronco embrionárias, obtidas de embriões humanos produzidos por fertilização* in vitro, *deve ser condicionada à prévia autorização e aprovação por Comitê (Órgão) Central de Ética e Pesquisa, vinculado ao Ministério da Saúde.*[94]

O STF também revisitou sua decisão sobre o amianto. Quando primeiramente julgou a lei federal que permitia a utilização industrial do amianto do tipo crisotila (Lei 9.055/1955), o STF não declarou a lei inconstitucional, apenas posteriormente, quando se analisou a constitucionalidade da proibição de tal uso por meio de lei estadual,[95] que o STF reconheceu o entendimento do Ministro Dias Toffoli de que a lei

---

[94] STF, ADI 3.510/DF, voto do Ministro Gilmar Mendes.

[95] Cf. ADI 3.406/RJ e 3.470/RJ.

se tornou inconstitucional, pois não havia consenso científico sobre os malefícios do amianto, nem outro material que pudesse substituí-lo. O ministro falou em inconstitucionalidade progressiva, tornando esse caso um precedente válido para viabilizar a revisão de decisões já consolidadas por meio da coisa julgada, uma vez que o estado científico do conhecimento sobre a matéria tornou-se diferente, possibilitando compreender que a decisão anterior passou a ser inconstitucional.

2.3. A PRUDÊNCIA DO BIODIREITO

Por fim, a complexidade do encontro do direito com as ciências da vida e suas biotecnologias não esteja somente acompanhada de abertura a novos sujeitos legitimados à nomogênese e também sua periódica revisão e atualização, mas também esteja atento às considerações dos casos particulares. O suporte fático, além de complexo, apresenta variabilidades que, por menores que sejam, implicam considerações completamente diferentes. Veja-se por exemplo o caso de recusa de um tratamento por um paciente que seja testemunha de Jeová de outro que tenha fobia de agulhas, ou ainda de um paciente que sofra de alguma doença terminal.[96]

Nesse sentido é que o art. 14 da lei italiana sobre reprodução humana assistida foi declarada inconstitucional ao estabelecer a proibição de criação de número de embriões maiores que o estritamente necessário para uma única e simultânea implantação, e, em qualquer caso, nunca mais que três embriões, uma vez que as chances de sucesso do tratamento de fertilidade variam em relação não apenas às características dos embriões, como também das condições biológicas específicas da mulher que está passando pelo tratamento. Diante do risco da repetição de ciclos hiperestimulados hormonalmente para o implante de cada embrião (no caso de falha de cada implantação anteriormente feita), bem como o risco de gestação de múltiplos embriões tornou a lei incompatível com o direito fundamental à saúde previsto no art. 32 da Constituição italiana. A lei não deixava nenhum espaço para a compreensão científica da medicina determinar qual o melhor método ao caso específico a ser analisado. Ao se determinar o máximo de três embriões, desconsiderando qualquer peculiaridade específica, o dispositivo tornou-se inconstitucional por ferir direitos fundamentais.[97]

---

[96] GOOLD, I.; HERRING, J. *Great Debated in Medical Law and Ethics*. Palgrave, 2014.
[97] Dec. 151, 8 de maio de 2009.

Do mesmo modo, o desrespeito à prudência do caso concreto é observado quando a mesma lei proíbe a utilização das técnicas de fertilização *in vitro* por casais que não sejam comprovadamente estéreis ou inférteis. A lei, neste caso, não previu a necessidade de uso das técnicas por casais que tenham HIV, ou ainda por casais que tenham qualquer questão genética que necessitam de tal procedimento para fazer seleção de embriões para prevenção da doença, como é o caso dos portadores da Doença de Huntington. Tal dispositivo também foi considerado inconstitucional pelo Tribunal Constitucional italiano, pois estabelecia um tratamento jurídico que não permitia qualquer sustentação à proibição de uso da técnica a casos que não fossem o de infertilidade ou esterilidade.[98]

Assim, ainda que o texto normativo preveja técnicas de abertura e atualização do ordenamento, é preciso que a decisão judicial seja o elemento de prudência ao considerar o âmbito normativo de aplicação do suporte normativo. Detalhes que possam parecer pequenos e insignificantes representam grandes consequências quando se analisa casos envolvendo o domínio da vida, biotecnologias e o direito.[99]

Alguns sistemas optam pelo uso combinado de instrumentos normativos que estabelecem alguma previsibilidade genérica, e definam princípios e cláusulas abertas, que dão maior flexibilidade na interpretação e na aplicação do direito, devendo ser preenchidos com características jurídicas extraídas dos elementos fáticos. Também é possível que o ordenamento traga definições para estabelecer um patamar mínimo comum de compreensão do que a lei entende por cada objeto que está sendo regulado, facilitando, inclusive, a atualização, aplicação e distinção ao caso concreto. No caso citado do *International Stem Cell Corporation*, a CJE optou por não definir o conceito exato de embrião humano, mas estabeleceu guias interpretativas para a compreensão em futuras tecnologias que venham a ser desenvolvidas com células humanas, a saber, o embrião humano seria o corpo que tem "capacidade inerente de se desenvolver e vir a se tornar um ser humano".[100]

---

[98] Dec. 96, 14 de maio de 2015.

[99] Cf. KATZ, J. *Can principles survive in situations of critical care?* MOSKOPAND, J.; KOPELMAN, C. L. (eds.), **Ethics and Critical Care Medicine**. Dordrecht, D. Reidel Publ. Comp., 1985, 41-67.

[100] Case C-364/1, International Stem Cell Corporation v. Comptroller General of Patents, Designs and Trade Marks, Judgment of 18 December 2014, p. 38

3. A RESPOSTA CORRETA EM QUESTÕES QUE ENVOLVAM A JUDICIALIZAÇÃO DA BIOÉTICA

Diante das características expostas acima, a resposta juridicamente correta que se pode esperar em situação de biotecnologia deve possuir as seguintes características:

A. QUANTO AO PODER JUDICIÁRIO:

Que a decisão (1) respeite a Constituição; (2) estabeleça o estado do conhecimento científico sobre o objeto sobre o qual se decide; (3) possibilite a revisão pela defasagem da base de conhecimento sobre o qual se decidiu com um novo estágio de desenvolvimento do conhecimento científico acerca do objeto; e (4) permita que representantes da comunidade científica e da sociedade civil participem da construção da decisão para tanto ajustar a interpretação do complexo suporte fático quanto a interpretação e aplicação do suporte normativo dessa complexidade.

O respeito à Constituição se deve não apenas porque fora dela não há resposta jurídica que seja aceitável, mas também porque não compete ao Poder Judiciário inovar discricionária e arbitrariamente em qualquer tema, e é a Constituição um freio a qualquer tentativa nesse sentido. A decisão judicial, portanto, deve estabelecer a correlação de fundamento, demonstrando não apenas como a resposta dada encontra fundamento constitucional, mas atribuindo qual o sentido que é dado na interpretação constitucional para que outrem, ao analisar, possa igualmente chegar à mesma resposta ou questionar a sua adequação.

A sentença também necessita constar uma descrição do atual estado científico do conhecimento acerca do qual se está decidindo. Isso possibilita tanto demonstrar a adequação constitucional da sentença ao caso analisado, pois uma decisão pautada num conhecimento desatualizado seria errado e até mesmo inconstitucional, tanto quanto possibilitar a solicitação de revisão da decisão quando o conhecimento ao qual se embasa seja revisitado. Tal descrição necessita ser compartilhada entre os *amici curiae* científicos, que demonstrarão e comprovarão o atual estado científico da tecnologia, pois não cabe ao Judiciário estabelecer o estado da ciência – e tampouco possui competência técnica para tanto.

Demonstrado o conhecimento científico sobre o qual a decisão foi tomada, e considerando que há um progresso não linear do conhecimento, a decisão necessita estabelecer as condições de revisão pela defasagem da base de conhecimento sobre o qual se decidiu para atualizá-la com o novo estágio de desenvolvimento do conhecimento científico acerca do objeto decidido, mantendo-a adequada e útil. Tal revisão pode ser solicitada por algum dos *amici curiae* que dialogaram com a Corte ou o juiz no momento de construção da decisão, ou ainda terceiros legitimamente interessados que comprovem tal condição.

Como se pode ver, a figura da sociedade civil é especialmente relevante em situações como a analisada, motivo pelo qual a sentença deve permitir que representantes da comunidade científica e da sociedade civil participem da construção da decisão para tanto ajustar a interpretação do complexo suporte fático quanto a interpretação e aplicação do suporte normativo a tal complexidade. Acerca da questão científica, já expomos. Todavia, acerca da moralidade, é necessário compreender que o juiz se manifesta como um intérprete da atribuição de moralidade ao suporte fático, e não cabe a ele fazer tal coisa – não sem retroceder a um certo "Movimento pelo Direito Livre", em especial a escola sociológica do direito. Antes, é melhor que dê voz aos intérpretes morais da sociedade para que se manifestem acerca do modo como interpretam o suporte fático, dando espaço inclusive para as partes discutirem e encontrarem pontos de confluência sobre o qual é possível permear o caminho de construção da decisão judicial.

B. QUANTO AO PODER LEGISLATIVO:

Que a lei (1) seja criada à partir de debates da comunidade científica e sociedade civil; (2) preveja a sua revisão temporal ou quando necessária; e (3) estabeleça quem são os legitimados a revisar a lei.

A necessidade de se utilizar fomento de atores sociais científicos se deve pela necessidade de evitar que a legislação surja defasada e inútil diante do estado do conhecimento científico em questão, implicando em sua revisão judicial ou mesmo inconstitucionalidade, como foi o caso da já citada Lei italiana acerca da fertilização *in vitro*. A presença de atores morais já acontece naturalmente no âmbito do Poder Legislativo, e sua participação na consolidação de uma legislação envolvendo biotecnologia seria natural tanto quanto em outros temas, respeitando-se os limites de uso do conhecimento científico para instrumentalização ideológica que implique em inconstitucionalidade.

Tanto quanto a decisão judicial, a lei acerca de biotecnologia está sujeita à desatualização por conta do desenvolvimento científico, de tal forma que ela própria necessita prever a revisão periódica de ofício ou estabelecer o mecanismo de questionamento da atualidade da lei por legitimados da sociedade civil ou do próprio legislativo.

Nisso implica a terceira característica, que é a delegação de competência de revisão para uma comissão prevista pela Lei com membros que representem não apenas o próprio Legislativo, mas também a comunidade científica, possibilitando tal revisão de forma técnica. A revisão da adequação legislativa pela moralidade não deve ocorrer no âmbito dessa comissão, pois isso faz parte do jogo democrático ao qual representa o Poder Legislativo, não podendo servir tal comissão de subterfúgio para aproveitar a revisão e modificar arbitrariamente, implicando em inconstitucionalidade da reforma. Também a legislação precisa prever a legitimidade para solicitar a revisão não periódica, decorrente de manifesto desenvolvimento científico que implique em obsolescência legislativa.

C. QUANTO AO PODER EXECUTIVO:

No que diz respeito em decisões da administração pública, necessário que siga o que consta quanto ao Poder Judiciário, observando-se que, sendo normalmente a composição da administração pública mais técnica e científica que representativa da sociedade civil, necessita assegurar espaço para o debate público acerca das decisões técnicas, tal como é feito no Conselho Nacional de Saúde, Conselho Nacional de Ética em Pesquisa e outros. Quanto às regulações emitidas pelos órgãos da administração pública, eles naturalmente têm a característica de ágil mutabilidade para melhor se adequar ao desenvolvimento científico. Ainda assim, necessário prever mecanismos pelo qual a comunidade científica e a sociedade civil possam questionar a adequação científica de tal regulação diante do desenvolvimento do conhecimento sem a necessidade de judicializar a questão.

BREVES NOTAS SOBRE O DIREITO À VIDA, EM UMA PERSPECTIVA ÉTICO-JURÍDICA

JOSÉ LUIZ BARBOSA PIMENTA JÚNIOR[1]

SUMÁRIO: Introdução; A genética humana, a vida e a Bioética; A vida e a Ética do dever de *Kant*; A vida, o utilitarismo e a Ética Prática; A vida e o direito, pelo olhar de nossa suprema corte; Considerações finais; Bibliografia

INTRODUÇÃO

Com o propósito de melhor situar o tema – *direito à vida*, no ordenamento jurídico brasileiro, faz-se importante mencionar seu fundamento maior no Princípio da Dignidade Humana, à luz do que preceitua o artigo 1º, inciso III da Constituição Federal. A este respeito, o conteúdo jurídico da dignidade humana, no plano filosófico, está ligado à natureza do ser, elemento que difere a pessoa humana dos demais seres vivos. Sob o prisma jurídico, o valor intrínseco está na origem dos direitos fundamentais, dentre os quais se integra o direito à vida.

Ainda sob este prisma, relevante é a garantia dada pela Constituição Federal à inviolabilidade do direito à vida, segundo a dicção do artigo 5º, caput, o qual é complementado pelas regras constantes dos tratados internacionais, dos quais o Brasil é signatário. Nesta linha, tem-se o estatuído no artigo 6º do Pacto Internacional de Direitos Civis e Políticos de 1966, que prevê o direito à vida como inerente à pessoa humana e protegido por lei. Esta regra é praticamente reiterada no artigo 4º da Convenção Americana sobre Direitos Humanos (Pacto de San José da Costa Rica), no qual se faz expressa referência que ninguém poderá ser privado da vida, de forma arbitrária.

Por sua vez, a relação do homem com a natureza sofreu, nos últimos anos, modificações radicais, principalmente no que tange à interferência humana sobre o meio ambiente por intermédio da tecnologia. Se, por um

---

[1] Advogado. Doutorando e Mestre em Direito Público pela Universidade Estácio de Sá. Presidente da Comissão de Bioética e Biodireito da Ordem dos Advogados do Brasil Seccional Rio de Janeiro. Membro do Instituto dos Advogados Brasileiros - IAB. Membro do Instituto Brasileiro de Governança Corporativa - IBGC

lado, a revolução biotecnológica possibilitou ao indivíduo intervir na natureza como uma promessa de um futuro melhor para a humanidade; por outro, constituiu-se em uma ameaça à própria sobrevivência do homem.

Nos tempos atuais, destaca-se o potencial revelado pela terapia genética, a qual refere-se à cura ou prevenção de doenças ou defeitos graves devidos a causas genético-hereditárias.

É certo que as intervenções nos genes humanos, mesmo aquelas voltadas estritamente para o tratamento de doenças graves, incuráveis, constituem um tema importante para a reflexão ética e jurídica, podendo levar, também, a uma reflexão aprofundada à nível filosófico, sobre aspectos que dizem respeito a mais profunda essência do ser humano.

Assim como muitas vezes acontece com certas atividades médicas novas (diagnósticas, terapêuticas), em fases experimentais ou não consolidadas, especialmente as mais agressivas ou que afetam as partes mais vitais de um ser humano, algumas formas de aplicação das técnicas genéticas podem envolver, em seu início, graves perigos para a vida, saúde ou a integridade da pessoa, incluindo sua integridade genética, sem prejuízo dos imensos benefícios a serem obtidos em anos futuros para os seres humanos.

Importante dilema se constitui também nos aspectos sensíveis que nos remetem à necessária reflexão sobre o tema *terminalidade da vida!* Daí advêm calorosos debates de grande complexidade moral e jurídica, como a possibilidade de instituição da pena de morte, a permissão para a prática do aborto, da eutanásia e do suicídio assistido, dentre outros tantos temas relacionados aos dilemas do direito à vida.

A sociedade moderna utiliza várias formas para abordar o tema. A *eutanásia* se constitui na antecipação da morte do enfermo, diante do sofrimento e da dor testemunhados, havendo pequena intercessão, com o *suicídio assistido*, no qual a morte é provocada pelo próprio enfermo que a deseja, auxiliado por terceiro. A *distanásia* se constitui na prática de postergação da morte, mantendo-se o enfermo terminal artificialmente vivo, prolongando a sua agonia, mediante atos e procedimentos médicos extraordinários, consolidados na obstinação terapêutica, que visam dar quantidade e não qualidade de vida. E a *ortotanásia* (defendida e aceita como a mais adequada), comumente referida como a morte ao tempo certo, constitui-se na prática de atos médicos que venham a dar conforto e tranquilidade ao paciente terminal, mediante a devida assistência, com os cuidados paliativos.

A GENÉTICA HUMANA, A VIDA E A BIOÉTICA

Por Bioética, entende-se o segmento da Filosofia, como variante da Ética Aplicada, que se destinaria a ser sua fonte na construção de regras de base moral, conhecida como ética da vida, importante ferramenta no processo de tomada de decisões em casos concretos[2].

Neste cenário bioético[3], entende-se por Princípio da Beneficência, resumidamente, fazer o bem. De uma maneira prática, significa que todos têm a obrigação moral de agir para o benefício do outro, ou seja, fazer o bem em favor do seu semelhante.

Em paralelo, entende-se por Princípio da Justiça, resumidamente, às relações existentes entre grupos sociais, nas quais busca-se a equidade (o justo e apropriado) na distribuição de bens e recursos considerados comuns, numa tentativa de igualar as oportunidades de acesso. Tem sido explicado com o uso de vários termos. Assim sendo, não se deve aceitar quais limites ao livre acesso aos avanços tecnológicos da genética humana, seja na medicina preditiva, seja na medicina terapêutica e curativa. Todos, sem exceção, independentemente, de sua condição social e econômica, têm que ter acesso as novas terapias genéticas, não sendo plausível e tolerável, que o mecanismo de patentes venha a se tornar fator inibidor para a concretização da equidade entre os grupos sociais, em diferentes estágios de desenvolvimento, por exemplo.

Antes da contextualização do tema em exemplos relacionados aos dilemas do direito à vida, na orbita de estudo da bioética, interessante é o ponto de vista traçado pelo Professor Francesco D´Agostino em sua *Bioética, segundo o enfoque da filosofia do direito,* quando esquematiza a ética e direito em bioética. Neste ensaio, harmoniza a analise destas três ciências que se prestam a análise de objetos comuns e convergentes, acerca dos problemas advindos do avanço da ciência, alcançando

---

[2] CORTINA, Adela; MARTINEZ, Emilio. Ética. Madrid, Espanha: Ediciones Akal S.A., 2005, pp.158-159.

[3] Aqui se faz menção ao termo bioética, com base na conceituação lecionada pelo Professor Vicente Barreto, em seu DICIONÁRIO DE FILOSOFIA DO DIREITO, no qual se tem como "ramo da Filosofia Moral, que estuda as dimensões morais e sociais da técnica resultantes do avanço do conhecimento nas ciências biológicas. A etimologia do termo é composta pelas palavras gregas *bios (vida)* e *êthike (ética),* ramo do conhecimento que estuda a conduta humana sob o ângulo do bem e do mal." BARRETO, Vicente de Paulo. Dicionário de Filosofia do Direito. São Leopoldo RJ. Editora Unisinos. 2009. Pp. 104-107.

a definição da bioética e profetizando que "enquanto flancos, ética e direito são dois modos de considerar o estado de ser do homem como relacional. Nenhum dos flancos está em condições de representa-lo exaustivamente, mas cada um deles possui uma própria e especifica verdade." (D´AGOSTINO, 2006)

Fazendo-se alusão à existência humana, confrontando-se com os pontos sensíveis do tema Genética e sua utilização nos dias de hoje, segundo o quase infinito avanço da ciência, têm-se os ensinamentos de Olinto Pegoraro, ao tecer remissões sobre uma ética que dialogue com os cientistas, de modo a construir um verdadeiro horizonte ético, das quais se extraem:

> "Em síntese, a ética não traça limites à ciência, mas propõe usar seus resultados prudentemente e integrá-los no horizonte ético da vida e do cosmos, elevando-os à qualidade ética. É este horizonte que o ato cientifico e laboratorial ganha plena qualidade moral, pois é contexto global que confere ao trabalho de pesquisa cientifica pleno sentido ético.
> Portanto, a tecnociência, em aliança com a ética, é um instrumento pelo qual o homem constrói um novo mundo e modifica seus comportamentos sem tronar-se objeto e mero instrumento de manipulação cientifica (KEMP, 1997: 289). Cabe, portanto, ao ser humano presidir a busca de integração do horizonte ético com debates científicos, sem posições prévias de ambos os lados." (PEGORARO, 2002, p. 38)

Atravessando o campo da bioética, situando o debate sob o ponto de vista iminentemente ético, quando analisados os avanços da ciência, no campo, por exemplo, da Genética, indaga-se se seria necessário impor limites ao seu desenvolvimento ou se, ao revés, poderia a ciência ser livre, autônoma, não passível de balizamentos? Em resposta, mostra-se suficiente o raciocínio que traça justificados limites à ciência, propondo resultados prudentes, de modo a integrar a ciência em um horizonte ético da vida.

Assim sendo, a ciência aliada à ética são firmes instrumentos pelos quais o homem constrói um novo mundo e modifica seus comportamentos, sem, entretanto, torna-se objeto e mero instrumento de manipulação científica, cabendo-lhe presidir a busca da integração do horizonte ético com os debates científicos, sem prévios posicionamentos de parte a parte. (PEGORARO, 2002). A pacificação da ciência e a ética se mostra verdadeiro antidoto aos não condizentes experimentos e, por outro lado, como uma não gratuita imposição aos salvadores e benvindos avanços da ciência.

Ainda sobre este inflamado debate, prossegue:

> "Tudo isso significa, em primeiro lugar, uma mudança de mentalidade. Ética e ciência têm uma meta em comum: o bem-estar da humanidade, de todas as formas de vida e da natureza. A ciência nasce do desejo humano e ambos, desejo e ciência, articulam não só tudo o que é humano e tudo o que é científico, mas também o estar-no-mundo natural e técnico com os outros homens e seres vivos ou inertes (HEIDEGGER, 1988: 90-102)" (PEGORARO, 2002, p.48)

Outro ponto de reflexão sobre a aplicação da Genética, que se deu na década de 1990, principalmente por ocasião (e partir) da Declaração de Bilbao, encontro internacional não vinculante (*soft law*), que tratou do "Direito ante o Projeto Genoma", com ênfase a dignidade da pessoa humana. Neste Diploma se materializou o desejo de se evitar conteúdos discriminatórios, diante dos avanços da tecnologia advinda da genética, tendo-se como exemplos os limites que poderiam ser adotados aos trabalhadores mais propensos a doenças incuráveis, que não seriam contratados, consumidores com maior probabilidade de se tornarem portadores de doenças graves, que não teriam a possibilidade de contratar seguro de vida, plano de saúde etc.

Arrematando, de uma forma mais ampla, confrontando-se com os avanços da biotecnologia, merece destaque a lição de Adriana Diaféria, que resumidamente, acerca da manipulação genética, assim se manifesta:

> "Portanto, podemos concluir que a preocupação maior poderá nortear-se pela defesa da vida e da saúde do homem e pela preservação do meio ambiente e, nestes casos, poderiam ser enunciados como princípios éticos: promover a correta avaliação dos potenciais riscos; proteger a vida e a identidade genética de todo indivíduo para evitar a instrumentalização da pessoa humana; garantir o consentimento livre e informado para utilização das informações genéticas humanas; identificar a verdadeira utilidade para o bem da sociedade atual sem prejuízo da futura; fornecer adequada informação ao público no sentido de se eliminar os temores e demonstrar as vantagens destas biotecnologias; amenizar a preocupação com a conservação das espécies em extinção e a preservação da biodiversidade; disponibilizar tecnologias em favor dos Países em desenvolvimento para a solução de seus problemas de alimentação e de saúde pública" (DIAFÉRIA, 2002)

Prossegue Adriana Diaféria aduzindo, em consequência, que se constitui interessante se pensar em um possibilidade de codificação da conduta científica, frente à manipulação genética, como forma de (auto)regulação, a fim de coibir exageros, desvios e eventuais danos. Atualmente, os aspectos éticos do atuar científico na manipulação genética assumiram um papel decisivo, seja sob o ponto de vista econômico, político e social, seja sob o ponto de vista acadêmico e educacional. Esta preocupação ética se refere à necessidade de assegurar um adequado desenvolvimento da ciência, desde que não prejudiciais às gerações futuras. A codificação, nesse sentido, dará uma maior efetividade aos princípios éticos e uma maior segurança a toda sociedade, pois nem sempre a ética, esparsa, sem um especifico ordenamento, é capaz de garantir o respeito e a preservação da dignidade da pessoa humana.

A VIDA E A ÉTICA DO DEVER DE *KANT*

Prefaciando este capítulo, invocando Kant, identifica-se estrita interligação entre os conceitos filosóficos de liberdade e autonomia, segundo seus apontamentos sobre a ética do dever. Neste sentido, partindo da construção de uma linha evolutiva da passagem da metafísica dos costumes à crítica da razão pura prática, destaca Kant que:

> O conceito de liberdade é a chave da explicação da autonomia da vontade. A VONTADE é uma espécie de causalidade dos seres viventes, enquanto dotados de razão, e a liberdade seria a propriedade que esta causalidade possuiria de poder agir independentemente de causas estranhas que a determinam; assim, como a necessidade natural é a propriedade que tem a causalidade de todos os seres desprovidos de razão, de serem determinados a agir sob a influência de causas estranhas (Kant, p. 39).

E prossegue o mesmo consagrado e inigualável autor:

> Na qualidade de ser racional, portanto, pertencente ao mundo inteligível, o homem não pode conceber a causalidade de sua própria vontade senão sob a ideia da liberdade; pois a independência a respeito das causas determinantes do mundo sensível (independência que a razão deve sempre atribuir a si) é liberdade. Com a ideia da liberdade está inseparavelmente unido o conceito de autonomia, com este está unido o princípio universal de moralidade, que idealmente serve de fundamento a todas as ações dos seres racionais, da mesma maneira que a lei da natureza serve de fundamento a todos os fenômenos (Kant, p. 43).

A mais emblemática dinâmica de conduta que guarda relação com a ética do dever e sua projeção do direito à vida, esta materializada nesta passagem de Kant:

"Pelo contrário, conservar a própria vida é um dever, e é, além disso, uma coisa para a qual todos sentimos inclinação imediata. Justamente por isso a solicitude muitas vezes angustiante que a maior parte dos homens demonstra pela vida é destituída de todo valor intrínseco, e a máxima, que, (398) exprime tal solicitude, não tem nenhum valor moral.
De fato, eles conservam a vida *conformemente ao dever,* mas não *por dever.* Ao invés, se contrariedades ou uma dor sem esperança tiraram a um homem todo o prazer da vida, se o infeliz, de ânimo forte, se sente mais enojado de sua sorte que descoroçoado ou abatido, se deseja a morte, e, no entanto, conserva a vida sem a amar, não por inclinação ou temor, mas por dever, então sua máxima comporta valor moral". (Kant, p. 7)

Sobre a autonomia da vontade, tem-se que se de um lado, a proclamação da liberdade e da autonomia do indivíduo, como núcleo que caracteriza os agentes morais; de outro, há o argumento de Nietzsche que procura demonstrar como o livre arbítrio é uma armadilha do racionalismo, armada com vistas a culpar o indivíduo. Essa tensão será superada pela tentativa de Kant, ao erigir uma concepção positiva de liberdade, onde haverá uma referência obrigatória da vontade humana – evidência da vontade de um ser racional, que seria a lei moral. (BARRETO, 2005)

Consiste o Princípio da Autonomia da vontade na sujeição do homem a Lei Moral, que o torna livre, na medida em que se submete a sua lei própria e pessoal, entretanto, universal. Em assim sendo, este princípio, conforme posto nestas linhas, obriga este mesmo individuo a um agir, segundo seu próprio querer.

A autonomia da vontade – como entendido hoje, assemelhando-se aos significados do binômio liberdade de agir e poder de decidir – uma vez erigido a princípio para se expressar, em consequência, no imperativo categórico, que estatui "que apenas segundo uma máxima tal que possas ao mesmo tempo querer que ela se torne lei universal". (BARRETO, 2010)

Ainda sob o signo do direito à vida, que nos conduz à visão *kantiana* da ética do dever, deve-se atentar para a necessária distinção de se agir, estando-se *em conformidade* e o agir *por inclinação*. No primeiro caso, estaríamos diante do dever pelo dever, o dever por boa vontade, o dever por justo meio, o dever pelo valor, o dever per si; no segundo caso, estaríamos diante do dever, por uma influência moral, por um dogma religioso, pelo receio de uma punição.

Neste mesmo panorama filosófico se situa o pensamento de Kant, no qual se extrai que a ação por dever depende da máxima que a determina e não do objeto da ação; por um objeto pode-se sentir inclinação, mas não respeito; por um dever, é se sentir obrigado a uma ação, em respeito à lei. Somente pode ser objeto de respeito o que está ligado à vontade como máxima, e nunca como efeito da ação. Eliminando-se toda inclinação e todo o objeto de ação, restam a lei e o respeito. (JUNGES, 2006)

A VIDA, O UTILITARISMO E A ÉTICA PRÁTICA

O Utilitarismo, como Escola Filosófica, teve seu movimento inaugural pelas mãos de Jeremy Bentham[4], cujo conjunto de ideias se situava na tentativa de criar uma ciência objetiva a partir da perspectiva da sociedade e da política, que fosse tão livre da subjetividade humana, quanto ele esperava que nosso destino pudesse estar livre das contingências da religião e do acidente histórico, muitas vezes guiado pelas transformações advindas de guerras, endemias e/ou desastres da época. Seria em um sentido mais amplo, a necessidade de se analisar com as lentes voltadas para fenômenos, motivos e interações historicamente particulares, bem como dos vínculos que mantinham as relações humanas, para poder ver a realidade dos imperativos do interesse, do trabalho e do individualismo. Esta teria sido a solução encontrada por Bentham: o utilitarismo. (MORRISON, 2006, pag. 222).

Apesar de ser sobretudo um legitimo reformador social e político, Bentham também se preocupava em preservar a sociedade inglesa contra a devastação provocada pelo fervor revolucionário que acontecia naquele momento na França com consequências tão drásticas. Bentham pertencia à tradição de empiristas como John Locke e David

---

[4] Filho mais velho de um próspero advogado e negociante de imóveis, Jeremy Bentham nasceu em Londres em 1748, e sobreviveu à morte de cinco irmãos ainda criança e à de sua mãe quando estava com onze anos de idade. Criança prodígio, aos doze anos Bentham entrou para o Queen´s College, em Oxford, bacharelando-se em humanidade em 1763. Seu pai queria o advogado, e Bentham entrou para Lincoln´s Inn*, mas voltou para Oxford para assistir ás aulas de direito dadas por sir Willian Blackstone. Bentham conta que mal iniciado o curso, 'detectou imediatamente a falácia de Blackstone a respeito dos direito naturais'. Bentham acreditava que não podia existir base alguma para a teoria dos 'direitos naturais' que era, na verdade, um absurdo teórico – um absurdo grandiloquente. Tornou-se mestre em ciência humanas em 1766 e voltou e voltou novamente em Londres; ali, chocando com a natureza nada profissional de boa parte da profissão jurídica, desistiu da idéia de ser advogado. Dedicou sua vida a escrever a propor transformações sociais na linha da filosofia utilitarista. (MORRISON, 2006, pag. 221)

Hume, negando a metafísica, como forma de solução e reflexão dos problemas do cotidiano local.

Nesse contexto e com esta visão de mundo, a utilização da filosofia utilitarista se situava em um raciocínio, no qual a natureza colocaria a humanidade sob o domínio de dois senhores, como figuras de estilo, quais sejam, a dor e o prazer. Somente a dor, de um lado e do outro o prazer, teriam como indicar o que deveríamos fazer, assim como determinar o que faríamos na sociedade, com os problemas da época, impregnado pelo dogmatismo religioso.

A seu modo, estariam atrelados, por um lado, o critério que diferencia o certo do errado, e, por outro, a cadeia das causas e dos efeitos, seguindo-se a corrente de maior espectro – o consequencialismo. (MORRISON, 2006, pag. 226 e 228).

Com um relevo ainda mais preciso, tem-se a máxima que bem define o utilitarismo, seguindo-se o signo de Bentham: na tentativa de resolução de um dilema do cotidiano, buscaríamos o equilíbrio, sendo que, se pendesse para o lado do prazer, indicaria a boa inclinação do ato, e se pendesse para o lado da dor, indicaria a má inclinação deste ato ou conduta humana.

Seguindo a corrente utilitarista, esta é aperfeiçoada através do pensamento de John Stuart Mill[5], que se notabiliza, seguindo os passos de Bentham, ao traduzir sua visão no mais puro consequencialismo, ao estabelecer na busca do prazer, a melhor forma como deveríamos agir e ser. Nesta linha de pensar, teríamos uma teoria do bom, que busca determinar que estado das coisas são boas e uma teoria do correto, que trata de determinar o que deveríamos fazer. Segundo o consequencialismo, o correto consiste em maximizar o bom, ou seja, consiste em gerar o melhor estado de coisas possível.

Na Teoria do bom, Mill é um hedonista, pois o bom seria nada mais, nada menos do que o prazer, de preferência um prazer interior, como a que decorre do ato de aprender, ler etc., pois enriqueceria o homem, o seu ser. As únicas coisas boas são experiências de prazer e as únicas coisas más são as experiências da dor. Prazer e dor de modo lato, em sentido amplo, de um prazer corriqueiro ao prazer de ser bem-sucedido. (MILL, 2005)

---

[5] James Mill (Pai) conhece Jeremy Bentham, ambos utilitaristas. Obras de John Stuart Mill: Sistema de Lógica e Princípios de Economia Política. As mais importantes: Utilitarismo (seguindo Bentham e Seu Pai Mill) Sobre a Liberdade (clássica defesa da posição de que o Estado deve evitar ao máximo interferir na vida das pessoas). (MILL, 2005, Pag. 11)

Prosseguindo, mais próximos de nossa atualidade, temos na visão da ética prática de Peter Singer[6], talvez o melhor exemplo de uma teoria moral aplicada e não normativa que efetivamente bem estabelece um guia de como melhor solucionar os dilemas principalmente decorrentes do avanço tecnológico da medicina e os seus contornos quanto ao direito à vida, nas problemáticas advindas da discussão da pratica do aborto, eutanásia e institutos afins.

Em sua obra Ética Prática, Singer chega a indagar se uma pessoa teria direito à vida? Para ter direito à vida, diz o autor, é preciso ter – ou pelo menos, ter tido em determinada época – o conceito de uma existência continua. Este segmento de raciocínio bem expressa o seu pensamento direto e prático, segundo o qual este enunciado evita os problemas relativos ao trato com pessoas adormecidas ou inconscientes, na medida em que, para que possamos afirmar que a vida contínua esteja entre seus interesses, basta que tenham, em algum momento expressado desejos e práticas que a demonstrem a intenção de terem o prazer de viver. Isto bastaria, para terem o direito à vida!

Outro aspecto importante sobre o tema se traduz no respeito à autonomia. Matar uma pessoa, nos dizeres do autor, que não optou por morrer constitui um desrespeito à sua autonomia. Em um panorama de visão maior, Singer enuncia que:

> "Talvez seja conveniente reunirmos aqui nossas conclusões sobre o erro que é tirar a vida de uma pessoa. Vimos que existem quatro razões possíveis para sustentar que seria particularmente grave tirar a vida de uma pessoa: a preocupação utilitarista e hedonista com os efeitos do assassinato sobre os outros; a preocupação do utilitarismo preferencial com a frustração dos desejos e planos futuros da vítima; o argumento de que a capacidade de se conceber existindo no tempo é uma condição necessária para que se tenha direito à vida; e o respeito à autonomia." (SINGER, 2018, pag. 135)

Neste aspecto há estreita consonância com o que Singer entende como o significado da ética, na forma de uma concepção, que concede à razão um importante papel nas decisões éticas. A ideia de viver de acordo com padrões éticos está ligada a ideia de defender o modo como vive, de dar-lhe uma razão de ser, de justifica-lo, sintetiza o autor.

---

[6] Filósofo. Professor de Filosofia, Professor da Cátedra de Bioética do Centro Universidade de Valores Humanos da Universidade de Princenton e Professor laureado do Centro de Ética Pública e Filosofia Aplicada da Universidade de Melbourne.

A VIDA E O DIREITO, PELO OLHAR DE NOSSA SUPREMA CORTE

Marcadamente, o perfil do Supremo Tribunal Federal – STF vem se moldando de forma mais atuante, próximo aos reclamos e anseios da sociedade, principalmente quando da apreciação dos casos mais complexos e sensíveis, cujo traço atual é a judicialização da saúde e em última medida a judicialização da vida! Em consequência, o STF é visto com o perfil ativista, progressista e de verdadeiro legislador positivo, ao revés do outrora Tribunal Conservador, pasmado pela autocontenção de índole conservadora.

O olhar atento do STF nos difíceis casos relacionados ao direito à vida se materializou em julgados recentes, realizados nos últimos oito anos, dos quais se destacaram o que declarou, em ação direta de inconstitucionalidade, a possibilidade de realização de pesquisas com células-tronco[7]; o que reconheceu, em ação de descumprimento de preceito fundamental, a legalidade de interrupção da gestação, na hipótese de gravidez comprovada de anencéfalos[8]; o entendimento ainda que isolado, em sede de habeas corpus, aceca da inconstitucionalidade

---

[7] ADI 3510 / DF – Ação Direta de Inconstitucionalidade. Relator Ministro Ayres Britto. Julgamento: 29/05/2008. Órgão Julgador: Tribunal Pleno do STF. Ementa: Constitucional. Ação Direta de Inconstitucionalidade. Lei de Biossegurança. Impugnação em bloco do artigo 5º da Lei nº 11.105, de 24 de março de 2005. Pesquisas com Células-Tronco embrionárias. Inexistência de violação do direito À vida. Constitucionalidade do uso de células-tronco embrionárias em pesquisas cientificas para fins terapêuticos. Descaracterização do aborto. Normas constitucionais conformadoras do direito fundamental a uma vida digna, que passa pelo direito à saúde e ao planejamento familiar. Descabimento de utilização da técnica de interpretação conforme para aditar à Lei de Biossegurança. Controles desnecessários que implicam restrições às pesquisas e terapias por ela visadas. Improcedência total da ação.

[8] ADPF 54. Arguição de Descumprimento de Preceito Fundamental. Relator Ministro Marco Aurélio. Julgamento: 12/04/2012. Tribunal Pleno do STF. Ementa: Estado Laico. Laicidade. O Brasil é uma república laica, surgindo absolutamente neutro quanto às religiões. Considerações. Feto anencéfalo. Interrupção da gravidez. Mulher. Liberdade sexual e reprodutiva. Saúde. Dignidade. Autodeterminação. Direitos fundamentais. Crime. Inexistência. Mostra-se inconstitucional interpretação de a interrupção da gravidez de feto anencéfalo ser conduta tipificada nos artigos 124, 126 e 128, incisos I e II, do Código Penal.

da incidência da tipificação penal, na hipótese de aborto, quando da interrupção voluntária da gravidez até o primeiro trimestre.[9]

No primeiro caso, tratou-se da constitucionalidade da Lei nº 11.105, de 24.03.2005, explicitamente quanto ao teor do seu art. 5º, que autorizara as pesquisas com células-tronco embrionárias, admitindo-se que embriões provenientes dos procedimentos de fertilização artificial, congelados há mais de três anos, fossem destinados à pesquisa cientifica, caso houvesse autorização dos genitores.

Explica-se: as células–tronco embrionárias possuem material genético com potencial de transformação em qualquer outro tecido ou órgão do corpo humano, o que, em tese e ainda pela via experimental, poderia viabiliza sobremaneira as pesquisas medicas, que tenham por objetivo oferecer perspectiva de tratamento para doenças, hoje tidas como incuráveis.

O e. STF, por maioria de votos, reconheceu a constitucionalidade da citada lei, sob o argumento de que o embrião congelado e sem perspectiva de implantação em um útero materno não teria vida para os fins constitucionais, tornando legitimas as pesquisas com células-tronco embrionárias.

No segundo caso, estava-se diante de casos de anencefalia, que se constitui em uma má-formação fetal, devido ao irregular fechamento do tubo neural, com ausência de calota craniana, o que geraria um feto sem cérebro, não havendo viabilidade de vida extrauterina, nos termos da atual e melhor literatura médica. Na Arguição de Descumprimento de Preceito Fundamental nº 54, o STF entendeu que seria legitima e legal a interrupção da gestação, após a comprovação do diagnóstico, caso fosse a vontade da gestante. A decisão ainda considerou que não haveria a ocorrência da tipicidade penal nesta hipótese, em virtude da ausência de um potencial feto com vida. Em linha de consequência, restou assentado o direito da gestante de interromper a gravidez, independentemente de autorização judicial.

No terceiro caso, em que pese não haver efeitos gerais e amplos, por se tratar de mera decisão havida em sede de habeas corpus, que poderá

---

[9] Habeas Corpus 124.306 Rio de janeiro - Voto-Vista. Ministro Luís Roberto Barroso. Primeira Turma do STF. Ementa: Direito Processual Penal. Habeas Corpus. Prisão Preventiva. Ausência dos requisitos para sua decretação. Inconstitucionalidade da incidência do tipo penal do aborto no caso de interrupção voluntária da gestação no primeiro trimestre. Ordem concedida de ofício.

ou não ensejar a inauguração de uma sólida jurisprudência sobre o tema, entendeu-se pela possibilidade da prática do aborto, pela ausência de tipificação penal, na hipótese de sê-la praticada, no primeiro trimestre, por ato voluntario da gestante.

Tal entendimento veio firmado, no sentido de terem sido ofendidos vários direitos fundamentais, com destaque para a violação à autonomia da mulher; a violação do direito à integridade física e psíquica; a violação aos direitos sexuais e reprodutivos da mulher; a violação à igualdade de gênero; e por fim pela discriminação social e impacto desproporcional sobre as mulheres pobres, que em tese seriam as que mais se socorrem a abortos clandestinos, com severos agravos à saúde, a mercê da relevância do tema saúde pública. Sem contar que foram traçados precedentes de vários países do mundo ocidental, nos quais a pratica do aborto é permitido, em idênticas condições.

Observa-se, por outro giro, que até este momento estiveram presentes no catalogo jurisprudencial do STF, casos nos quais se tangenciou, para que fossem firmadas as respectivas decisões, o momento no qual se iniciaria a vida, tendo sido mais latente a discussão, quando da apreciação da ADI 3510 / DF, oportunidade que se considerou como sendo possível o uso de células-tronco do embrião de até 14 dias.

No entanto, ainda não teve o mesmo STF a oportunidade de se debruçar sobre questões atinentes ao fim da vida, à finitude e seus institutos correlatos, situações de fato e de direito, tais como os que integram a matéria jurídica relacionada à eutanásia (antecipação da morte do paciente, geralmente por ato de piedade e compaixão de seu agente), ortotanásia (a morte ao tempo certo) e a distanásia (prática de se postergar a morte, mantendo-se o enfermo terminal artificialmente vivo, através da obstinação terapêutica).

Sem contar a sensível temática relacionada à dimensão da autodeterminação do doente terminal, para fazer valer suas determinações, de forma livre e esclarecida, de como pretende ser assistido, na hipótese de ser acometido por doença grave, incurável e irreversível, de prognostico reservado, segundo o jargão médico, o que pode ser traduzido pela inegável validade das Diretivas Antecipadas de Vontade[10], em que pese não haver no Brasil lei específica.

---

10 Conselho Federal de Medicina – Resolução CFM nº 1.995/2012 (Publicada no D.O.U. de 31 de agosto de 2012, Seção I, p.269-70)

CONSIDERAÇÕES FINAIS

Buscou-se, no decorrer deste trabalho conjugar a apreciação dos dilemas relacionados ao direito à vida, sob os prismas bioético, ético e do direito, visando uma abordagem mais próxima do linha de reflexão que unisse os conhecimentos referidos, em especial aos princípios da autonomia da vontade, a luz da ética do dever de *Kant*, sem perder de vista os contornos conceituais relacionados aos institutos do imperativo categórico, das máximas que se transmudam em leis universais, passando pela escola filosófica consequencialista. Prosseguindo-se com os contornos conceituais da ética prática, como também ao processo de solução advindo dos conceitos da bioética, enquanto modalidade da ética aplicada. E por fim estabelecer os ditames jurídicos que foram utilizados por nossa Suprema Corte, ao apreciar e decidir demandas *de efeitos erga omnes,* em um cenário de temas sensíveis que circunscrevem o tema *vida*.

BIBLIOGRAFIA

BARRETO, Vicente de Paulo. *Dicionário de Filosofia do Direito.* São Leopoldo RJ. Editora Unisinos. 2009. Pp. 104-107.

———. *Perspectivas éticas da Responsabilidade Jurídica.* Rio de janeiro – RJ. Revista Quaestio Iuris, vol.06, n°02, 2005. p. 259.

———. *O Fetiche dos Direitos Humanos e outros temas.* Rio de janeiro – RJ. Lumen Juris Editora. 2010.

CORTINA, Adela; MARTINEZ, Emilio. Ética. Madrid, Espanha: Ediciones Akal S.A., 2005, pp.158-159

D´AGOSTINO, Francesco. *Bioética, segundo o enfoque da filosofia do direito.* São Leopoldo – RS. Editora Unisinos. 2006. p. 86.

DIAFÉRIA, Adriana, *Código de ética de manipulação genética: alcance e interface com regulamentações correlatas,* Parcerias Estratégicas, n° 16, 2002.

JUNGES, José Roque. *Bioética, hermenêutica e casuística.* São Paulo - SP. Editora Loyola. 2006. p. 108.

KANT, Immanuel. *Fundamentação da Metafísica dos Costumes.* Tradução de Antônio Pinto de Carvalho. Companhia Editora Nacional. Disponível em: <https://azslide.com/fundamentaao-da-metafisica-

---

"Art. 1° Definir diretivas antecipadas de vontade como o conjunto de desejos, prévia e expressamente manifestados pelo paciente, sobre cuidados e tratamentos que quer, ou não, receber no momento em que estiver incapacitado de expressar, livre e autonomamente, sua vontade."

dos-costumes-immanuel-kant-traduao-de-antonio-pinto-d_59c3aa501723ddef6fc3bb4f.html>. Acesso em: 10/07/2020, 09:08 h.

MILL, John Stuart. *Utilitarismo*. Lisboa. Portugal, Gradiva. 2005.

MORRISON, Wayne. *Filosofia do Direito. Dos Gregos ao Pós-Modernismo*. São Paulo – SP. Martins Fontes. 2006.

PEGORARO, Olinto A., Ética e Bioética, Da subsistência à existência, 2ª Edição, Vozes, 2010.

SINGER, Peter, Ética Pratica, São Paulo - SP 4ª Edição, Martins Fontes, 2018.

COMITÊS DE BIOÉTICA: CRIAÇÃO, FUNCIONAMENTO E O COVID-19

LUCIANA BATISTA MUNHOZ[1]

SUMÁRIO: Criação dos Comitês de Bioética; Funcionamento do Comitê de Bioética; Comitês de prognóstico; Comitês de Aconselhamento; Comitês que avaliam valores éticos, e outros valores, em tratamentos individuais; Comitês com poder decisivo sobre questões éticas ou de políticas; O Covid-19; Referências Bibliográficas

CRIAÇÃO DOS COMITÊS DE BIOÉTICA

A Bioética, enquanto ciência academicamente estruturada, tem como marco histórico o Comitê de Seattle (DINIZ, 2005). Em 1962, na Revista LIFE Magazine, Shana Alexander trazia à luz da população um verdadeiro embate ético e moral enfrentado em âmbito hospitalar: como escolher quais pacientes podem se utilizar de um tratamento inovador que lhes salvaria a vida?

O procedimento de hemodiálise era uma tecnologia recente e o Hospital adquirira uma máquina. Entretanto, vários pacientes precisavam deste equipamento para viver e como decidir quem passaria pelo procedimento? Com a célebre Manchete: *"Eles decidem quem vive, quem morre"*, Shana Alexander apresentava ao mundo a reposta encontrada por aquele hospital: montar um Comitê para tomar estas decisões.

No meio de um duelo ético e moral nascia uma solução: não cabe à um, mas a um grupo tomar estas decisões sobre alocação de recursos em saúde. Um comitê multidisciplinar ético, nomeado como Comitê de Seattle. Eram sete pessoas comuns, sem nenhum guia ou precedente para acolhe-los, apenas sua consciência e a necessidade de tomar as decisões. Aquele grupo era constituído de "um advogado, um

---

[1] Advogada, Mestre em Bioética (UnB), Gestora em Saúde (HIAE), Secretária-Adjunta da Comissão de Bioética e Biodireito da OAB/DF, Conselheira Jovem OAB/DF, Cocriadora do Canal 'Bioéticas' no YouTube. Dados para contato: www.maiamunhoz.com.br; E-mail: luciana@maiamunhoz.com.br; Instagram: @munhozlb

líder religioso, um banqueiro, uma dona de casa, um funcionário do governo estadual, um líder sindical e um cirurgião" (ALEXANDER, 1962, p. 106).

Esse foi o primeiro Comitê de Bioética que se tem notícia. Podemos imaginar que este não foi o primeiro Hospital no mundo que teve a ideia de unir pessoas para tomar decisões sobre a alocação de recursos em saúde, mas sem dúvidas, a existência desta reportagem entrega um marco importante à Bioética. Isso porque este Comitê tinha uma estrutura distinta das que normalmente se tinham. Não era um grupo de médicos, tomando decisões técnicas. Sequer era atribuição deste Comitê tomar decisões técnicas médicas. Sua atribuição era de ordem moral e ética. Era encontrar critérios que pudessem definir quem deveria passar pelo programa de hemodiálise. O âmago da Bioética é ser esta ética prática, que busca soluções em contendas complexas de saúde, assim o Comitê de Seattle se mostra como um representante ímpar da própria ciência que recém nascia.

Outra característica interessante deste comitê foi sua multiplicidade de pessoas. Das sete pessoas, apenas uma era profissional da saúde, os outros seis estavam ali em posição de receptores das informações técnicas de saúde, cuja interpretação individual lhes trazia conclusões distintas, das que teriam, se fossem profissionais da saúde. A reportagem demonstra toda a estrutura do Comitê. Como trabalhavam, como recebiam as informações, como debatiam, como buscavam repostas, quais dificuldades enfrentavam para tomar a decisão. É nessa reportagem minuciosa que reside a essência de um Comitê de Bioética e seu propósito (ALEXANDER, 1962).

Temos no Comitê de Seattle uma essência de como se organizam e funcionam os Comitês de Bioética, isso porque Comitês de Bioética não nascem apenas dentro de âmbitos hospitalares. Um exemplo, é o "Comitê de Ética do Hospital St. Clair", que foi formado a partir de uma decisão judicial dentro do Hospital de St. Clair, e teve a árdua missão de entregar ao Ministro da Suprema Corte de New Jersey se retirava ou não o aparelho de respiração assistida de Karen Ann Quinlan (VEAKH, 1998).

Karen Ann Quinlan tinha 21 anos, em 1975, quando foi encontrada por amigos desacordada. Seus amigos buscaram assistência à saúde e ela foi levada ao hospital. Ao chegar no nosocômio, os médicos determinaram que a paciente estava em coma e necessitava de aparelhos que a mantesse viva, dentre eles o respirador. Sua família afirma (KAREN) que o estado de Quinlan se deteriorou rapidamente e ela foi diagnosticada com um coma irreversível. Como ela estava em estado vegetativo persistente ela foi transferida para os cuidados do Hospital St. Clair.

Neste hospital, com o passar do tempo, diagnosticou-se que seu estado era irreversível e a família tomou a decisão mais difícil que poderia tomar, decidiram pela retirada dos aparelhos de Quinlan e deixariam o curso da vida seguir, com a provável culminação de sua morte. Acreditavam que este seria o real desejo da paciente, que não gostaria de ser mantida or máquina pelo resto de sua vida. Entretanto, o médico, que à princípio autorizava a prática da ortotanásia, entendeu que tinha o dever de mante-la viva e partir, então, iniciou-se uma longa jornada judicial para definir sobre a retirada ou não dos aparelhos que mantinham Quinlan viva.

O debate jurídico, acreditava-se que era sobre o direito à vida e o direito à morte, mas em realidade, o centro do debate foi acerca do princípio da autonomia da paciente, que nos Estados Unidos, concentra-se do no Direito à Privacidade. É a privacidade que entrega aos cidadãos norteamericanos o direito à escolha. Aqui no Brasil temos na Resolução CFM 1.995/2012 as Diretivas Antecipadas de Vontade, que tratam sobre os direito à autonomia de pacientes sobre suas decisões médicas. Vale ressaltar que Beauchamp e Childress nos Princípios da Ética Biomédica trazem modelos de decisões substitutas (BEAUCHAMP, 2002). Assim temos no Brasil normativas jurídicas e justificativas doutrinárias que apoiam a decisão familiar diante do quadro de Quinlan.

A batalha judicial culminou com a entrega ao pai de Karen dos poderes de decisão sobre a filha (CENTER), e teve a seguinte sentença (VEAKH, 1998):

> "a partir da concordância do responsável legal e da família de Karen, se os médicos responsáveis concluírem que não existe nenhuma possibilidade plausível dela um dia sair de seu presente estado comatoso para um estado cognitivo e sapiente, e se concluírem que os aparelhos que a mantêm viva devem ser descontinuados, o responsável legal e a família devem consultar a "Comissão de Ética", ou entidade semelhante, na instituição na qual Karen está hospitalizada. Se esse corpo consultivo concordar que não existe uma possibilidade razoável de que ela saia do estado de coma e retorne a um estado cognitivo e sapiente, o suporte vital atualmente em uso pode ser retirado e esta ação, por parte de qualquer participante, seja ele o responsável legal, o médico, o hospital, ou outros, estará isenta de responsabilidade civil ou criminal."

Foi retirado o aparelho de respiração assistida de Karen Ann Quinlan e ela continuou a viver por mais 10 anos em um casa de assistência e sem nenhuma alteração de seus estado vegetativo permanente até o seu falecimento em 1985.

Importante observar que nesse caso de Quinlan, o Ministro induziu que o Hospital de St. Clair teria em suas instalações uma Comissão de Ética/Bioética que pudesse vir a fazer o julgamento ético do feito, o que não foi uma verdade. Foi necessária a formação da Comissão de St. Clair devido ao caso de Karen à pedido da Suprema Corte de New Jersey. As comissões de ética não eram comuns no cenário norte-americano naquele momento. As comissões de ética hospitalares passaram a ser obrigatórias por lei a partir do estabelecimento das *Baby Doe Regulations*.

Em 1982, no estado de Indiana, em Bloomignton, no Estado Unidos da America, nasceu um bebê, chamado de *Baby Doe*[2], com Síndrome de Down e uma fístula traqueoesofágica. No nascimento do Baby Doe, o pediatra que auxiliou no nascimento, afirmou aos pais que a criança tinha 50% de chance de sobreviver às cirurgias e tinha um prognóstico desolador pela frente. Ouvindo essa opinião técnica, os pais decidiram por não perseguir nenhum tratamento à criança e não deram autorização à equipe de saúde para repara a fístula traqueoesofágica.

O médico de família e o pediatra local discordaram desse posicionamento dos pais e buscaram na justiça adotar a criança. O intuito era suspender o pátrio poder para poder realizar a cirurgia, tendo em vista o frágil estado do bebê e sua possibilidade de morte iminente (WHITE, 2011). A Corte de Indiana, se utilizando de jurisprudência, decidiu em favor dos pais. O caso teve apelação, a qual não teve fruição, tendo em vista que o bebê morreu de desidratação em pneumonia aos 6 dias de vida no dia 15 de abril de 1982. Logo em seguida em 1984, correu o caso da Baby Jane Doe que nasceu com deficiência congênitas e novamente os pais se recusaram ao tratamento, apesar de profissionais da saúde entenderem que cabia tratamento e a bebê também veio a falecer.

Diante destes casos, o Congresso dos EUA passou as chamadas *Baby Doe Regulations*. Essas normativas impuseram a utilização de comissões éticas, que tinham como objetivo assistir estes pacientes recém-nascidos. As *Baby Doe Regulation*s foram o estopim necessário

---

[2] Nos EUA, "Doe" é utilizado quando não se sabe o nome da pessoa ou busca-se preservar a identidade da pessoa, pode ser traduzido como "fulano(a)".

para um crescimento significativo de normas estaduais que passaram a exigir que as instituições hospitalares tiver mecanismos de consultoria ética. Isso permitiu que nos fim dos anos 1980 praticamente todos Hospitais dos EUA tivesse uma Comissão de Ética, o mecanismo mais comum (VEAKH, 1998).

Se nos 1960, a Comissão de Seattle não tinha nada com que se basear para tomar suas decisões sobre quem utilizaria o equipamento de hemodiálise, após 1980, as comissões tinham mais experiência e conhecimento. A necessidade e a existência dessas comissões passaram a ser uma necessidade indubitável. Entretanto, outros questionamentos vieram à tona sobre: como se daria o funcionamento destas comissões? Quais atribuições pertencem à Comissão e quais não pertecem? Qual sua composição?

FUNCIONAMENTO DO COMITÊ DE BIOÉTICA

É importante lembrar aqui que a Bioética, enquanto uma ciência acadêmica ganhou tração com a publicação do livro: "Os Princípios da Ética Biomédica", de Beauchamp e Childress em 1979[3]. Por isso mesmo que o nomes das Comissões eram de Ética, no entanto, suas decisões eram da esfera da Bioética. A questão da nomenclatura importa, tendo em vista, especialmente, o fato de que a Bioética é uma ética aplicada, que busca soluções práticas, enquanto a ética é a disciplina que possui as teorias que entregam respaldo paras as soluções definidas no âmbito bioético.

Compreende-se assim, portanto, que os Comitês de Ética, sempre foram e serão, em verdade, Comitês de Bioética e convém assim passarmos a compreender quais os tipos de Comitês de Bioética que podem ser instituídos (VEAK, 1998): (1) Comitês de prognóstico; (2) Comitês de aconselhamento; (3) Comitês que avaliam valores éticos, e outros valores, em tratamento individuais; (4) Comitês cujo objetivo é tomar decisões amplas relacionadas à ética e às políticas.

---

[3] O início da Bioética é debatido. Há reconhecimento de que a utilização da palavra bioética com o sentido de ciência que trabalhas as questões morais e ética foi em 1971 com Van Rensselaer Potter no livro: "Bioética um Ponte para o Futuro". Mas outros estudiosos encontraram este termo cunhado anteriormente. De qualquer forma, diversos são os marcos históricos que demonstram a existência dessa ciência, essencialmente, após a Segunda Guerra Mundial, com Nuremberg, e academicamente foi a partir de 1980 que temos a ciência estruturada em universidades.

COMITÊS DE PROGNÓSTICO

O Comitê de Bioética pode desenvolver a função de auxiliar em definições, a primeira vista, técnicas como o prognóstico de um paciente. Caberá aos componentes revisar casos para confirmar o diagnóstico e prognóstico de pacientes e servir como consultor no hospital para a tomada de decisão a partir da definição do prognóstico.

A definição de prognóstico de um paciente entrega características técnicas, mas possui nuanças subjetivas. Daí a importância da composição deste tipo de Comitê ter pessoas com perfil técnico, como profissionais da saúde, mas também com perfil social, como juristas, assistente sociais, religiosos e pacientes.

O melhor exemplo para este tipo de Comitê é o caso de Quinlan, que descrevemos acima. O Magistrado precisava de uma definição e prognóstico para poder definir o caso da paciente. A determinação médica apontava para o fato de que a paciente estava em um coma irreversível e, portanto, necessitava dos aparelhos respiratórios, para definir o caso era preciso um laudo técnico que apoiasse a decisão, mas além da tecnicidade tinha-se as determinações familiares que apontavam para o fato de que a paciente não queria permanece naquele estado, portanto, o melhor caminho seria a retirada dos aparelhos. Assim, foi definido pelo Comitê de Ética do Hospital St. Clair pela retirada dos aparelhos.

COMITÊS DE ACONSELHAMENTO

Na esfera da saúde muitas decisões são complexas de serem tomadas. Assim, um Comitê de Aconselhamento tem a possibilidade de guiar e auxiliar na construção de políticas, entregando alívio tanto para os profissionais como para o pacientes. Diferente do que pode-se imaginar, o papel do Comitê de Bioética não é ser um defensor do Hospital e lhe entregar proteção sobre questões jurídicas, esse é o papel do Setor Jurídico. Cabe ao Comitê de Bioética ter um papel neutro diante dos atores, a fim de definir questões morais controversas, tornando-se um bálsamo tanto para o Profissional como para o paciente, dependendo da situação a ser enfrentada.

A composição deste comitê deve ser multidisciplinar, buscando representantes de forma a refletir amplamente a sensibilidade moral da comunidade. Pois

COMITÊS QUE AVALIAM VALORES ÉTICOS, E OUTROS VALORES, EM TRATAMENTOS INDIVIDUAIS

O avanço científico em tratamentos da saúde trouxe diversas melhoras para os seres humanos, como a máquina de hemodiálise que permite uma gama enorme de tratamentos, e a cirurgia robótica que entrega precisão aos cirurgiões e permite inovações no campo das ciências da saúde. Entretanto, ao mesmo passo que as inovações entregam benefícios, certas mazelas vêm acompanhadas como a distanásia. Ou seja, quando o cuidado deixa de ser terapêutico e passa a ser extraordinário e, por vezes, fútil ao paciente.

Por vezes o tratamento extraordinário é muito perceptível, quando, por exemplo, é atestada a morte encefálica e a família não permite o desligamento dos aparelhos por não compreender que a continuidade dos batimentos cardíacos e da capacidade respiratória do paciente não significa mais vida. Por outras vezes, o cuidado extraordinário não é tão compreensível e, geralmente, é neste momento em que o Comitê avalia a situação específica daquele paciente e entrega respaldo à decisão do grupo (seja paciente, família ou profissionais da saúde).

Não é papel deste comitê decidir, mas apenas entregar posicionamento sobre a situação individual daquele paciente. Pode-se afirmar que, ao definir posicionamento se o tratamento é dispensável ou não é dispensável, o Comitê definitivamente emite um juízo de valor. Por isso a importância da composição destes Comitês ser diversificada de modo a apresentar diversos pontos de vista sobre a mesma questão até chegar a um denominador comum sobre a recomendação ser adotada no caso.

Fundamental pontuar que o paciente tem o direito de se recusar a seguir a recomendação, assim como seus representantes legais. A autonomia é um princípio que deve ser preservado - no direito a autodeterminação - ainda que a decisão seja divergente do que o Comitê definiu. A escolha, portanto, está nas mãos do paciente ou de seu representante legal e cabe ao Comitê o aconselhamento sobre o caso.

COMITÊS COM PODER DECISIVO SOBRE QUESTÕES ÉTICAS OU DE POLÍTICAS

Esse tipo de Comitê parece ir na contramão das Comitês de Bioética, haja vista que a decisão tem caráter impositivo. Mas há Comitês que possuem esse poder no intuito de evitar consequências mais graves. É caso de Comitês para a avaliação de uma pesquisa científica que decidirá se aquela pesquisa pode prosseguir ainda que o paciente que participará do estudo desconheça determinada informação - como é o caso de pesquisas com duplo cego, em que o paciente desconhece se recebeu o placebo ou a droga.

A decisão pela ocultação da informação foi entregue à um Comitê que avaliação as questões morais e éticas e permitiu naquele estudo que fosse conduzido dessa forma e o paciente ao participar do estudo está ciente em seu termo que a pesquisa precisa ser conduzida desta forma para avaliar os efeitos da droga.

Outro exemplo que também se encaixa aqui e que é mais complexo é alocação de recursos, como foi o caso do Comitê de Seattle, cabendo aquelas pessoas definirem quem utilizaria a máquina de hemodiálise e quem não passaria pelo tratamento. Tiveram que definir quais critérios utilizar para tomada da decisão.

A composição deste comitê precisa de um caráter multidisciplinar com pessoas com viés técnico e pessoas com viés social, de forma a refletir as decisões daquela comunidade.

Ao compreender os quatro tipos de comitês, podemos definir como funções dos Comitês de Bioética, essencialmente (GOLDIM, 1998):

1. "revisar casos para confirmar o diagnóstico ou o prognóstico de pacientes;
2. revisar as decisões tomadas pelo médico ou responsável legal quanto aos aspectos éticos dos tratamentos instituídos;
3. tomar decisões sobre tratamentos adequados para pacientes incapazes;
4. promover, para todos os membros da instituição, programas educacionais gerais relacionados à identificação e solução de questões éticas;
5. formular políticas a serem seguidas pelos integrantes da instituição em alguns casos difíceis;
6. servir como consultor para médicos, pacientes e familiares quando da tomada de decisões éticas específicas".

Outrossim, fica claro que não são de competência dos Comitês de Bioética:

a) apoio ou análise jurídica a qualquer das partes (profissionais, instituição ou pacientes);

b) estabelecer normas institucionais, sendo um órgão consultivo - o parecer exarado pelo Comitê não é obrigatório de ser seguido, sendo apenas uma sugestão;
c) determinar questões sócio-econômicos da instituição, podendo fazer sugestões de alocação de recursos, analisando a matéria estritamente do ponto de vista ético e moral.

A questão uniforme que transpassa todos os tipos de Comitês de Bioética é sua composição. Deverá sempre ser heterogênea constituída de pessoas que trazem aspectos técnicos da saúde e entregam uma balança moral e ética para as decisões que o grupo irá enfrentar.

O COVID-19

Por fim, é muito importante falar sobre a situação pandêmica causada pelo novo coronavírus, que sem dúvida tocou muito forte na alocação de recursos em saúde. Essa questão que sempre será complexa em qualquer instituição de saúde. Podemos enxergá-la diuturnamente no Sistema de Saúde tanto em âmbito público como privado. Em crises de saúde, se torna ainda mais evidente. Em 2020, com a Pandemia do Sars-Cov-2 tivemos uma lupa colocada em todos sistemas de saúde no mundo. Como gerenciar o influxo massivo de pessoas buscando assistência à saúde e necessitando dos mesmos recursos: respiradores, leitos, máscaras, luvas, EPIs?

A pandemia do novo coronavírus entregou aos Bioeticistas, a responsabilidade de reprisar aos colegas que este debate fervia dentro da academia há muitos anos e que a ausência de Comitês de Bioética, não apenas em instituições de saúde, mas a níveis governamentais, prejudicavam os governos para tomar decisões mais benéficas à sua população.

A estrutura e o funcionamento de um Comitê precisa refletir as necessidade daquele local no qual foi constituído e de acordo com as necessidade que o tempo entrega. Basta olhar para a árdua decisão da Itália em não tratar pacientes com mais de 80 anos para saber que esta não é uma resposta ao governo Brasileiro (LINTERN, 2020). A pandemia do Sars-Cov-2 demonstrou como nunca antes a importância e a necessidade de Comitês de Bioética. A Sociedade Brasileira de Bioética trouxe em sua Recomendação SBB nº 01/2020 (GRECO, 2020):

"XIII. Sejam reforçadas as Comissões de Bioética Hospitalares e sejam estabelecidas nos locais em que ainda não existam, para participar do processo de triagem e contribuir nas reflexões e propostas específicas às particularidades locais, e nas decisões relacionadas a escolhas complexas, inclusive para mitigar a carga emocional da equipe de atendimento. Que sejam compostas por profissionais, com formação multiprofissional com experiencia em Bioética, com pelo menos um representante da sociedade civil e número ímpar de membros;
(...)
XV. Nas tomadas de decisão e no tratamento de questões bioéticas, incluindo dilemas em situações de insuficiência de leitos, essas comissões apliquem princípios da Declaração Universal sobre Bioética e Direitos Humanos, e levem em consideração que: "a) Devem ser promovidos o profissionalismo, a honestidade, a integridade e a transparência na tomada de decisões, em particular na explicitação de todos os conflitos de interesse e no devido compartilhamento do conhecimento. Todo esforço deve ser feito para a utilização do melhor conhecimento científico e metodologia disponíveis no tratamento e constante revisão das questões bioéticas"; "b) Os indivíduos e profissionais envolvidos e a sociedade como um todo devem estar incluídos regularmente num processo comum de diálogo"; e "c) Deve-se promover oportunidades para o debate público pluralista, buscando-se a manifestação de todas as opiniões relevantes"["

O papel deste Comitês não é criar determinações hospitalares de cuidados, mas essencialmente tirar dos ombros dos profissionais da linha de frente toda a responsabilidade do cuidado e da alocação de recursos. Respeitar a decisão do pacientes neste cuidados e trabalhar com conjunto para enfrentar a maior crise sanitária que o mundo já passou.

Neste ano de 2021, o Brasil se encontra em um novo momento turbulento desta pandemia, com o elevado número de mortes em conjunto com o esgotamento dos serviços de saúde. O auxílio da Comitês de Bioética em âmbito hospitalar pode ser um alento neste momento árduo que vivemos, contribuindo com o seus papel fundamental de aconselhamento para profissionais e familiares.

REFERÊNCIAS BIBLIOGRÁFICAS

ALEXANDER, Shana. *They Decide Who Lives, Who Dies: medical miracle puts a moral burden on a small committee.* LIFE Magazine, November 9, 1962. v.53. p.102-127. Disponível em: <https://books.google.com.br/books?id=qUoEAAAAMBAJ&lpg=PA1&dq=life+magazine+nov+1962&pg=PA101&redir_esc=y#v=onepage&q&f=false>. Acesso em: 04/03/2021.

BEAUCHAMP, TL.; CHILDRESS, JF. Princípios de Ética Biomédica. 6ed. New York: Oxford, 2002.

CENTER for Practical Bioethics. *Matter of Quinlan.* Disponível em: <https://practicalbioethics.org/case-studies-study-guide-matter-of-quinlan.html>. Acesso em: 04/03/2021.

DINIZ, D.; GUILHEM, D. *O que é Bioética.* São Paulo: Brasiliense, 2005.

GOLDIM, JR. FRANCISCONI, CF. *Os Comitês de Ética Hospitalar.* Revista Bioética, 1998, v.6 n.2. Disponível em: <https://revistabioetica.cfm.org.br/index.php/revista_bioetica/article/view/340>. Acesso em: 24/03/2021.

GRECO, D. *Recomendação SBB nº 01/2020.* Disponível em: <http://www.sbbioetica.org.br/Noticia/754/RECOMENDACAO-SBB-N-012020-aspectos-eticos-no-enfrentamento-da-COVID-19>. Acesso em: 29/03/2021.

KAREN Ann Quinlan Hospice. *History.* Disponível em: <https://www.karenannquinlanhospice.org/about/history/>. Acesso em: 04/03/2021.

LINTERN, S. 'We are making difficult choices': Italian doctor tells of struggle against coronavirus. Independent, UK, 13/02/2020. Disponível em: <https://www.independent.co.uk/news/health/coronavirus-italy-hospitals-doctor-lockdown-quarantine-intensive-care-a9401186.html>. Acesso em: 30/03/2021.

VEAKH, R.M. *As Comissões de Ética Hospitalar ainda têm Função?* Revista Bioética, 1998, v.6 n.2. Disponível em: <https://revistabioetica.cfm.org.br/index.php/revista_bioetica/article/view/343>. Acesso em 04/03/2021.

WHITE, M. *The End at the Beginning.* Ochsner J. 2011 Winter; 11(4): 309–316. Disponível em: <https://www.ncbi.nlm.nih.gov/pmc/articles/PMC3241062/>. Acesso em: 09/03/2021.

ATUAÇÃO JURÍDICA PRÁTICA EM BIOÉTICA PARA ALÉM DA JUDICIALIZAÇÃO

THAIS MEIRELLES DE SOUSA MAIA RIBACIONKA[1]

SUMÁRIO: Introdução; A prática da Judicialização; O que é a atuação jurídica prática da Bioética – o Biodireito; Conclusão; Referências Bibliográficas

INTRODUÇÃO

A esfera da Saúde vem despontando como uma nova área de atuação para profissionais do Direito. Seja por aspectos relacionados à lida diária, seja pelas complexidades que as relações em saúde possuem. Fato é que cada vez mais advogados se mostram interessados em atuar com a Saúde.

Os dilemas relacionados à Saúde começaram a ser publicizados de forma mais intensa com a chegada do século XX. Contexto impulsionado pela chamada 'Judicialização da Saúde' e seus números alarmantes. Não demorou para que este movimento passasse a ser nomeado como um 'fenômeno jurídico'[2].

Ao abordar a Judicialização da Saúde, é fundamental notar o crescimento das demandas ao longo das décadas deste século. O crescimento exponencial das ações judicializadas é algo que impacta de forma expressiva o Judiciário. Tanto é que o Conselho Nacional de Justiça (CNJ) produz materiais periódicos relacionados exclusivamente ao tema em questão. Neste sentido, importa ressaltar que, segundo o pró-

---

[1] Advogada, Mestre e Especialista em Bioética (UnB), Gestora em Saúde (HIAE), Conselheira Seccional OAB/DF (2019-2021), Presidente da Comissão de Bioética e Biodireito da OAB/DF (2019-2021), Cocriadora do Canal 'Bioéticas' no YouTube. Dados para contato: www.maiamunhoz.com.br; E-mail: thais@maiamunhoz.com.br; Instagram: @thaismsm

[2] Considerado aqui como expressão da força social legítima, logo, tendo sua natureza enquanto próprio fenômeno sociocultural, a partir das prescrições de Tércio Sampaio Ferraz Júnior em sua obra 'Introdução ao estudo do Direito – Técnica, Decisão, Dominação', 11ª edição, Ed. Atlas, 2019.

prio CNJ, as demandas judiciais relativas à saúde cresceram cerca de 130% em dez anos[3].

Assim sendo, não é de se espantar que muitos profissionais do Direito percebam a Judicialização da Saúde como forma 'única' de desenvolver e exercer seus trabalhos. Pode-se dizer que se trata de um ciclo vicioso, pois quanto mais profissionais do Direito atuam no âmbito da Saúde, maior são os números relacionados à Judicialização deste segmento.

Entretanto, esta não é – e nem deveria ser – a única forma de atuar juridicamente na Saúde. A proposta deste artigo é a exposição da prática da Bioética pelas lentes jurídicas da prevenção de conflitos e riscos na Saúde. Tal prática pode ser apontada como uma das atividades desenvolvida pelo ramo do Biodireito, pouco conhecido, mas que atua em conjunto às premissas da Bioética, no sentido de buscar encontrar soluções jurídicas para os dilemas estudados pela ciência da Bioética.

Dessa forma, o artigo irá se dividirá de forma a trabalhar duas ideias: primeiramente, será necessário adentrar na prática da Judicialização, especialmente, no que tange à Saúde; em momento seguinte, passa-se à exposição da atuação prática em Bioética, tendo como foco as atividades diversas à Judicialização da Saúde.

A PRÁTICA DA JUDICIALIZAÇÃO

A Judicialização é, em si própria, um fenômeno jurídico que decorre da existência do Poder Judiciário e do direito ao acesso à Justiça (Constituição Federal, art. 5º, inciso XXXV), podendo ser objetivamente explicada como a provocação do Judiciário para que decida acerca da demanda que lhe foi encaminhada. O termo 'judicialização' é utilizado para definir o papel ativo do Judiciário nas decisões sociais, políticas e até culturais que envolvem uma sociedade, face à ausência de atuação dos demais poderes que formam o Estado.

Neste sentido, importa registrar o entendimento de Luís Roberto Barroso:

> A judicialização significa que algumas questões de larga repercussão política ou social estão sendo decididas por órgãos do Poder Judiciário, e

---

[3] CNJ. Demandas judiciais relativas à saúde crescem 130% em dez anos. Disponível em: < https://www.cnj.jus.br/demandas-judiciais-relativas-a-saude-crescem-130-em-dez-anos/>

não pelas instâncias políticas tradicionais: o Congresso Nacional e o Poder Executivo – em cujo âmbito se encontram o presidente da República, seus ministérios e a administração pública em geral. Como intuitivo, a judicialização envolve uma transferência de poder para juízes e tribunais, com alterações significativas na linguagem na argumentação e no modo de participação da sociedade.

Ou seja, a Judicialização é compreendida como o contexto em que o Judiciário passa a ser provocado para decidir acerca de situações que deveriam ser apuradas pelos outros poderes (Legislativo e Executivo), mas que não o foram. Assim, a demanda que deveria ser apreciada legislativamente ou executivamente, passa a ser judicializada e levada para o entendimento do Judiciário.

O movimento da Judicialização ocorre em diversos países ocidentais em que a separação dos poderes do Estado é um dos pilares do Estado Democrático de Direito. O instituto da separação dos poderes do Estado é encabeçado por Montesquieu em sua obra 'O espírito das leis', e aborda a repartição dos poderes como uma forma de limitar o poder do Estado, conferindo aspectos relacionados à funcionalidade e finalidade segmentada dos poderes em questão.

É nesta esteira que Flávia Lima desenvolve alguns apontamentos destacados a seguir:

> Na doutrina liberal, hoje denominada de clássica, da separação dos poderes, o princípio político de limitação é então traduzido num esquema de distribuição de competências. Distinguem-se os mais importantes âmbitos funcionais de Estado e as competências com ele relacionadas, estruturando juridicamente o poder político. À cada âmbito funcional corresponde um determinado poder (...).

É pertinente a objetiva conclusão da relação existente entre os poderes do Estado, suas funções e a efetivação dos direitos dos cidadãos. Assim, considerando o Estado Democrático de Direito que o Brasil é, tem-se que os direitos dos cidadãos brasileiros são assegurados e reconhecidos pela Constituição Federal, e debatidos, implementados e efetivados pelos poderes do Estado, quando na prática típica de suas funções. Seguindo o raciocínio exposto, como é de conhecimento, registra-se que em relação às funções de cada um dos poderes do Estado, o Poder Legislativo possui a função típica de legislar (debater iniciativas legais), o Executivo de administrar e implementar ações e políticas públicas, e o Judiciário de aplicar leis às demandas que é provocado.

Contudo, apesar da divisão dos poderes estatais ser constitucionalmente reconhecida e praticada, é comum que esses poderes alternem suas atividades para funções atípicas, situações em que passam a atuar em funções que são típicas de outro poder.

No caso da Saúde, é sempre importante registrar que desde 1988, encontra-se elencada como um direito fundamental na Constituição Federal, tendo em vista os arts. 6º, 196 e seguintes. Assim sendo, tem-se que o Brasil adota a Saúde como um direito público subjetivo, diante do qual o Estado tem o dever de prestar tal direito. Ademais, é importante consignar que a Constituição Federal também determinou que a iniciativa privada possui liberdade para atuar no ramo da Saúde, participando de forma complementar do sistema único de saúde.

A consagração da Saúde enquanto um direito constitucional foi resultado de diversos fatores que podem e devem ser analisados com a devida atenção. Aqui, chama-se à luz a Reforma Sanitária e a VIII Conferência Nacional de Saúde, ocorrida em 1986, ao longo do processo de redemocratização do país. Sobre o tema, é interessante observar a passagem de Paiva e Teixeira:

> (...) a grande mobilização da sociedade pela reforma do sistema de saúde teve como marco a oitava CNS, em 1986. Em seus grupos e assembleias foram discutidas e aprovadas as principais demandas do movimento sanitarista: fortalecer o setor público de saúde, expandir a cobertura a todos os cidadãos e integrar a medicina previdenciária à saúde pública, constituindo assim um sistema único.

A Constituição não determina ou limita quais seriam os poderes responsáveis pela efetivação do direito à Saúde. Contudo, uma vez prevista não apenas na Constituição Federal, mas também em outros diplomas normativos nacionais, a Saúde no Brasil possui (ou deveria possuir) plenas condições para sua implementação através do Poder Executivo, principalmente no que tange à condição da Saúde pública.

Entretanto, apesar das previsões normativas ora citadas e do arcabouço executivo existente, o Estado brasileiro é extremamente ineficaz na implementação do Direito à Saúde. Tal fato é também corroborado pela existência de inúmeros planos de saúde, os quais são regulados pelo Estado e possuem normativas específicas.

Diante da ausência da efetividade do Estado em relação ao Direito à Saúde, os cidadãos brasileiros vivenciam situações violadoras e degradantes, que atingem o cerne de sua Dignidade Humana, fundamento do Estado Democrático brasileiro (CF, at. 1º, inciso III). Tais situações decorrem principalmente na esfera da saúde pública, mas não se limitam aí, sendo também percebidos quando da relação dos pacientes com as operadoras de planos de Saúde.

É justamente diante destas inflexões que a Judicialização da Saúde cresce a passos largos no Brasil, desde a década de 90, momento pós-Constituição. Neste liame, cabe registrar o trecho a seguir, disposto em pesquisa direcionada do Conselho Nacional de Justiça:

> O resultado deste processo é a intensificação do protagonismo do Judiciário na efetivação da saúde e uma presença cada vez mais constante deste Poder no cotidiano da gestão em saúde. Seja em uma pequena comarca ou no plenário do STF, cada vez mais o Judiciário tem sido chamado a decidir sobre demandas de saúde, o que o alçou a ator privilegiado e que deve ser considerado quando o assunto é política de saúde.
> Durante algum tempo, esta atuação judicial esteve fortemente orientada pelo convenci mento pessoal dos magistrados pelo Brasil afora. Em regra, as decisões judiciais não tinham uma sólida padronização dos limites da decisão judicial ou não traziam uma discussão mais aprofundada sobre as questões específicas de saúde. Isto fez que os magistrados decidissem com frequência de maneira "solitária" as demandas de saúde apresentadas. O resultado foi uma ampliação decisiva dos serviços de saúde pela via judicial, e um dos exemplos mais paradigmáticos dessa "virada judicial" foi o reconhecimento do dever do Estado de concessão de antirretrovirais para portadores de HIV/Aids.
> (...)

Logo, o que se ve é a movimentação do Judiciário em funções atípicas no intuito de garantir o Direito à Saúde, implementado pelos demais poderes. Tem-se, portanto, que a Judicialização da Saúde se caracteriza pela busca do Judiciário para a implementação do Direito à Saúde nas mais diversas situações que chegam a este poder.

A partir do cenário descrito, a prática jurídica no âmbito da Saúde vem se concentrando na Judicialização de demandas da Saúde de todo tipo de natureza e origem. É neste aspecto que o presente artigo se inclina, tendo em vista que a atuação jurídica na esfera da Saúde não pode, e nem deve, se limitar ao que se chama de 'risco consolidado'[4].

A Judicialização da Saúde possui grande importância para os cidadãos brasileiros, havendo diversas causas que justificam e corroboram

---

[4] Situações que, identificadas previamente ou não, uma vez ocorridas, passam a gerar impactos aos atores envolvidos na relação de saúde estabelecida.

que este é um mecanismo essencial para a implementação do Direito à Saúde. Contudo, diante do largo acesso à justiça e da compreensão errônea de que a Judicialização pode trazer resultados 'garantidos' e certeiros, o que se percebe é a massificação de ações judicializadas envolvendo a Saúde, fato que leva à sua possível banalização, como apontado por Rocha e Webber, no trecho destacado a seguir:

> (...) a partir das pesquisas realizadas e analisadas, foi possível concluir que a meta de uma "justiça facilitada", no sentido de acesso fácil e desburocratizado, foi atingida em Estados como o Rio Grande do Sul, mas que, com o passar dos anos, no tocante a pleitos sanitários, houve uma banalização deste benefício.

É justamente neste sentido que urge a necessidade de compreensão de que a prática jurídica na esfera da Saúde deve adotar tom mais 'elástico', no sentido de reanalisar o papel tradicional de atuação contenciosa do profissional do Direito. Para além da possibilidade de banalização da Judicialização, a ampliação acerca das formas de atuação jurídica na Saúde deve ser observada como uma importante iniciativa para 'desafogar' o Judiciário e encontrar soluções eficazes para todos os atores da Saúde envolvidos em cada demanda.

Destaca-se a noção de que quando os riscos e conflitos são abordados na esfera da Saúde, comumente se está diante de dilemas de fundo ético e moral. Não raro, ao se analisar demandas judicializadas é perceptível a possibilidade de aplicação do viés da Bioética, a qual pode ser utilizada para estudo e compreensão mais profunda do objeto judicializado, principalmente no que tange à percepção das limitações da Judicialização da Saúde.

O QUE É A ATUAÇÃO JURÍDICA PRÁTICA DA BIOÉTICA - O BIODIREITO

Conforme mencionado anteriormente, a Bioética pode contribuir para o estudo e compreensão da Judicialização da Saúde, principalmente ao se considerar seu viés transdisciplinar, uma característica que diferencia e posiciona esta ciência diante dos demais saberes que influenciam na sua construção e debate.

É justamente neste aspecto que a Bioética deve ser analisada quando da atuação prática na esfera da Saúde, posto que o próprio Direito contribuir diretamente para debates e reflexões propostas pela Bioética.

Importante ressaltar que a Bioética é uma ciência independente do Direito (e de qualquer outra ciência), tendo seu marco acadêmico inicial na década de 70, a partir da publicação de obras que referenciam a existência desta ciência multifacetada e que interage com diversos outros saberes. De forma objetiva, tem-se a Bioética intrinsecamente relacionada com o movimento das Éticas Aplicadas, como definido por Lorenzo e Formigli, em trecho destacado a seguir:

> (...) a Bioética pode ser definida como uma Ética Aplicada às Ciências da Vida. Ela abrange desde os temas considerados de fronteira como a genética avançada e a tecnologia ambiental, até os seculares problemas da humanidade relacionados à vida (...).

Diante do destaque ora colacionado, é fundamental consignar que a Bioética não se limita aos dilemas estruturados na esfera da Saúde. Pelo contrário, sua relação e caracterização enquanto Ética Aplicada às Ciências da Vida já denota a potencialidade e abrangência dos conflitos que estuda. A Saúde, por sua vez, ganha destaque quando das discussões bioéticas, tendo em vista sua clara relação com a manutenção, desafios e conflitos da vida humana.

Ao se perceber a grandiosidade dos debates propostos pela Bioética, cumpre fazer menção à noção destacada por Potter, que em 1972 relacionou a jovem ciência da Bioética com quatro 'Bioproblemas' que a humanidade iria enfrentar em algum momento (ou já enfrentava àquela altura), quais sejam: alimentação, degradação ambiental, saúde e crescimento demográfico.

Tal colocação corrobora dois pontos de relevância para a presente discussão: o primeiro deles é a já comentada amplitude da Bioética, enquanto ciência intrínseca às inúmeras particularidades da vida, a qual se aproxima naturalmente da esfera da Saúde; o segundo é o fato de que o Direito deve ser compreendido como um mecanismo prático para atuação, debate e discussão da Bioética.

Neste ponto, cabe o registro de que o Direito não é a única ciência com esta vocação, mas sim uma das ciências que se coloca e proporciona ferramentas práticas para a atuação da Bioética, de forma colaborativa e construtiva. É neste contexto que se defende a existência de um ramo do Direito voltado para as peculiaridades dos dilemas bioéticos, o Biodireito.

O Biodireito vem, portanto, emergindo enquanto ramo jurídico capaz de contribuir para os dilemas da Bioética, os quais se relacionam diretamente com a esfera da Saúde, conforme mencionado anteriormente.

Uma vez esclarecidos estes aspectos, é necessário retornar a discussão da atuação jurídica na Saúde e sua – aparente – limitação à Judicialização deste segmento. Ora, o que se busca é a efetividade da atuação jurídica para além da Judicialização, tendo em vista que esta não é a única forma que o Direito pode contribuir para a resolução das demandas envolvendo a Saúde.

Logo, é necessário estruturar o raciocínio de como pode se dar a prática jurídica na Saúde, a partir dos apontamentos levantados tanto em relação à Judicialização da Saúde como em relação à Bioética enquanto ciência ampla e mormente relacionada aos conflitos da Saúde: (1) tem-se o fato de que as demandas de saúde judicializadas crescem de forma exponencial e que podem ter como consequência a possível banalização do próprio recurso; (2) a Bioética, enquanto ética aplicada à vida, denota a profundidade das discussões que seu escopo abrange, fato que exige o aprofundamento das demandas envolvendo a Saúde; (3) o Biodireito emerge, portanto, como o ramo jurídico que vem viabilizar as ferramentas do Direito em relação aos conflitos envolvendo a Saúde, para além da Judicialização.

É com esta disposição racional que se chega à conclusão de que a atuação jurídica prática da Bioética perpassa pelo Biodireito, no qual vem construindo as balizas que possam efetivar soluções reais para os dilemas da Saúde[5]. É neste cenário que se destaca a atuação jurídica preventiva na esfera da Saúde, a qual passa a ser analisada.

Um aspecto que deve ser esclarecido ao abordar os conflitos ético-jurídicos da Saúde é o fato de que, muito comumente, os profissionais do Direito costumam enxergar apenas uma parcela dos chamados 'atores da Saúde': pacientes, profissional da saúde/instituição de saúde (enquanto figuras que prestam diretamente o serviço de saúde) e operadora de plano de saúde/Estado (enquanto responsáveis pela garantia do acesso aos serviços de saúde).

Contudo, este espectro precisa ser ampliado quando se aborda a atuação jurídica preventiva na esfera da Saúde, tendo em vista que as relações deste segmento também envolvem outros atores, como no

---

[5] A construção que se faz referência não é feita de forma exclusiva ou unilateral. Frisa-se, portanto, que há um esforço do Biodireito neste sentido, fato que não vem a excluir outros ramos jurídicos e outras ciências que também atuem diante dos conflitos da esfera da Saúde. Tal característica denota a inclinação do Biodireito para a transdisciplinaridade cooperativa.

caso dos acompanhantes e familiares, das empresas prestadoras de serviços de saúde, das associações de pacientes, bem como entidades representativas dos profissionais de saúde e instituições de saúde.

Ao se considerar que as relações desenvolvidas na jornada do paciente envolvem diversos outros atores, passa-se a atentar justamente para essa jornada, colocando-se o paciente no centro das atenções do cuidado dispensado. Este movimento é chamado de 'cuidado centrado no paciente' e foi definido como um dos seis atributos de qualidade pelo Institute of Medicina (EUA), sendo conceituado pela mencionada instituição como o "cuidado respeitoso e responsivo às preferências, necessidades e valores individuais dos pacientes e que assegura que os valores do paciente orientem todas as decisões clínicas".

O conceito em questão demonstra grande intimidade com o cuidado clínico-hospitalar que é desenvolvido no âmbito dos estabelecimentos de saúde. Contudo, tal fato não deve ser interpretado como partícula que afaste os profissionais do Direito do cuidado centrado no paciente. Muito pelo contrário, ao se compreender a riqueza de detalhes que existem no cuidado do paciente, torna-se mais clara a necessidade de dispensar atenção à prevenção dos conflitos que podem vir a existir.

Logo, a atuação jurídica preventiva na esfera da Saúde deve praticar um olhar detalhado que envolva todos os passos do paciente, desde o momento que é direcionado para uma instituição, até o cenário em que seu tratamento/procedimento se encontra concluído. Neste percurso, o paciente irá passar por vários departamentos e setores, os quais devem estar juridicamente preparados para implementar seus direitos de forma plena.

A exemplo, cita-se a disponibilização de contratos acessíveis acerca do tratamento/procedimento, além dos termos de consentimento livres e esclarecidos[6], além das orientações pós-procedimentos. Tais documentos são constantemente ignorados na prática cotidiana da Saúde, ferindo direitos do paciente, como o direito à informação, bem como sua autonomia, princípio bioético.

Ainda no que tange a exemplos da atuação preventiva na esfera da Saúde, o profissional do Direito também deve se atentar para a neces-

---

[6] Registra-se que no Brasil o Termo de Consentimento Livre e Esclarecido é apontado pelo Conselho Federal de Medicina em uma recomendação – a Recomendação CFM nº 01/216. Trata-se de um fato que enfraquece a aplicabilidade deste documento, posto que não o aborda de forma mandatória.

sidade e importância de chegar as relações jurídicas estabelecidas entre instituições de saúde, que por vezes é implementada sem qualquer formalização. Tal cenário favorece a chamada 'Cultura da Oralidade' na esfera da Saúde[7], e expõe os atores envolvidos a todo tipo de falha de comunicação e execução de serviços, tendo em vista a ausência de balizas contratuais específicas.

Também é possível destacar a possibilidade de atuação prática jurídica junto às associações coletivas que representam os interesses de pacientes e profissionais de saúde (além de empresas e demais atores, a depender do caso concreto). Estas figuras jurídicas são de suma importância para a efetivação de direitos e interesses compartilhados, de modo que o profissional do Direito tem a possibilidade de atuar desde a concessão de orientações jurídicas, até a representação judicializada de interesses coletivos e individuais, conforme a situação a ser acompanhada. É também com estes atores que é possível empreender atuação institucional face a órgãos privados e públicos, sendo esta uma atuação que irá variar conforme o objetivo de cada instituição.

Ainda no que tange ao grande campo de atuação jurídica relacionado à prevenção de riscos e conflitos na esfera da Saúde, cabe o destaque ao Compliance aplicado nesta esfera.

Objetivamente, o Compliance pode ser conceituado como o conjunto das diversas iniciativas que são tomadas no âmbito corporativo no sentido de promover a conformidade normativa (interna e externa). Sua origem se dá no campo da Administração, mais especificamente no contexto do mercado financeiro americano. A expressão tem sua origem no verbo inglês 'to comply'.

Ao se transpor estas noções para o campo da Saúde e, principalmente diante das diversas perdas que a Judicialização da Saúde proporciona, a partir da consolidação de riscos, percebe-se a verdadeira necessidade de articulação das iniciativas de conformidade, ou seja, da aplicação e estruturação de programas de Compliance em Saúde.

O Compliance aplicado à Saúde tem a função de identificar e prevenir riscos que se desenvolvem nas relações de Saúde, desde aqueles mais 'previsíveis', até os que devem ser explorados mais detalhada-

---

[7] A cultura da Oralidade na esfera da Saúde caracteriza-se pela prática reiterada de implementação de relações jurídicas amparadas apenas pelos acertos verbais, sem qualquer documentação que resguarde cada uma das partes envolvidas.

mente. Esta atividade é desenvolvida através de protocolos e políticas articuladas, ao que se chama de Programa de Compliance em Saúde.

É interessante observar que o desenvolvimento de um Programa de Compliance irá buscar adequar a instituição de saúde tanto às normas externas (leis e demais atos normativos que a instituição deve seguir), quanto às normas internas, as quais serão desenvolvidas ao longo do programa em si, ou que já existam e sejam validadas pela equipe e demais atores envolvidos.

Logo, tem-se que a atuação jurídica preventiva junto à Saúde é rica em formas de execução de serviços jurídicos e se relaciona com os detalhes e peculiaridades que o profissional do Direito passará a conhecer de forma íntima à medida que desenvolver seus trabalhos.

CONCLUSÃO

Este artigo aborda a atuação jurídica prática na esfera da Saúde através das lentes da Bioética, de modo a transpor a noção superficial de que a Judicialização da Saúde é a única forma de interlocução jurídica nesta esfera. Muito pelo contrário, o Direito deve ser compreendido como uma das ferramentas passíveis de serem aplicadas em contribuição à Bioética. É, justamente por meio dessa interpretação, que o ramo do Biodireito se apresenta como meio para abranger os conflitos e riscos da Saúde para além da Judicialização.

É de suma importância pontuar que o Biodireito não exclui a Judicialização, mas a valoriza. Ou seja, apesar de promover outras formas de atuação jurídica na Saúde, principalmente a atuação preventiva, o Biodireito também conta com a Judicialização para as situações em que esta se mostra fundamental e imprescindível. Tal fato se dá pela noção de que as ferramentas jurídicas devem ser aplicadas intimamente às relações de Saúde, promovendo seu constante estudo e aperfeiçoamento, principalmente diante da noção do Cuidado Centrado no Paciente.

É também oportuno destacar que as formas de atuação jurídica preventiva apresentadas neste artigo não excluem outras formas de atuação, as quais também podem ser desenvolvidas neste mesmo raciocínio, a exemplo da contribuição para estruturação dos comitês de Bioética.

Tem-se, portanto, que este trabalho deve seguir como uma forma de sensibilização e expansão das noções relacionadas à atuação jurídica em Saúde que venham a transpor a Judicialização deste setor, tendo em vista seus altos números e eficácia questionada.

REFERÊNCIAS BIBLIOGRÁFICAS

BARROSO, Luís Roberto. Judicialização, ativismo judicial e legitimidade democrática. Atualidades Jurídicas. 2009, n. 4, janeiro e fevereiro, p. 1-29. Disponível em: < http:// www.oab.org.br/editora/revista/users/revista/1235066670174218181901.pdf >

BLOCK, Marcela. A nova lei anticorrupção e o compliance. Revista de Direito Bancário e do Mercado de Capitais | vol. 65/2014 | p. 263 | Jul. / 2014 DTR\2014\15162.

BRASIL. *Constituição* (1988). *Constituição* da República Federativa do Brasil. Brasília, DF: Senado *Federal*: Centro Gráfico, 1988.

Conselho Nacional de Justiça. Judicialização da saúde no Brasil: dados e experiências. Coordenadores: Felipe Dutra Asensi e Roseni Pinheiro. Brasília: Conselho Nacional de Justiça, 2015.

INSTITUTE OF MEDICINE. Crossing the Quality Chasm: A New Health System for the 21st Century; Washington, 2001. Disponível em: http://www.nap.edu/openbook.php?record_id=10027. Acesso em: 03 Mar. 2021

LIMA, Flávia Danielle Santiago. A separação de poderes e a constituição do estado moderno: o papel do poder judiciário na obra de Montesquieu. Disponível em: < https://d1wqtxts1xzle7.cloudfront.net/51762225/separacao_flavia.pdf?1486922767=&response-content-disposition=inline%3B+filename%3DA_Separacao_de_Poderes_e_a_Constituicao.pdf&Expires=1614631816&Signature=R1lpO2SeopSKlJT5fd~CIhVVMMaeogYyjpougInZKKMwiWOePEGOwTVbNUl~bRBw2Ttusxx4pAvrP1~r~57rBDXzJXjnKYiDFR-fLXjXkU4HdCS-LESsid8r3KekGGEK~zwUW3~c7I42y4CO6bced6zLQF-x9MrA-8ULyFR00k7Qj2eOqppRFwFDov1fm8JzXMpxgw0unS~RBTylMsavvCwoRw3aFHA0VkL9DJUc1qj7-fZmvu5f9u0BlYibVv8AUlDn4b4f8YgFKEYmOviPtVybmh1h8b9RSiygjl675Xl2-iLAqvHw2MHv90-dJFQx2VKDCDJgbW9RZEllhY9oOA__&Key-Pair-Id=APKAJLOHF5GGSLRBV4ZA>. Acesso em: 17 Fev. 2021.

Lorenzo C, Formigli V. Apostila didática de Introdução à Bioética. [Apostila utilizada no Curso de Especialização em Bioética – Universidade de Brasília]; 2007.

PAIVA, Carlos Henrique Assunção; TEIXEIRA, Luiz Antônio. Reforma sanitária e a criação do Sistema Único de Saúde: notas sobre contextos e autores. Disponível em: <https://www.scielo.br/pdf/hcsm/v21n1/0104-5970-hcsm-21-1-00015.pdf>. Acesso em: 01 Mar. 2021.

ROCHA, Leonel Severo; WEBBER, Suelen da Silva. Acesso à Justiça e Saúde Pública: os números e os contextos da judicialização da saúde no Brasil. Disponível em: <http://www.publicadireito.com.br/artigos/?cod=4766154cea472a15>. Acesso em: 23 Fev. 2021.

Potter VR. Bioethics: Bridge to the future. Englewood Cliffs: Prentice Hall, 1971:2.

JUDICIALIZAÇÃO DA BIOÉTICA

PRISCILLA GUIMARÃES LESSA[1]

SUMÁRIO: 1. Introdução; 2. Desenvolvimento; 2.1. A Bioética formal e material; 2.2. Os limites do poder judiciário e o sistema de saúde brasileiro; 2.3. Ortotanásia, Eutanásia e Distanásia e o poder judiciário; 2.4. A Bioética e a COVID-19; 3. Conclusão

1. INTRODUÇÃO

O termo "Bioética" é relativamente incipiente no atual cenário mundial, mormente se considerada a evolução histórica pela qual a sociedade passou ao longo dos séculos e pode ser conceituado como o *"conjunto de considerações que pressupõem a responsabilidade moral dos médicos e biólogos em suas pesquisas teóricas e na aplicação delas"* (Dicionário Michaelis).

Assim sendo, passou a existir uma área de estudo interdisciplinar envolvendo a Ética e a Biologia, fundamentando os princípios éticos que regem a vida quando a Ética é colocada em risco pela Medicina ou pelas Ciências, sejam elas da Saúde, Biológicas, Filosóficas e do Direito.

O seu surgimento se deu devido a fatores sociais de grande relevância, os quais foram de extrema importância para o desenvolvimento da medicina, como experimentos e pesquisas científicas, muitas delas realizadas nos próprios seres humanos. Exemplificando, é possível mencionar das situações vivenciadas durante a Segunda Guerra Mundial, onde os nazistas submeteram negros e judeus a diversos "tratamentos experimentais", sob o argumento de pesquisa para fins medicinais revolucionários, reação que culminou com a Declaração Universal dos Direitos Humanos, em 1948.

---

1 Advogada especialista em direito médico. Especialista em Gestão de Clínicas e Consultórios pelo Hospital Israelita Albert Einstein. Especialista em Direito Médico pelo Instituto Paulista de Direito Médico e da Saúde – IPDMS. Autora do livro "Tudo o que você precisa saber sobre direito médico" Membro da Comissão Especial de Bioética e Biodireito da OAB Nacional. Membro da ABA - Associação Brasileira de Advogados. Ex-Procuradora Municipal AL.

De outro lado, há que se observar os limites morais, éticos, filosóficos e humanos decorrentes destes experimentos, motivo pelo qual surge a Bioética, com a finalidade de equilibrar a necessidade de desenvolvimento médico e o respeito aos direitos fundamentais do ser humano. A título ilustrativo, menciona-se o Julgamento de Nurembergue, onde alguns médicos nazistas foram julgados pela prática dos atos acima mencionados.

Cito aqui os quatro princípios da Bioética: Beneficência, Não Maleficência, Autonomia e Justiça. Assim sendo, o objetivo primordial da Bioética se baseia no princípio humanista de afirmar a primazia do homem e defender a dignidade e a liberdade inerentes ao mero fato de pertencer a espécie, tudo isso diante de um contexto mutante e em constante evolução das ciências da vida.

A relevância do tema é inquestionável, pois a partir daí diversos outros temas e situações surgiram e trouxeram inquietação na sociedade, dividindo opiniões e polarizando grupos com ideias e crenças muitas vezes inconciliáveis.

A fim de aproximar a questão a fatos vivenciados pela sociedade Brasileira, é possível mencionar as discussões envolvendo a pesquisa com células-tronco embrionárias para fins terapêuticos (ADI 3510) e o aborto de feto anencéfalo (ADPF 54), casos em que a comunidade médica se viu diante de uma grande resistência por parte de instituições religiosas e grupos com crenças rígidas a respeito do corpo humano.

Diante dessa situação, é que surge a indispensável análise dos limites da atuação médica e científica (bioética), até onde seria possível permitir a atuação de pesquisas e experimentos, sem, contudo, ferir outro núcleo fundamental, qual seja, os direitos individuais de cada cidadão?

Neste panorama, em uma sociedade pós-moderna, tem-se que não mais é aceita a máxima de Nicolau Maquiável de que *"os fins justificam os meios"*, ou o argumento medieval de que a ciência deve ser eticamente neutra, objetiva, não devendo se preocupar com questões humanitárias.

O dilema atual passou para um nível mais complexo, onde não se discute mais o dever ético das pesquisas e experimentos, mas sim, quais os limites entre o que é considerado moralmente aceito e o que não pode ser admitido em uma determinada sociedade desenvolvida, que se preocupa com os direitos de seus integrantes.

Estabelecidas essas premissas, passa-se ao cerne do debate objeto deste trabalho, qual seja, o papel do Poder Judiciário no âmbito de proteção do direito à saúde, socialmente reconhecido, e dos direitos individuais fundamentais de cada cidadão, uma vez que ambos são constitucionalmente estabelecidos e possuem status de fundamentalidade (artigos 5º, 6º e 196, todos da Constituição Federal).

2. DESENVOLVIMENTO

2.1. A BIOÉTICA FORMAL E MATERIAL

De plano, é inquestionável que a bioética visa assegurar o bem do ser humano, tanto sob um aspecto individual, quanto em relação à coletividade, traçando os caminhos adequados para atingir a finalidade almejada sem, contudo, desbordar para as atrocidades vivenciadas em períodos pretéritos.

Neste diapasão, como já citado, é importante ressaltar que *"a bioética tem quatro princípios: i) Beneficência, que consiste na garantia de que a intervenção fará bem para as pessoas; ii) Não-maleficência, ou seja, a busca por infligir o menor dano possível a partir da intervenção; iii) Autonomia, para garantir que cada pessoa tenha direito de escolher, de maneira esclarecida, sobre as intervenções que serão realizadas em seu corpo; e iv) Justiça, garantindo que as medidas cheguem a todas as pessoas sem discriminação, e ao mesmo tempo priorizando as que mais se beneficiarão destas intervenções"* (https://www.sbmfc.org.br/noticias/artigo-prevencao-quaternaria-e-bioetica-em-tempos-de-covid-19/).

Outrossim, por estar diretamente relacionada aos direitos sociais e individuais, fundamentais, vale a pena rememorar os conceitos de igualdade formal e material, os quais estão diretamente interligados com o atual cenário em que se encontra a bioética. Sobre o tema, eis o escólio de Luciano Dutra[2]:

> A igualdade, princípio fundamental proclamado pela Constituição Federal e base do princípio republicano e da democracia, deve ser encarada sob duas óticas: a igualdade material e a igualdade formal. A igualdade formal é aquela prescrita no início do caput do art. 5º e seu inciso I. É a identidade de direitos e deveres concedidos aos membros da coletividade por meio da norma. Por sua vez, a igualdade material tem por finalidade a busca da

---

[2] DUTRA, Luciano. Direito Constitucional Essencial; 3ª ed.; Rio de Janeiro; Forense; 2017; p. 111

equiparação dos cidadãos sob todos os aspectos, inclusive o jurídico. É a consagração da máxima de Aristóteles, para quem o princípio da igualdade consistia em "tratar igualmente os iguais e desigualmente os desiguais na medida em que eles se desigualam".

Sob o pálio da igualdade material, caberia ao Estado promover a igualdade de oportunidades por meio de políticas públicas e leis que, atentos às características dos grupos menos favorecidos, compensassem as desigualdades decorrentes do processo histórico da formação social.

Assim, trazendo os conceitos de igualdade formal e material para a discussão em tela, é possível afirmar que a *Bioética Formal* consiste na necessidade de se observar determinados "limites" no que se refere ao seu campo de atuação, isto porque, nos últimos anos, os cientistas realizaram pesquisas e descobertas capazes de alterar até mesmo as bases genéticas da vida, o que, se utilizado de forma irresponsável, pode acarretar danos inimagináveis.

Desta feita, é imprescindível que os avanços científicos sejam utilizados para o bem da sociedade, trazendo mais segurança, resolutividade e benefícios para a sociedade, devendo ser evitado o uso predatório, ilícito ou contrário aos bons costumes.

Passando para o próximo nível, surge o conceito de *Bioética Material*, segundo o qual as preocupações não estão apenas em regulamentar o uso das tecnologias disponibilizadas para a medicina e as pesquisas científicas, mas se perquirir acerca de quais seriam os limites aceitáveis dessa intervenção.

Neste ponto nasce o debate mais relevante dentro de um Estado Social Democrático de Direito, qual seja, até onde o direito de um indivíduo pode se sobressair em detrimento do direito de toda uma coletividade (direito social)? E é para responder a esse tipo de questionamento que surge a Bioética Material.

2.2. OS LIMITES DO PODER JUDICIÁRIO E O SISTEMA DE SAÚDE BRASILEIRO

A fim de compreender melhor o atual panorama pelo qual passa o sistema de saúde brasileiro, é imprescindível esclarecer quais os dois maiores modelos de sistemas de saúde da atualidade.

Nesse sentido, tem-se, de um lado, o modelo de *Sistema Público Universal*, pelo qual a prestação dos serviços de saúde é conferida a todos, de modo igualitário, sem qualquer discriminação, como ocorre na Dinamarca e no Canadá; e de outro, o modelo de *Sistema Público Segmentado*, onde há a concessão da prestação de serviço público a pessoas de direito privado, que podem "complementar" aquele oferecido pelo poder público, tais como no Brasil (art. 199 da Constituição Federal[3]).

É fato que, observados os sistemas supra descritos, conclui-se que, no Universal há uma prestação de serviço médico mais igualitária e justa, uma vez que a população de baixa renda possui amplo acesso a tratamentos da mais variada ordem.

Lado outro, no sistema Segmentado, nota-se um descaso do Poder Público com a prestação dos serviços essenciais relacionados à área da saúde, seja pelo fato de que "delegam" a prestação aos agentes privados, esperando que ofereçam serviço de qualidade, seja pelo motivo de que as pessoas marginalizadas normalmente não têm condições de exigirem seus direitos, o que permite que o direito à saúde continue sendo oferecido de modo inadequado.

Diante deste quadro, outro caminho não há senão buscar o Poder Judiciário para tentar solucionar as mazelas do Sistema de Saúde Pública, que privilegia aqueles que possuem condições sociais e financeiras de obter o tratamento adequado, o que, ao fim e ao cabo, acaba por inflar a máquina judiciária com ações que visam compelir o Estado a cumprir com sua obrigação constitucional.

Nessa linha de raciocínio, Oriana Piske, juíza de Direito do Tribunal de Justiça do Distrito Federal e Territórios, esclarece:

> É preciso garantir a saúde considerando o direito individual mas sem que se atropele o coletivo. Donde a igualdade e a equidade de um Sistema de saúde deva ser abarcativo para todos. A vida, a liberdade e a saúde são

---

[3] Art. 199. A assistência à saúde é livre à iniciativa privada.

§ 1º - As instituições privadas poderão participar de forma complementar do sistema único de saúde, segundo diretrizes deste, mediante contrato de direito público ou convênio, tendo preferência as entidades filantrópicas e as sem fins lucrativos.

§ 2º É vedada a destinação de recursos públicos para auxílios ou subvenções às instituições privadas com fins lucrativos.

§ 3º É vedada a participação direta ou indireta de empresas ou capitais estrangeiros na assistência à saúde no País, salvo nos casos previstos em lei.

§ 4º A lei disporá sobre as condições e os requisitos que facilitem a remoção de órgãos, tecidos e substâncias humanas para fins de transplante, pesquisa e tratamento, bem como a coleta, processamento e transfusão de sangue e seus derivados, sendo vedado todo tipo de comercialização.

bens que necessitam tutela imediata. Por isso, frente a invocações de possíveis vulnerações os tribunais tendem a ofertar proteção de maneira urgente. Estamos vendo, na atualidade, um aumento exponencial dos litígios que envolvem questões de saúde.

A judicialização passou a ser o primeiro desafio que hoje devem suportar os Sistemas de saúde. Os conflitos sanitários originários dos eventos adversos, erros médicos ou falta de prestações por parte dos financiadores, terminam sendo resolvidos pelos juízes quando na realidade deveriam ser resolvidos dentro do âmbito sanitário [4].

Ocorre que este não é o único tipo de problema levado diariamente ao Poder Judiciário, isto porque, vem aumentando drasticamente o número de ações em que os pacientes buscam ser indenizados por erro médico ou responsabilizar os profissionais da saúde por questões éticas, o que está diretamente relacionado ao uso de novas tecnologias e falta de informação.

Diante destes e outros diversos problemas, é que se chega ao debate que se estabeleceu entre o Poder Executivo e o Poder Judiciário, até onde caberia à justiça intervir no modo de administrar dos entes públicos? A fim de responder essa questão, necessária uma breve digressão acerca dos argumentos contrários e favoráveis.

O Poder Executivo, responsável pela elaboração das políticas públicas, onde se encontra inserida a prestação de serviços à saúde, argumenta que o Judiciário vem, sistematicamente, interferindo indevidamente nas funções administrativas, desrespeitando o princípio constitucional da separação dos poderes (art. 2º da Carta Magna[5]).

Defende que o Poder Judiciário, composto por agentes não eleitos pelo povo, não teria legitimidade democrática para tomar decisões políticas e orientar como o dinheiro público deveria ser investido, além de não possuir os meios adequados para fazer cumprir eventuais determinações.

Por outro lado, há argumento no sentido de que o Judiciário, por ser um poder previsto originalmente no Texto Fundamental, possui, assim como o Legislativo e o Executivo, a função primordial de fazer valer as normas inseridas na Constituição, motivo pelo qual teria, também,

---

[4] https://www.tjdft.jus.br/institucional/imprensa/campanhas-e-produtos/artigos-discursos-e-entrevistas/artigos/2017/consideracoes-sobre-os-dilemas-da-bioetica-e-da-judicializacao-da-saude-no-brasil-oriana-piske

[5] Art. 2º São Poderes da União, independentes e harmônicos entre si, o Legislativo, o Executivo e o Judiciário.

a legitimidade para obrigar que os outros obedeçam aos mandamentos mínimos para fins de atenção aos direitos fundamentais.

Neste diapasão, é o ensinamento de André Ramos Tavares [6]:

> Nessa medida, todos os "poderes" são democráticos, já que procedem de um mesmo ato de soberania popular, que é a aprovação de uma específica ordem constitucional, e isso independentemente da estrutura final que se crie entre esses "poderes".

Destarte, não subsiste a alegação de que o Poder Judiciário não pode intervir na implementação de políticas públicas, entretanto, é patente o seu dever de agir apenas e tão somente nos casos de grave violação dos direitos fundamentais, evitando, assim, uma indevida e exacerbada intervenção nos outros poderes.

A fim de evidenciar tal obrigação, o Supremo Tribunal Federal assentou a questão:

> Ementa: AGRAVO REGIMENTAL NO RECURSO EXTRAORDINÁRIO. ADMINISTRATIVO E PROCESSUAL CIVIL. **REPERCUSSÃO GERAL PRESUMIDA**. SISTEMA PÚBLICO DE SAÚDE LOCAL. PODER JUDICIÁRIO. DETERMINAÇÃO DE ADOÇÃO DE MEDIDAS PARA A MELHORIA DO SISTEMA. POSSIBILIDADE. PRINCÍPIOS DA SEPARAÇÃO DOS PODERES E DA RESERVA DO POSSÍVEL. VIOLAÇÃO. INOCORRÊNCIA. AGRAVO REGIMENTAL A QUE SE NEGA PROVIMENTO. 1. A repercussão geral é presumida quando o recurso versar questão cuja repercussão já houver sido reconhecida pelo Tribunal, ou quando impugnar decisão contrária à súmula ou a jurisprudência dominante desta Corte (artigo 323, § 1º, do RISTF). 2. **A controvérsia objeto destes autos – possibilidade, ou não, de o Poder Judiciário determinar ao Poder Executivo a adoção de providências administrativas visando a melhoria da qualidade da prestação do serviço de saúde por hospital da rede pública – foi submetida à apreciação do Pleno do Supremo Tribunal Federal** na SL 47-AgR, Relator o Ministro Gilmar Mendes, DJ de 30.4.10. 3. **Naquele julgamento, esta Corte, ponderando os princípios do "mínimo existencial" e da "reserva do possível", decidiu que, em se tratando de direito à saúde, a intervenção judicial é possível em hipóteses como a dos autos, nas quais o Poder Judiciário não está inovando na ordem jurídica, mas apenas determinando que o Poder Executivo cumpra políticas públicas previamente estabelecidas**. 4. Agravo regimental a que se nega provimento. (RE 642536 AgR, Relator(a): LUIZ FUX, Primeira Turma, julgado em 05/02/2013, ACÓRDÃO ELETRÔNICO DJe-038 DIVULG 26-02-2013 PUBLIC 27-02-2013) – Grifo não original

---

6 TAVARES, André Ramos. Teoria da Justiça Constitucional. São Paulo: Saraiva, 2005, página 499.

A partir daí, a população viu, no Poder Judiciário, a única via para que as ações governamentais relacionadas ao direito à saúde fossem devidamente observadas. Entretanto, deve-se ater ao fato de que, conforme demonstrado, a atuação de um Poder sobre a esfera de outro, fica condicionado à excepcionalidade da medida, a ser comprovada em cada caso concreto.

2.3. ORTOTANÁSIA, EUTANÁSIA E DISTANÁSIA E O PODER JUDICIÁRIO

Na esteira da intervenção do Poder Judiciário na esfera dos outros Poderes, é que surgiu a expressão "Supremocracia", a qual evidencia uma superposição do Judiciário sobre os demais poderes, mormente porquanto ao Supremo Tribunal Federal é quem cabe, em último análise, ditar o que é e o que não é aceito pela Lei Maior Brasileira.

Aliás, conforme visto anteriormente, ao STF coube, em mais de uma ocasião, estabelecer os limites do que seria "certo" e "errado" quando se tratou da possibilidade de aborto de feto anencéfalo e pesquisas em células-tronco de embrião.

Neste diapasão, diante da incessante busca da sociedade global por melhoras na qualidade de vida das pessoas, surge um tema da bioética que ganhará a atenção da Corte Constitucional Brasileira em um futuro próximo, qual seja, a possibilidade de os médicos contribuírem para o alongamento ou encurtamento do tempo de vida de uma pessoa, tendo, por finalidade máxima, observar o bem-estar do paciente.

Assim, temos que a *eutanásia* se caracteriza quando a morte de um paciente é provocada, ainda que por sentimento de piedade, ou seja, há uma antecipação do momento natural em que a morte ocorreria, a fim de evitar a dor que a pessoa está sentindo.

Aqui, assim como os temas retro mencionados, é possível notar a bipolaridade de opiniões criadas sobre este aspecto, isto porque alguns entendem pela impossibilidade de abreviar a vida de alguém, ainda que por motivos nobres, como a garantia da qualidade de vida e da vedação ao sofrimento exacerbado, quando já constatada a impossibilidade de cura ou melhora do paciente.

Esta corrente, no Brasil, possui amparo legal, uma vez considerada crime a conduta daquele que ceifa a vida de alguém, ainda que amparado em um sentimento de relevante valor social ou moral (art. 121,

§1º, do CP [7]), não havendo autorização para que os médicos sigam neste caminho (art. 41 da Res. 1.931/09 do CFM).

Por outro lado, em alguns países considerados de primeiro mundo, há a viabilidade da adoção deste tipo de procedimento, denominado "suicídio assistido". A autorização para que a dor do paciente seja eliminada com a morte prematura ocorre na Holanda, Alemanha, Bélgica, Canadá e Suíça.

O debate vem ganhando espaço e relevo no âmbito nacional, mormente com a evolução da medicina e dos métodos, cada vez mais eficazes, de conferir sobrevida a pacientes com moléstias incuráveis. A pergunta a ser respondida é: até que ponto é possível impor a alguém a vedação de fazer cessar seu sofrimento? Ao negar esse direito, não estaria sendo afrontada a dignidade da pessoa humana? A resposta para tal pergunta não é simples, mormente porquanto passa pelo sopesamento de outro direito individual fundamental, qual seja, à vida.

Ocorre que vem crescendo aqueles que entendem pela possibilidade da eutanásia, desde que observados requisitos rígidos para sua aplicação, tanto que tramita no Congresso Nacional o Projeto de Lei nº 126/96, que permitiria a sua prática, desde que uma junta de cinco médicos atestasse a inutilidade do sofrimento físico ou psíquico do doente.

Porém, ainda que o projeto fosse aprovado e se tornasse lei, é certo que o tema chegaria ao Supremo Tribunal Federal, uma vez a grande divergência entre dois grupos extremamente influentes, de um lado, a Igreja e os Cristãos, que defendem a vida acima de tudo, e de outro, alguns profissionais da área da saúde, que, com o auxílio da ciência, vislumbram a possibilidade de garantir qualidade de vida, ainda que mais curta, àqueles que tanto a almejam.

Noutro giro, cumpre diferente a eutanásia da *ortotanásia*, que diz respeito à morte natural, isto é, sem que ocorra intervenção dos profissionais da saúde, seja para prolongar ou antecipar a morte do paciente. Também chamada de *"eutanásia passiva"*, não é vedada pelo ordenamento jurídico pátrio e não acarreta qualquer tipo de responsabilidade aos profissionais da área da saúde.

---

7 Art. 121. Matar alguem:
(...) § 1º Se o agente comete o crime impelido por motivo de relevante valor social ou moral, ou sob o domínio de violenta emoção, logo em seguida a injusta provocação da vítima, o juiz pode reduzir a pena de um sexto a um terço.

Por fim, importante destacar o conceito de *distanásia*, procedimento marcado pelo prolongamento artificial e muitas vezes, doloroso, da vida do paciente, o que acaba por acarretar um maior sofrimento ao portador da moléstia. De igual modo, não é vedada a prática desta conduta, até porque todos têm direito à vida, da forma como bem entenderem.

Assim, resta evidente a dificuldade a ser enfrentada pelo Poder Judiciário, em um futuro breve, no que tange à legalização da eutanásia, bem como o estabelecimento de critérios adequados para sua procedimentalização, caso venha a ser viável.

2.4. A BIOÉTICA E A COVID-19

Tomando por base o cenário atual que vivenciamos, imprescindível analisar a questão sob o enfoque da atual pandemia do *coronavírus – covid19*. Isto porque, conforme visto diariamente, várias são as pessoas que entendem pela desnecessidade de tomar determinados cuidados sociais para evitar o espalhamento da doença, arguindo que o risco não é real e que não há necessidade de observar as restrições sanitárias impostas.

Por outro lado, existem diversos estudos, amparados em pesquisas científicas, que demonstram a eficácia das medidas restritivas para fins de contenção do vírus, como uso de máscara e álcool nas mãos, bem como o distanciamento social.

Assim, surge a dúvida, até onde é possível impor ao indivíduo que adote condutas restritivas de seu direito personalíssimo de ir e vir? O direito do indivíduo pode se sobrepor ao interesse de toda uma sociedade? Para alguns, sim, o Judiciário não pode impor limitações aos direitos fundamentais individuais do cidadão.

Ocorre que, os direitos sociais também são considerados cláusulas pétreas (entre eles estão o direito à educação, à saúde, à alimentação, ao trabalho, a moradia, ao lazer, a segurança, a previdência social, proteção à maternidade e à infância e a assistência aos desamparados), e, muitas vezes, com força vinculante maior do que os individuais, uma vez que tendem a proteger não só uma pessoa, mas um grupo indeterminado de cidadãos.

É diante deste panorama que nasce mais uma problemática para a bioética, já que, conforme visto, o coronavírus pode afetar as pessoas das mais variadas formas, causando a morte em alguns e sequer manifestando em outros (assintomáticos), o que contribui para a dificuldade em estabelecer medidas populacionais de sua contenção.

Destarte, em que pese a ausência de convergência acerca de qual ou quais tratamentos seriam mais vantajosos, sem causar prejuízo aos cidadãos, cabe ao Poder Judiciário, por meio de sua função pacificadora, estabelecer as medidas limitativas que são proporcionais e quais aquelas que extrapolam a liberdade das pessoas.

Um exemplo claro disso, ocorreu com o fechamento do comércio, igrejas e templos similares, das escolas e até da circulação do cidadão nas ruas da cidade, o chamado "toque de recolher" pelo Poder Executivo de diversos Municípios e Estados, sendo que, em algumas situações, o Poder Judiciário determinou sua reabertura e vice-versa, demonstrando claramente a subjetividade das medidas. Contudo, para tanto, deveria ser observado, de maneira mais criteriosa, não só a proporcionalidade e a razoabilidade, mas também os princípios da bioética (supra mencionados).

3. CONCLUSÃO

Concluímos tratando mais uma vez da incerteza da atuação do Judiciário na Bioética, uma vez que ainda não havendo legislação, fica-se a mercê das situações em concreto que chegam até esse, a fim de que seja solucionado.

Neste diapasão, podemos sugerir algumas sugestões para diminuir a Judicialização no Brasil, começando pela prevenção, cuidando da relação médico-paciente, que se despede do modelo paternalista. Implementar programas de gestão de riscos médico-legais, com o fim de evitar erros. Ampliar um canal capaz de ouvir demandas da sociedade, observar onde há mais erros e assim regulariza-los.

Importante também pensar que apesar de ser necessária a judicialização em muitos casos em concreto, a falta de legislação e o possível excesso de ordens judiciais pode desestabilizar o princípio da universalidade da saúde, um dos fundamentos do Sistema de Saúde Pública, bem como não tornar viável o Sistema de Saúde Complementar no Brasil.

ANÁLISE DE CASO DE APLICAÇÃO DE MEIOS ADEQUADOS DE SOLUÇÃO DE CONFLITOS EM BIOÉTICA

JAIARA FERREIRA SIMÕES[1]

Os conflitos bioéticos habitam em nosso cotidiano sem uma resolução pré-definida capaz de tornar a tomada de decisões efetiva e segura a seara médica. A escassez de normas específicas demonstram o déficit de discussão e a mínima solução dos conflitos bioéticos clínicos, onde, segue o questionamento: o ardiloso e puro parecer da Comissão Bioética Hospitalar é suficiente a dirimir os passos futuros das decisões? O impacto causador aos terceiros é profundo e presente, assim, a compreensão do caso clínico aqui demonstrado e seu meio resolutivo a ser aplicado considera as peculiaridades que o envolvem, sem perder a ética no binômio direitos-deveres, buscando trazer uma luz ao túnel e a garantia de uma mediação resolutiva transformadora, sem morosidade de reanálise de casos correlatos.

Os conflitos existentes trazem uma carga pensante ao que fazer, quando, onde e por que. Na Bioética não é diferente. A cada dia nos deparamos com clínicos duvidosos de alta carga emergente, mas, que ostenta uma colisão entre direitos, sejam constitucionais quanto humanos, levando ao pensamento: *"O que farei?"*.

Na lide aos conflitos bioéticos, as instituições hospitalares devem contar com a chamada Comissão de Bioética Hospitalar, composta por uma equipe multidisciplinar que analisará e tomará em conjunto uma

---

[1] Advogada em Direito Médico e da Saúde. Especialista em Direito Médico e em Direito Civil e Processual. Aprimoramento em Direito Médico e da Saúde pelo Instituto Paulista de Direito Médico e da Saúde (**cursando**). Certificação em Compliance na Saúde pelo Instituto de Ensino e Pesquisa do Hospital Sírio Libanês. Membro da Comissão de Direito Médico e Membro da Comissão de Bioética e Biodireito, ambas da OAB/ES e Membro da Comissão Especial de Bioética e Biodireito do CFOAB. Contato: (27) 99833-8448, E-mail: jfs.advocacia@outlook.com

decisão sobre o caso[2], a fim de resguardar as partes de uma possível judicialização. Entretanto, nem sempre encontramos respostas adequadas e legais ao caso, o que, como explanado, causa confusão, divergência de opinião e lentidão na conquista de uma decisão efetiva.

Tal Comissão tem papel fundamental na resolução adequada do conflito bioético, propondo estratégias a incitar discussões, prezando a razoabilidade no diálogo para uma deliberação acertada ao caso, atuando as partes integrantes em sua parcela de contribuição, por menor que se revele, uma cooperação bilateral ao entendimento das nuances do caso e solução beneficiada a disputa de seus interesses.

Inúmeros casos ditam um choque bioético, todavia, expressamos aqui a análise das situações envolvendo a recusa de hemotransfundir em pacientes Testemunhas de Jeová, cujo propósito é afastar a dúvida quanto a prevalência: dever médico *versus* autonomia de vontade da parte (paciente), em que, a árdua escolha custa uma consequência aos envolvidos, porém, benéfica se realizada corretamente ao primar pela plena confiança da relação médico-paciente.

Tomando como base um caso clínico disposto na obra de Arnaldo Pineschi e Carlindo Machado, esmiuçamos o eixo central de abordagem ao que eticamente pode-se estabelecer no processo decisório e o meio adequado de resolução do conflito. Vejamos na íntegra o caso clínico[3]:

> *Uma pessoa é portadora de uma doença crônica que cursa com anemia. Faz acompanhamento com o clinico e com o hematologista e a sua anemia tem se mantido em níveis que não interferem com o padrão de vida escolhido pelo paciente, através da medicação utilizada.*
> *Porém, com a intercorrência de um processo infeccioso, houve piora da anemia, chegando a nível mais crítico, embora sem colocar o paciente em risco de morte. O clínico decide que a melhor conduta é uma transfusão de sangue, para acelerar o processo de recuperação. Não houve discussão acerca da necessidade, imperiosa ou não, desse procedimento. Ao ser informado, o paciente recusa tal conduta, explicando ser por motivo religioso. Questiona o clínico sobre meios alternativos de tratamento, uma vez que não havia risco de morte, em que pese ter havido piora do quadro hematológico.*

---

2 DE OLIVEIRA, Reinaldo Ayer. Comissão de Bioética Hospitalar. **In:** COHEN, Cláudio e DE OLIVEIRA, Reinaldo Ayer (Org.). **Bioética, Direito e Medicina**. São Paulo. Ed. Manole, 2020. p.26.

3 Caso 20. **In:** PINECHI, Arnaldo e MACHADO, Carlindo (Org.). **Bioética na Prática: casos médicos em análise**. Rio de Janeiro. Ed. **Doc Content**, 2016. p.52.

> *O clínico contrapõe dizendo que a conduta técnica é por conta dele, em qualquer situação, seja de risco ou não, não admitindo interferência do paciente, uma vez que esse não tem capacidade técnica para discutir os meandros da doença e sua abordagem terapêutica.*
>
> *O paciente opta por ouvir o hematologista, que acata suas ponderações e concorda com a solicitação de procurar meios alternativos que possam, dentro dos padrões cientificamente reconhecidos, tratar a anemia e tentar leva-la aos níveis habituais. Ficou, porém, esclarecido que tal solicitação poderia ser considerada, uma vez que não colocasse o paciente em risco de piora.*

Preliminarmente, no estilo de vida adotado, as Testemunhas de Jeová acreditam que, para a existência na terra com o desejo de alcançar a vida eterna, a doutrina deve ser respeitada em sua máxima inclusive no tocante as proibições, e, o que a diferencia luminosamente das demais religiões é a recusa em realizar transfusão de sangue. Apresentam como base a doutrina bíblica vivenciada sob versículos embasadores da ínfima decisão que apontam a rejeição ao sangue, da qual demonstramos em Atos 15:20[4], *"Mas escrever-lhes que se* ***abstenham das contaminações dos ídolos, da fornicação, do que é sufocado e do sangue****"* (*grifo nosso*).

O reconhecimento do conflito inicia-se com a recusa, expondo a dúvida sob o que deve prevalecer a fim de iniciar o diálogo, pondo em voga as vertentes quanto a ordem médica *versus* a diretiva de vontade do paciente sob o direito de liberdade de crença. A partir daqui, instauramos nosso sumário do caso em que pese o objetivo à descoberta de meios na desenvoltura da solução de forma ética e razoavelmente moral.

Vejamos o liame que engloba e exalta a análise do caso bioético supra apontado:

1. O paciente encontra-se lúcido e capaz de exprimir sua vontade?
2. O paciente manifestou sua vontade de forma tácita ou escrita?
3. Em caso de impossibilidade de expressão de vontade, o paciente carrega consigo documento ou outro meio que comprove seu desejo, sendo este de conhecimento da equipe médica?
4. Há presença de familiares no acompanhamento do paciente?
5. Há de forma completa no prontuário médico informações pessoais suficientes quanto à expressão de vontade do paciente?

---

[4] BÍBLIA ONLINE. **Atos 15**. Disponível em: <https://www.bibliaonline.com.br/acf/atos/15> Acesso em 04/03/2021 às 10:15.

6. O dever informacional do médico foi praticado?
7. Há prática de infração ética que motive o cerceamento do direito do paciente?
8. Houve a incidência de objeção de consciência por parte do médico em atendimento preliminar?
9. O paciente encontra-se em risco de morte?
10. Foram apresentados meio alternativos comprovadamente científicos ao tratamento do paciente?

Pequenas indagações refletem o caminho posto a seguir quanto a instrução do sumário do caso, observando o processo à linhagem deliberativa:

a. Alternativas;
b. Implicações éticas, cíveis e penais;
c. Escolha da alternativa adequada;
d. Motivação;
e. Benefício ao paciente ou ao médico.

O caminho trilhado à decisão causa forte influência no desenrolar do caso, deste modo, criar metodologias de auxílio que facilitam o acesso ao processo decisório é primordial à eficácia da competência do veredito final. Os métodos alternativos de solução de conflitos são aceitos e implantados pelos Tribunais Brasileiros, permitindo assim os meio de: arbitragem; negociação; conciliação e mediação[5], sendo estas últimas regulamentadas no Código de Processo Civil em seu Artigo 165 e seguintes.

Como marco inicial ao estudo de caso, partimos da Resolução nº 125/2010 do Conselho Nacional de Justiça[6], e suas alterações, que regem a medição de conflitos como via alternativa extrajudicial na tomada de decisões de forma consensual, ágil e de certo modo, benéfica às partes.

Como meio hábil, melhor identifica-se na aplicação ao caso concreto a determinação da mediação como um método consensual de solução de conflito, cujo instrumento efetivo é capaz de prevenir ações judi-

---

[5] FÓRUM DE CORTES SUPREMAS DO MERCOSUL. **Métodos alternativos de resolução de conflito.** Disponível em: <http://www.stf.jus.br/repositorio/cms/portalStfInternacional/portalStfCooperacao_pt_br/anexo/Macarena.pdf> Acesso em 28/02/2021 às 21:54

[6] CONSELHO NACIONAL DE JUSTIÇA. **Resolução Nº 125 de 29/11/2010**. Disponível em: <https://atos.cnj.jus.br/atos/detalhar/156> Acesso em 28/02/2021 às 20:28

ciais, permanecendo como foco na determinação dos componentes o diálogo a dirimir uma solução dos dilemas éticos descobertos.

Dentro da análise bioética do caso, nos deparamos com situações denominadas emergentes que estão ligadas as questões científicas que tratam dessas lides e também questões persistentes, cujo conflito causa polêmica, sendo o caso narrado perfeitamente aqui encaixado. É cristalino a tentativa do entrelace certo *versus* errado, por um embarreiramento social capaz de modificar a sentença final, o que, deve ser afastada da tentativa de mediação.

Mesmo complexo, é possível obter resultado na resposta do conflito se fazendo necessário a aplicação de abordagens adequadas com o envolvimento de ambas as partes para alcançar uma solução no cuidado do paciente em respeito à sua expressão de vontade, bem como a relação médico-paciente, assim sendo, a mediação o melhor instrumento. Deste modo, em sua implantação na seara hospitalar, a nomeação de um mediador, pessoa esta imparcial, sem co-ligação com os envolvidos, mas de expertise à auxiliar o caso, busca a transformação e esclarecimento das motivações individuais que, no final, se tornarão mútuas.

Com a identificação das vertentes para alcançar alternativas à linhagem deliberativa, é importante desmembrar o posicionamento pessoal e técnico que venha causar problema de comunicação, com o propósito de abraçar a adaptação da técnica de negociação.

No caso em voga, o mediador integrante da Comissão de Bioética Hospitalar tomará duas linhas decisórias para proceder com as responsabilizações interno-administrativas,, além da decisão final, considerando que o atendimento ao paciente foi realizado por dois profissionais médicos diversos: clínico e hematologista.

Em primeira análise, verificamos que o paciente apresenta quadro de infecção com piora da anemia, todavia sem risco de morte, lúcido, capaz e maior de idade. Em segunda análise, questiona o paciente sobre a utilização de métodos alternativos de tratamento frente a recusa no procedimento de hemotransfundir por motivo religioso, este, indicado em orientação médica por entender ser o melhor tratamento, não aceitando o apelo destacado.

Em terceira análise, o médico hematologista ouve o paciente e acata seu desejo em optar por meios alternativos à hemotransfusão, desde que o paciente não apresentasse risco de piora no quadro clínico.

Em resumo a subsidiar a deliberação final, deve o mediador salientar quanto a prática da autonomia de vontade pela recusa terapêutica exercida pelo paciente, disposta pela Resolução nº 2.232/2019 do Conselho Federal de Medicina[7]. Além do mais, o dever informacional foi frustrado, decretado o desrespeito ao direito exclusivo do paciente em decidir sob seu tratamento, visto não incorrer em prejuízo sob a utilização de tal meio, de acordo com a vedação expressa nos Artigos 31 e 32 do Código de Ética Medica[8]:

> *Capítulo V*
> *RELAÇÃO COM PACIENTES E FAMILIARES*
> **É vedado ao médico:**
> **Art. 31** Desrespeitar o direito do paciente ou de seu representante legal de decidir livremente sobre a execução de práticas diagnósticas ou terapêuticas, salvo em caso de iminente risco de morte.
> **Art. 32** Deixar de usar todos os meios disponíveis de promoção de saúde e de prevenção, diagnóstico e tratamento de doenças, cientificamente reconhecidos e a seu alcance, em favor do paciente.

O foco resolutório finda no tocante ao não prejuízo no atendimento ao clamor do paciente, que, por motivos religiosos, expressa seu desejo como diretiva de vontade, abarcado como direito constitucional amplamente aceito. É comum que além da dicção de vontade expressa, as Testemunhas de Jeová carregam consigo um documento destacando sua vontade com a assinatura de duas testemunhas e, em grande parte dos casos, complemento ao reconhecimento de firma.

Acentuo que todas as informações aqui ratificadas devem, sem exceção, estar descritas no Prontuário do paciente, além de, redigir documento próprio, não genérico, de consentimento chamado Termo de Consentimento Livre e Esclarecido[9], que, resguarda as partes de um futuro arrependimento ou esquecimento em prestar as declarações.

Pensamos além do caso em tela. Se após a consulta com o hematologista, antes do início de qualquer procedimento alternativo, o paciente apresenta piora na gravidade do caso incidindo em iminente risco de

---

[7] PORTAL CFM. **Recusa terapêutica por pacientes e objeção de consciência na relação médico-paciente.** Disponível em: <https://sistemas.cfm.org.br/normas/visualizar/resolucoes/BR/2019/2232> Acesso em 08/03/2021 às 18:17.

[8] PORTAL CFM. **Código de Ética Médica.** Disponível em: <https://cem.cfm.org.br/#Cap5> Acesso em 08/03/2021 às 19:34.

[9] PORTAL CFM. **Recomendação CFM** Nº 1/2016. Disponível em: < https://portal.cfm.org.br/images/Recomendacoes/1_2016.pdf> Acesso em 08/03/2021 às 19:57.

morte e ausência de lucidez. Pela prática médica, de imediato iniciam os procedimentos de emergência e a hemotransfusão. Ao acordar, o paciente toma ciência do ocorrido e repudia a ação quanto a hemotransfusão, anteriormente explanada como sua posição de vontade.

O mediador tem o importante papel neste momento de ouvir o paciente e entender sua escolha pessoal e as consequências que a abarcam. Do mesmo modo, entender o posicionamento do médico que o levou à tomada de decisão, desconsiderando a decisão do paciente. A imparcialidade do mediador facilita que as partes encontrem uma solução à formação do conflito com um diálogo baseado em suas convicções, desde que benéfica a ambos.

Todavia, eis a controvérsia. No exemplo supra, o paciente, mesmo manifestando sua vontade, o procedimento contra ela foi realizado, convivendo agora com a afronta de sua convicção religiosa para sempre, diferente do médico, que, habitualmente, exerce sua função social e juramentada de salvar vidas.

Na prática bioética, a autonomia de vontade está cada dia em evidência, sendo qualquer pessoa livre a realizar suas escolhas, convivendo com as consequências de seus atos, o que, em miúdos, ao profissional médico é cedido o direito à objeção de consciência, este, exercido quando o ato médico vai ao desencontro de sua moral e ética. Neste caso, o profissional deverá comunicar o Diretor Técnico para garantir a continuidade do procedimento por outro profissional além de constar sua posição em Prontuário, comprovando o benefício das partes.

A Comissão Bioética Hospitalar deve estabelecer protocolos procedimentais básicos que minimizam a responsabilidade médica, que, por medo, também desempenha procedimentos sem observação do óbvio. Como assim? Voltando ao exemplo, cujo procedimento foi realizado sem a anuência do paciente, o mesmo já expressou sua vontade, esta de ciência da equipe médica, assim, não há o que temer, desde que toda e qualquer informação seja exposta no Prontuário, que também resguarda uma ação atravessada e mal comunicada entre os pares. Além daqui importante inserir cópia do documento que indica a recusa em hemotransfundir e o termo de consentimento assinado por testemunhas, visualmente presente uma atuação preventiva.

Em diversos documentos encontramos uma pequena parcela de como proceder que, em separado, causa confusão em sua utilização e, sem uma norma específica a fragilidade na prestação do serviço opera a incerteza no tratamento adequado, prevalecendo o paternalismo médico em sua maioria.

Concluímos que, a colisão dos Direitos Constitucionais, quais sejam, o Direito à Vida e o Direito à Liberdade Religiosa causa forte influência na resolução do conflito bioético, que, deverá afastar o embarreiramento dos costumes *versus* a atuação do Estado de forma inquisitorial.

No tocante ao exercício da autonomia, ele está presente desde o princípio e, qualquer decisão decorrente do ato médico deve ter o consentimento do paciente, que, somente anuirá sobre aquilo que lhe é informado, conforme Art. 22 do Código de Ética Médica. Ainda, não devemos enterrar o entendimento de que a base da atuação médica é o consentimento e, sua diretiva deve ser reduzida a termo no Prontuário do Paciente para evitar desvios e desrespeitos as decisões tomadas.

Por vezes o preconceito pela não compreensão sob a decisão das Testemunhas de Jeová acaba por influenciar as ações, não sendo levado em consideração a consequência por trás do mínimo executado e, o paciente, pessoa capaz e maior tem o poder de decidir e julgar sob o que acredita ser o melhor para si, pressupondo aqui a compreensão; razão e deliberação ante as alternativas apresentadas, certificando-se a equipe médica que houve a escuta ativa, sem influência de terceiros com vistas a soprar uma decisão controladora adversa a sua escolha.

Ao mediador e a Comissão de Bioética Hospitalar é essencial conhecer a história dos envolvidos, existindo legalidade na busca por meios alternativos que acolhem a crença dos pacientes Testemunhas de Jeová, desmistificando a ideia de que somente o recebimento de sangue é meio hábil de utilização em cirurgias, procedimentos etc, o que, reflete a autossuficiência de decisão e responsabilidade por seus atos.

A idealização de uma norma eficaz a indicar a direção a se tomar ensejando no retardamento da consequência de decisão errônea ou a sua morosidade em aplica-la, contudo, para isso acontecer, a discussão precisa ser presente e tratada com dignidade e qualidade.

Situações como esta ocorrem a todo momento e a mediação de conflito se apresenta como eficaz frente a sua imparcialidade em diversas áreas do Direito, considerável o espaço estar aberto a sua implementação e importância. Todos merecem respeito e atenção, e a simples divergência de pensamentos não deve ser considerado como liberalidade impositiva, sem o profundo conhecimento e padecimento dos dogmas que refletem sua decisão individual e consciente.

BIBLIOGRAFIA

DE OLIVEIRA, Reinaldo Ayer. Comissão de Bioética Hospitalar. *In:* COHEN, Cláudio e DE OLIVEIRA, Reinaldo Ayer (Org.). *Bioética, Direito e Medicina*. São Paulo. Ed. Manole, 2020. p.26.

Caso 20. *In:* PINECHI, Arnaldo e MACHADO, Carlindo (Org.). *Bioética na Prática: casos médicos em análise*. Rio de Janeiro. Ed. *Doc Content*, 2016. p.52.

BÍBLIA ONLINE. *Atos 15*. Disponível em: https://www.bibliaonline.com.br/acf/atos/15

FÓRUM DE CORTES SUPREMAS DO MERCOSUL. *Métodos alternativos de resolução de conflito*. Disponível em: http://www.stf.jus.br/repositorio/cms/portalStfInternacional/portalStfCooperacao_pt_br/anexo/Macarena.pdf

CONSELHO NACIONAL DE JUSTIÇA. *Resolução Nº 125 de 29/11/2010*. Disponível em: https://atos.cnj.jus.br/atos/detalhar/156

PORTAL CFM. *Recusa terapêutica por pacientes e objeção de consciência na relação médico-paciente*. Disponível em: https://sistemas.cfm.org.br/normas/visualizar/resolucoes/BR/2019/2232

PORTAL CFM. *Código de Ética Médica*. Disponível em: https://cem.cfm.org.br/#Cap5

PORTAL CFM. *Recomendação CFM Nº 1/2016*. Disponível em: https://portal.cfm.org.br/images/Recomendacoes/1_2016.pdf

ASPECTOS JURÍDICOS E BIOÉTICOS DA PANDEMIA – UMA VISÃO DE INTERSECÇÃO ENTRE O DIREITO, A SAÚDE E A SOCIEDADE FRENTE A SARS-COV-2.

OSVALDO SIMONELLI[1]

SUMÁRIO: 1. Introdução; 2. Conceitos Bioéticos; 3. Aspectos Sócio-Jurídicos da Pandemia; 3.1. O Instituto da Requisição Administrativa na Saúde. O princípio bioético da Justiça.; 3.2. A massificação da prescrição *off-label*. O princípio da beneficência e da não-maleficência.; 3.3. O novo morrer. O processo de luto interrompido.; 4. Um novo olhar sobre os profissionais da saúde no Brasil e no Mundo.; 5. Considerações Finais; 6. Referências Bibliográficas

1. INTRODUÇÃO

A sociedade, tal qual como a conhecemos, não será mais a mesma. E isso, periodicamente, parece ser algo invevitável, infelizmente, para que haja uma efetiva transformação e avanço da humanidade, seja sob o viés tecnológico, jurídico ou ético e moral.

Historicamente, grandes pestes tendem a, periodicamente, imporem desafios à sobrevivência, desde os tempos mais antigos, não à toa o Direito Sanitário é considerado um dos precursores do que atualmente se define com "Direito Médico" ou "Direito da Saúde", na exata medida em que as regras sanitárias, sob o prisma da construção jurídica, é que respondem pelo efetivo controle das epidemias, pandemias e irrupção de pestes, mediante comando e ordem do Poder Estatal.

---

[1] Advogado. Professor. Jornalista. Mestre em Ciências da Saúde pela Escola Paulista de Medicina/UNIFESP. Pós-graduado Lato Sensu em Direito Processual Civil e Direito Público pela Escola Paulista de Magistratura. Idealizador do Instituto Paulista de Direito Médico® e do Programa de Formação em Direito Médico®. Autor de artigos, publicações e material audiovisual voltado para o estudo do Direito Médico. E-mail para contato: osvaldosimonelli@ipdms.com.br

Assim, a Sars-CoV-2 é, agora, mais uma das irrupções biológicas presentes na história da humanidade, como podemos observar desta breve cronologia histórica[2]:

Peste do Egito (430 a.C.) - a febre tifoide matou um quarto das tropas atenienses e um quarto da população da cidade durante a Guerra do Peloponeso. Esta doença fatal debilitou o domínio de Atenas, mas a virulência completa da doença preveniu sua expansão para outras regiões, a doença exterminou seus hospedeiros a uma taxa mais rápida que a velocidade de transmissão. A causa exata da peste era por muitos anos desconhecida; em janeiro de 2006, investigadores da Universidade de Atenas analisaram dentes recuperados de uma sepultura coletiva debaixo da cidade e confirmaram a presença de bactérias responsáveis pela febre tifoide.

Peste Antonina (165–180) - possivelmente causada pela varíola trazida próximo ao Leste; matou um quarto dos infectados. Cinco milhões no total.

Peste de Cipriano (250–271) - possivelmente causada por varíola ou sarampo, iniciou-se nas províncias orientais e espalhou-se pelo Império Romano inteiro. Segundo relatado, em seu auge chegou a matar 5 000 pessoas por dia em Roma.

Peste de Justiniano (541-x). A primeira contaminação registrada de peste bubônica. Começou no Egito e chegou à Constantinopla na primavera seguinte, enquanto matava (de acordo com o cronista bizantino Procópio de Cesareia) 10 000 pessoas por dia, atingindo 40% dos habitantes da cidade. Foi eliminada até um quarto da população do oriente médio.

Peste Negra (1300) - oitocentos anos depois do último aparecimento, a peste bubônica tinha voltado à Europa. Começando a contaminação na Ásia, a doença chegou à Europa mediterrânea e ocidental em 1348 (possivelmente de comerciantes fugindo de italianos lutando na Crimeia), e matou vinte milhões de europeus em seis anos, um quarto da população total e até metade nas áreas urbanas mais afetadas.

Gripe Espanhola (1918-1920) - A "gripe espanhola" foi uma pandemia do vírus influenza que, entre janeiro de 1918 e dezembro de 1920, infectou 500 milhões de pessoas, cerca de um quarto da população mundial na época. Estima-se majoritariamente que o número de mortos esteja entre 17 milhões a 50 milhões, com algumas projeções indicando até 100 milhões. Independente da diferença entre os números, trata-se de uma das epidemias mais mortais da história da humanidade.

Conviver, controlar e se adaptar a uma pandemia e vislumbrar tantas vidas terem sido ceifadas de forma absolutamente precoce através de uma doença com tantas variantes desconhecidas é um trabalho

---

[2] https://www.bio.fiocruz.br/index.php/br/noticias/1763-o-que-e-uma-pandemia [acesso em 15 fev 21].

que a ciência terá que responder, e vem respondendo até com certa velocidade se compararmos a momentos historicamente semelhantes pretéritos.

Fato é que no fundamento de tudo a que o mundo vem sendo submetido encontra-se a tão antiga e relevante relação entre o médico e o seu paciente, retratada por Hipócrates em seu Juramento como um dos pilares da atuação profissional médica, consagrado nos principais documentos deontológicos de nosso mundo contemporâneo.

E esta relação, tratada como jurídica aos olhos do direito moderno, foi profundamente alterada, na exata medida em que se afigura como um espelho da sociedade. E neste ponto exsurge a necessidade de um olhar ético, moral e bioético sobre todas as transformações a que a humanidade vem sendo submetida em decorrência da Sars-CoV-2.

2. CONCEITOS BIOÉTICOS

Sem a pretensão de discorrer de forma aprofundada os estudos relacionados à bioética, alguns conceitos primários são essenciais à compreensão do momento em que vivemos e estamos sendo submetidos em decorrência da pandemia causada pela Sars-CoV-2.

Nossa discussão tem início com o médico, cancerologista norte-americano, Van Rensselaer Potter, através da festejada e precursora obra *Bioethics: a Bridge to the Future*, em que o termo "bioética" passa a permear os estudos e desenvolvimentos científicos no âmbito da saúde, em uma relação muito próxima, quiçá intrínseca, com o Direito.

Dentre os muitos conceitos que foram cunhados ao longo dos últimos anos, podemos trazer o de LEONE, PRIVITERA e CUNHA[3], como um dos norteadores para nosso trajeto como uma ciência *"que tem como objetivo indicar os limites e as finalidades da intervenção do homem sobre a vida, identificar valores de referência racionalmente proponíveis, denunciar os riscos das possíveis aplicações."*

A bioética, após seu primeiro advento conceitual através de POTTER, assumiu outros contornos, principalmente pelo estabelecimento de seus quatro princípios fundamentais, a partir da consagrada obra *"Principles of Biomedical Ethics"*, escrita por Beauchamp e Childress em 1979.

---

[3] LEONE, S.; PRIVITERA, S.; CUNHA, J.T. (Coordenadores). **Dicionário de bioética**. Aparecida: Editorial Perpétuo Socorro/Santuário, 2001.

A partir, portanto, desta estruturação principiológica, sendo dois deles de caráter deontológico, quais sejam, da justiça e não-malefiência, bem como dois outros com características teleogógicas (beneficência e autonomia), os estudos e, principalmente, a aplicação prática da bióetica na vida médico-científica avançou consideravelmente.

Há que se pontuar, todavia, que a Bioética, em que pese ter se popularizado cientificamente a partir do seu viés principialista, trabalha por intermédio de diversas outras linhas de diálogo e que, hodiernamente, se afiguram como fundamentais no avanço de estruturas médico-jurídicas nas mais diversas áreas, alcançando, por intermédio da Comissão Nacional de Residência Médica, Resolução n. 004/2003, o *status* de disciplina nos programas de especialização, tal é a sua relevância dentro da atividade médica.

Diante deste breve contexto e conceituação, é que podemos avaliar os impactos da Sars-CoV-2 em nossa sociedade, a partir de uma intersecção entre o Direito e a Medicina à luz de uma ciência própria denominada como "Bioética".

3. ASPECTOS SÓCIO-JURÍDICOS DA PANDEMIA

Podemos considerar que a primeira medida legislativa relevante para fins de desenvolvimento do sistema jurídico que envolveu o atual momento de pandemia adveio da publicação da Lei n. 13.979, aos 7 de fevereiro de 2020, cujo artigo 1º assim disciplinou, *ipsis litteris virgulisque*[4]:

> "Art. 1º Esta Lei dispõe sobre as medidas que poderão ser adotadas para enfrentamento da emergência de saúde pública de importância internacional decorrente do coronavírus responsável pelo surto de 2019.
> § 1º As medidas estabelecidas nesta Lei objetivam a proteção da coletividade.
> § 2º Ato do Ministro de Estado da Saúde disporá sobre a duração da situação de emergência de saúde pública de que trata esta Lei.
> § 3º O prazo de que trata o § 2º deste artigo não poderá ser superior ao declarado pela Organização Mundial de Saúde."

---

[4] Imperioso destacar que a Organização Mundial de Saúde mudou a classificação da COVID-19 para "pandemia" aos 11 de março de 2021. https://www.unasus.gov.br/noticia/organizacao-mundial-de-saude-declara-pandemia-de-coronavirus [acesso em 26 fev 21].

A partir, portanto, da declaração legal acerca do estado de emergência de saúde pública de importância internacional, em decorrência do novo coronavírus, diversas medidas adicionais puderam ser incorporadas e efetivadas, sempre em prol da coletividade, observando-se a máxima administrativista da supremacia do interesse público sobre o privado.

Evidentemente que seria algo inconcebível pretender avaliar todas as nuances sócio-jurídicas ocorridas durante o período pandêmico persistente, mas evidentemente que algumas merecem destaque pois, potencialmente, podem produzir impactos profundos em termos sociais, sob um viés de análise bioética e, a estes, é que nos dedicaremos a aprofundar doravante.

3.1. O INSTITUTO DA REQUISIÇÃO ADMINISTRATIVA NA SAÚDE. O PRINCÍPIO BIOÉTICO DA JUSTIÇA.

Com o reconhecimento normativo de uma situação de "emergência de saúde pública internacional – ESPIN", a já mencionada Lei Federal n. 13.979/20 trouxe uma série de medidas cujo principal objetivo era paramentar o Estado brasileiro com as ferramentas jurídicas necessárias à proteção da sociedade. Dentre estas, uma delas foi assim conceituada por intermédio do art. 3º, VII:

> "Art. 3º. Para enfrentamento da emergência de saúde pública de importância internacional de que trata esta Lei, as autoridades poderão adotar, no âmbito de suas competências, entre outras, as seguintes medidas:
> [...]
> VII - requisição de bens e serviços de pessoas naturais e jurídicas, hipótese em que será garantido o pagamento posterior de indenização justa;"

Tal medida, todavia, não é recente no âmbito de nosso sistema de saúde, na exata medida em que a Lei Federal n. 8.080/90, considerada a espinha dorsal do Sistema Único de Saúde, já continha previsão muito semelhante e, de certa maneira, melhor aplicável ao momento em que vivemos, como se verifica da redação do art. 15,

> "Art. 15. A União, os Estados, o Distrito Federal e os Municípios exercerão, em seu âmbito administrativo, as seguintes atribuições:
> [...]
> XIII - para atendimento de necessidades coletivas, urgentes e transitórias, decorrentes de situações de perigo iminente, de calamidade pública ou de irrupção de epidemias, a autoridade competente da esfera administrativa correspondente poderá requisitar bens e serviços, tanto de pessoas naturais como de jurídicas, sendo-lhes assegurada justa indenização;"

Neste contexto, é fato que em um momento pandêmico, o Estado deve lançar mão de todas as possibilidades para o enfrentamento efetivo do grave risco social imposto e, dentre estes, está a prerrogativa legal quanto a utilização do instrumento da requisição administrativa, não em decorrência da atual norma, mas daquela que estruturante do SUS há mais de 30 anos.

Aliás, a requisição administrativa é instrumento de Direito Público, que exsurge em momentos críticos do Estado-Nação, em que o Executivo avoca para si a responsabilidade por, de maneira absolutamente auto-executória, utilizar-se de bens e serviços privados, particulares, atendendo a uma necessidade social premente, notadamente diante de momentos como o vivenciado.

E o instituto da requisição administrativa no âmbito da saúde encontra amparo justamente em uma necessidade social, que se amolda ao princípio da Justiça ou da Equidade, tal como elaborado por Beuchamp e Childress.

E neste ponto, pertinente a menção às palavras do saudoso Professor Paulo Fortes[5]:

> "A alocação de recursos está fundamentada no princípio ético da justiça distributiva, princípio que faz a interface entre a ética individual e a ética coletiva, e que, segundo o filósofo americano John Raws (1997), é a virtude primária das instituições sociais, fruto da cooperação humana que deve pretender a realização de benefícios mútuos. O princípio da justiça distributiva trabalha com o pressuposto da finitude, implicando que a distribuição de recursos não será igual para todos, que alguns devem renunciar a parte dos recursos para que outros possam obtê-los. Pois é quase consensual aceitar que as necessidades humanas quanto à saúde são crescentes, e os recursos financeiros para satisfazê-las, finitos, e isto é mais premente nos países em desenvolvimento, onde os recursos para saúde concorrem fortemente com outras necessidades econômicas e sociais"

Nesse toar, distribuir de forma equânime os recursos em saúde, em momento pandêmico, pode envolver a necessidade do Estado requisitar, por exemplo, leitos privados para acomodação de pacientes do sistema público ou, ainda, deslocar profissionais do sistema privado para atuação junto à saúde pública em outros locais em que haja déficit de recursos humanos.

---

5 FORTES, Paulo Antônio de Carvalho. Como priorizar recursos escassos em países em desenvolvimento. In: GARRAFA, V.; PESSINI, L. (Org.). Bioética: Poder e Injustiça. São Paulo: Loyola, 2004. p. 104.

Neste contexto, portanto, a própria lei organizadora do SUS fora redigida de maneira suficientemente sábia ao caracterizar tais possibilidades apenas quando diante de *"necessidades coletivas, urgentes e transitórias, decorrentes de situações de perigo iminente, de calamidade pública ou de irrupção de epidemias"* e, sempre, assegurando a justa indenização.

Portanto, além de estarmos diante de uma característica do Estado – requisição administrativa – autorizada por uma Lei formal – Lei 8080/90 – há uma autorização moral e ética para que tal condução seja levada a efeito como elemento a equacionar com justiça os recursos em saúde, tão escassos em situações ordinárias e potencialmente precários quando diante de um momento imprevisível e inesperado.

Assim, o Estado age, quando da requisição administrativa em saúde, amparado por princípios jurídico-legais, éticos e morais cabendo a sua responsabilização, inclusive, se omisso diante de uma gravidade premente provocada pela irrupção de uma pandemia de porte devastador, como se tem demonstrado ser a propagação da Sars-CoV-2.

A ausência de recursos em saúde pode levar à responsabilidade estatal por omissão, na medida em que há ferramentas jurídicas para que tal não condição não se verifique e que o desastre maior seja evitado.

3.2. A MASSIFICAÇÃO DA PRESCRIÇÃO *OFF-LABEL*. O PRINCÍPIO DA BENEFICÊNCIA E DA NÃO-MALEFICÊNCIA.

Segundo as bases conceituais estabelecidas pelo Agência Nacional de Vigilância Sanitária, cada medicamento registrado em seus assentamentos recebe algumas indicações de uso para que possam ser efetivamente prescritos: bula.

O registro, portanto, é concedido após a realização de diversos testes clínicos em que são averiguadas a qualidade, a eficácia, a acurácia mas, principalmente, a segurança do medicamento quanto aos seus efeitos diretos e indiretos.

Entretanto, o registro do medicamento não impede que sua prescrição seja realizada para finalidades diversas daquelas constantes nas indicações da bula, na medida em que, uma vez registrado e conhecidos os seus efeitos, inclusive colaterais, pesquisas paralelas podem ser realizadas, até com certo grau de facilidade, na medida em que seu uso deixa de ser considerado, tecnicamente, como experimental, adquirindo o conceito denominado de *"off-label"*.

Neste formato de utilização, o médico detém autonomia para a prescrição da medicação a outros pacientes, acometidos de patologias diversas daquelas para a qual há o registro junto à Agência, sempre sob sua responsabilidade direta, mantendo o necessário controle sobre os efeitos colaterais, toxicidade da medicação, mesmo em bases fisiopatológicas semelhantes.

A prescrição de medicação sob a denominação de *off-label*, é, portanto, possível e permitida.

Entretanto, em meio à pandemia, a sua utilização alcançou outros patamares, em que assumiu possibilidades quanto a indicação médica sobre o que restou denominado de "tratamento precoce" no âmbito da Sars-Cov-2, com utilização medicamentosa baseada na ministração de cloroquina (CQ) e hidroxicloroquina (HCQ).

Não se trata, obviamente, de abrir o debate quanto a opção ou viabilidade científica, mas sim de um viés analítico voltado a três pontos centrais do debate sócio-jurídico-bioético: [i] autonomia e limites do médico para prescrever medicamentos *off-label*; [ii] autonomia do paciente para uso da medicação; [iii] princípio da não-maleficência x beneficência.

O Conselho Federal de Medicina, por intermédio do parecer 04/2020[6], aprovou a utilização de tal medicação com base nas seguintes premissas:

a. Considerar o uso em pacientes com sintomas leves no início do quadro clínico, em que tenham sido descartadas outras viroses (como influenza, H1N1, dengue), e que tenham confirmado o diagnóstico de COVID 19, a critério do médico assistente, em decisão compartilhada com o paciente, sendo ele obrigado a relatar ao doente que não existe até o momento nenhum trabalho que comprove o benefício do uso da droga para o tratamento da COVID 19, explicando os efeitos colaterais possíveis, obtendo o consentimento livre e esclarecido do paciente ou dos familiares, quando for o caso;

b. Considerar o uso em pacientes com sintomas importantes, mas ainda não com necessidade de cuidados intensivos, com ou sem necessidade de internação, a critério do médico assistente, em

---

[6] https://sistemas.cfm.org.br/normas/visualizar/pareceres/BR/2020/4 [acesso em 28 fev 21]

decisão compartilhada com o paciente, sendo o médico obrigado a relatar ao doente que não existe até o momento nenhum trabalho que comprove o benefício do uso da droga para o tratamento da COVID 19, explicando os efeitos colaterais possíveis, obtendo o consentimento livre e esclarecido do paciente ou dos familiares, quando for o caso;

c. Considerar o uso compassivo em pacientes críticos recebendo cuidados intensivos, incluindo ventilação mecânica, uma vez que é difícil imaginar que em pacientes com lesão pulmonar grave estabelecida, e na maioria das vezes com resposta inflamatória sistêmica e outras insuficiências orgânicas, a hidroxicloroquina ou a cloroquina possam ter um efeito clinicamente importante;

d. O princípio que deve obrigatoriamente nortear o tratamento do paciente portador da COVID-19 deve se basear na autonomia do médico e na valorização da relação médico-paciente, sendo esta a mais próxima possível, com o objetivo de oferecer ao doente o melhor tratamento médico disponível no momento;

e. Diante da excepcionalidade da situação e durante o período declarado da pandemia, não cometerá infração ética o médico que utilizar a cloroquina ou hidroxicloroquina, nos termos acima expostos, em pacientes portadores da COVID-19.

O termo "beneficência", em seu âmbito filosófico, ético e moral, representa "fazer o bem", como manifestação da benevolência. KIPPER e COTET[7], traduzem este princípio de forma bastante profícua:

> "O princípio da beneficência tem como regra norteadora da prática médica, odontológica, psicológica e da enfermagem, entre outras, o bem do paciente, o seu bem-estar e os seus interesses, de acordo com os critérios do bem fornecidos pela medicina, odontologia e enfermagem. Fundamenta-se nesse princípio a imagem que perdurou do médico ao longo da história, e que está fundada na tradição hipocrática já aludida: 'usarei o tratamento para o bem dos enfermos, segundo minha capacidade e juízo, mas nunca para fazer o mal e a injustiça"

Portanto, a utilização da medicação *off-label* encontra amparo justamente nas bases principiológicas hipocráticas: [i] usar o tratamento para fazer o bem; [ii] segundo capacidade e juízo profissional; [iii] nunca para fazer o mal.

---

[7] KIPPER, Décio José, CLOTET, Joaquim. **Princípios da Beneficência e Não-maleficência. Iniciação à Bioética.** Brasília: Conselho Federal de Medicina, 1998. p.44.

Neste contexto, a questão que se coloca é: seria viável administrar uma prescrição medicamentosa, de caráter *off-label,* sem que haja condições para o efetivo rastreio da condição do paciente, em um ambiente amplo de atuação, principalmente em equipamentos de saúde provisórios, tais como os hospitais de campanha, em meio a uma situação pandêmica?

A prescrição em massa de medicação *off-label*, afigura-se inevitavelmente incapaz de atingir seus objetivos, impondo, inclusive, ao médico, elevado grau de responsabilidade ante a uma eventual omissão no controle e rastreio dos efeitos colaterais e possíveis situações de iatrogenia.

Nesse toar, temos que a prescrição de medicamentos sob a característica *off-label* afigura-se incompatível com as condições impostas pela pandemia causada pelo Sars-CoV-2, na medida em que há uma violação ao princípio da não-maleficência. Este, ainda segundo KIPPER e COTET[8], é assim definido:

> "As origens desse princípio remontam também à tradição hipocrática: 'cria o hábito de duas coisas: socorrer ou, ao menos, não causar danos' (...). Segundo Frankena, o princípio da beneficência requer não causar danos, prevenir danos e retirar os danos ocasionados. (...) No mais das vezes, o princípio de não-maleficência envolve abstenção, enquanto o princípio da beneficência requer ação. O princípio de não-maleficência é devido a todas as pessoas, enquanto que o princípio da beneficência, na prática, é menos abrangente."

Nesta senda, importante destacar que o médico, segundo a orientação do Conselho Federal de Medicina não é responsabilizado eticamente por prescrever a medicação específica, em caráter *off-label*, na tentativa de combater os danos à saúde causados pelo Sars-CoV-2; entretanto, mister salientar o fato de que ele é responsável pelo não acompanhamento deste paciente, no que poder-se-ia caracterizar como uma omissão culposa.

O uso compassivo da medicação, como sabiamente posto pelo Conselho Federal de Medicina, indica que o médico tem autonomia para, sempre respeitando a vontade de seu paciente, lançar mão de uma medicação sob tal característica quando todas as possibilidades restaram infrutíferas e, neste exato momento, transpormos a barreira da não-maleficência para a benevolência.

---

[8] Opus cit. Pg. 47

O uso de medicação *off-label*, noutro giro, sob o aspecto coletivo ou massificado não se apresenta como alternativa viável, sob pena de impor ao médico excessiva responsabilidade e, ao paciente, inviável exercício da autonomia, na medida em que impossível aderir a um tratamento em que os efeitos serão potencialmente desconhecidos e sem o acompanhamento efetivo do médico prescritor ou assistente.

3.3. O NOVO MORRER. O PROCESSO DE LUTO INTERROMPIDO.

"Foi Montaigne quem disse que a morte é apenas um instante quando o morrer termina? Aprendemos que a morte em si não é um problema para o paciente, mas o medo de morrer nasce do sentimento de desesperança, de desamparo e isolamento que a acompanha."

"Sobre a morte e o morrer"
Elizabeth Kübler-Ross.

O processo de luto é complexo, e o respeito a ele deve ser observado.

BOWLBY nos leva à reflexão no sentido de que a perda de alguém relevante é traumática a nível psicológico tanto quanto um ferimento grave nos impinge sofrimento no campo fisiológico, na medida em que implicam em uma redução funcional duradoura e, tanto quanto necessária a recuperação física, o processo de luto é responsável pelo restabelecimento das capacidades psicológicas, na restauração de habilidades voltadas justamente ao estabelecimento de relações sociais fraternas novamente.

E, neste contexto, pacientes enlutados passam por algumas fases sucessivas e absolutamente necessárias para tal enfrentamento, iniciando-se pelo chamado 'entorpecimento', quando ocorre o choque, seguido imediatamente da descrença, e que pode durar períodos entre horas e dias, desencadeando momentos de negação ou um prosseguimento da vida em modo "automático".

A segunda fase, estabelecida por BOWLBY, é a da tomada da consciência da morte, marcada por um anseio e busca pela figura perdida, com uma certa confusão de sensações, agitação física, o desejo de reencontro com a pessoa morta, sendo comum a presença de sons ou cheiros que trazem ao enlutado uma sensação de retorno do *de cujus*, quando se adentra à terceira fase, marcada pela desorganização e o desespero, nem sempre tão fáceis de distinção.

Ao final BOWLBY propõe uma quarta fase, como sendo o início do momento de reorganização, com o surgimento de sentimentos mais positivos, momento em que o enlutado inicia a sua reconstrução psicológica frente à morte.

Assim, o processo de luto pressupõe estágios que devem ser elaborados pelos enlutados, diante, inclusive de cada evento específico, incluindo-se neste processo o luto pelos desaparecidos, declarados mortos por força da norma civil (art. 7º. do Código Civil brasileiro).

Fato é que, reconhecidamente pela tanatologia, a ritualística da morte, tal como ocorre por intermédio da vigília do corpo nos velórios, possui uma importante representação voltada à superação do óbito pelos enlutados.

Neste contexto pandêmico, duas são as questões relevantes a respeito da morte: o isolamento e a falta de contato com o corpo *post mortem*.

Em razão das taxas de transmissibilidade do Sars-CoV-2, o isolamento do doente mostrou-se como medida essencial no ambiente hospitalar, reduzindo-se ao extremo e, em alguns casos, até mesmo eliminando-se o processo de visitação e acompanhamento, fazendo com que pacientes internados por longo período e com evolução da doença ao óbito, perdessem o contato com a família deste o momento inicial.

Doravante, o Ministério da Saúde publicou norma específica sobre o "Manejo de Corpos no Contexto do Novo Coronavírus", com orientações absolutamente restritivas acerca de tal ritual, destacando-se[9]:

> Os velórios efunerais de pacientes confirmados/suspeitosdaCOVID 19 NÃO são recomendados durante os períodos de isolamento social e quarentena.
> Caso seja realizado, recomenda-se:
> Manter a urna funerária fechada durante todo o velório e funeral, evitando qualquer contato (toque/beijo) com o corpo do falecido em qualquer momento *post-mortem*.
> Disponibilizar a urna em local aberto ou ventilado;
> Evitar, especialmente, a presença de pessoas que pertençam ao grupo de risco para agra- vamento da COVID-19: idade igual ou superior a 60 anos, gestantes, lactantes, portadores de doenças crônicas e imunodeprimidos;
> Não permitir a presença de pessoas com sintomas respiratórios, observando a legislação referente a quarentena e internação compulsória no âmbito da Emergência em Saúde Pública de Importância Nacional (ESPIN) pela COVID-19.

---

9 https://www.saude.sc.gov.br/coronavirus/arquivos/manejo_corpos_coronavirus_versao1_25mar20_rev3.pdf [acesso em 20 de fev 21]

Caso seja imprescindível, elas devem usar máscara cirúrgica comum, permanecer o mínimo possível no local e evitar o contato físico com os demais;

Recomenda-se que o enterro ocorra com no máximo 10 pessoas, não pelo risco biológico do corpo, mas sim pela contraindicação de aglomerações.

O que se verifica, portanto, é que diante de um debate bioético acerca da terminalidade da vida em tempos de pandemia, estar-se-ia criando um novo processo de luto, talvez ainda não estudado pela ciência da tanatologia, e que demandará período de acomodação social ainda muito incerto.

O contextualismo bioético, focado nas características próprias dos indivíduos, deverá estabelecer respostas para este novo processo de luto, com um olhar de cuidado e cautela social para as marcas que a pandemia deixará registrada em nossa sociedade.

Noutra via, será um processo de luto social, além do individualismo, na medida em que centenas de milhares de mortos passaram pelo mesmo processo de isolamento e restrições, impondo aos enlutados uma visão coletiva de morte, em um ritual massificado, na qual nossa sociedade brasileira contemporânea não havia enfrentado.

Nesse toar, o processo de morrer foi absolutamente reformulado, com impactos sociais absolutamente imprevisíveis no presente momento, principalmente se lobrigarmos o fato de que muitas mortes seriam evitáveis acaso houvesse equipamentos de saúde suficientes, ante a situação da ausência de recursos em muitos nosocômios.

Morrer, definitivamente adquiriu novos conceitos durante o período pandêmico e trabalharmos com processos de luto interrompidos será, de fato, um desafio a ser enfrentado em uma visão multidisciplinar entre o direito, a saúde, a sociedade e a bióetica.

4. UM NOVO OLHAR SOBRE OS PROFISSIONAIS DA SAÚDE NO BRASIL E NO MUNDO.

Ao longo da história da humanidade, profissionais da saúde sempre dispuseram aptitude para servir à sociedade, seja em momentos de guerras em condições inóspitas, seja junto aos sistemas governamentais de saúde, por vezes absolutamente precários. Cuidar de vidas em quaisquer condições sempre foi uma missão.

Mas, talvez, este seja um momento de representação histórica à saúde mundial, na medida em que, além de atuar em condições precárias – em alguns momentos e locais – os profissionais da saúde enfrentaram um inimigo biológico, invisível e letal.

O trabalho incansável dos profissionais da saúde, com vidas que foram perdidas precocemente nesta batalha, será umas marcas indissociáveis deste período pandêmico.

Entrementes, essa imensa doação à sociedade deverá ser recompensada por intermédio de um novo olhar jurídico, na medida em que a relação médico-paciente fora, substancial e irreversivelmente, transformada, a partir do estabelecimento de novas bases sócio-jurídicas e as premissas de outrora quanto às responsabilidades individuais, deverão sofrer um processo de reorganização e reestruturação.

Não há técnica de comunicação de más notícias que sobreviva a uma pandemia letal como a provocada pelo Sars-CoV-2.

Segundo artigo publicado na Revista de Bioética do Conselho Federal de Medicina[10]:

> "Má notícia" é definida como informação que carrega enorme valência emocional e tem o potencial de mudar a vida e a perspectiva de alguém. Exemplos no contexto médico incluem perda familiar, amputação de membros, diagnóstico de doenças degenerativas, câncer, AIDS e outras. Eles são, por definição, difíceis de dizer e difíceis de ouvir: a partir de uma perspectiva filosófica, podem ser as palavras que fazem os sonhos de alguém quebrar e cair por terra.
>
> Médicos e outros profissionais de saúde podem ser confrontados diariamente com esta situação, o que não significa que eles saibam como lidar com isso. O que faz com que a comunicação de má notícia (CMN) seja tão difícil é o fato de ela confrontar sentimentos de ambos os lados da comunicação: o paciente ou a família, que tem que lidar com a tristeza e o desespero da informação, e o profissional, que tem que lidar com sua autoconfiança, porque devem ser capazes de lidar com seus próprios sentimentos, bem como com a reação do ouvinte. Além disso, a perda pode ser vista, pelo médico, como um fracasso. Além disso, pesquisas apontam que muitos médicos ainda são incapazes de comunicar más notícias ou mesmo se comunicar com a família e tem dificuldades para entender como fazê-lo, sentindo medo e ansiedade em relação ao assunto, com impactos físicos, como aumento da frequência cardíaca.

---

[10] CAMARGO, Nicole Cavalari; LIMA, Marcelo Gonçalves de; BRIETZKE, Elisa, MUCCI, Samantha; GÓIS, Aécio Flávio Teixeira de. Ensino de comunicação de más notícias: revisão sistemática. **Revista Bioética**, Brasília, Impr.). 2019; 27 (2): 326-40

Portanto, a comunicação de más notícias em situações individuais, *per si,* já é suficiente a impingir um sofrimento ao profissional da saúde, sendo incalculável os danos psíquicos quando da necessária comunicação de óbitos de forma praticamente massificada, a partir de uma perspectiva de morte, em algumas hipóteses, evitável acaso os recursos necessários estivessem presentes.

Tais impactos impõem à sociedade e ao direito um novo olhar, diferenciado, sobre a responsabilidade daqueles que, efetivamente, estiveram nas chamadas "linhas de frente" do combate às síndromes causadas pelo Sars-CoV-2, tanto direta quanto indiretamente. Síndromes de *Burnout* e tantas outras patologias psiquiátricas terão acometido tais profissionais, cabendo à sociedade depositar uma grande parcela de contribuição à esta reconstrução da saúde.

Um olhar bioético sobre a condição de tais profissionais far-se-á absolutamente necessário e premente no momento pós-pandemia, a fim de que a relação médico-paciente possa ser restabelecida em suas bases éticas e morais, mas sob uma nova perspectiva de reciprocidade e confiança, em que o cuidado deverá ser mútuo e constante.

5. CONSIDERAÇÕES FINAIS

A pandemia causada pelo Sars-CoV-2 deixará marcas profundas em nossa sociedade e isso é inegável.

À luz de um contexto sócio-jurídico não há dúvida quanto ao fato de que as relações serão substancialmente alteradas, trazendo novos conceitos e olhares para que possamos enfrentar um processo de reconstrução e reestruturação pós-pandêmica.

Muitos são os aspectos que se relacionam com a aplicação dos princípios e diretrizes bioéticas impactando diretamente no momento que for possível atravessarmos o que vem sendo denominado como "novo normal".

No campo da mistanásia, pudemos verificar, quiçá pela primeira vez na história da saúde pública brasileira, a necessidade de se adotar um "*protocolo de alocação de recursos em esgotamento*[11]" a fim de que houvesse uma distribuição de tais recursos de forma equânime e, dentro

---

[11] https://www.amib.org.br/fileadmin/user_upload/amib/2020/abril/24/Protocolo_AMIB_de_alocacao_de_recursos_em_esgotamento_durante_a_pandemia_por_COVID-19.pdf [acesso em 28 fev 21]

de alguns critérios específicos e inevitáveis sob o aspecto da escolha pela vida, "justa".

Nesse toar, nos parece clara a visão necessária a ser utilizada doravante de total intersecção entre o direito, a saúde e os reflexos sociais frente a Sars-CoV-2, com a imposição de uma crescente desigualdade em praticamente todos os setores da sociedade, além de muitas vidas perdidas, não apenas em decorrência da doença, mas também frente a uma sociedade em que o déficit existente no âmbito do serviço público de saúde, tanto de recursos humanos quanto materiais, restou evidenciado de forma cristalina.

Inegável o aprendizado frente a relevantes questões contemporâneas à nossa sociedade, principalmente no que se refere à resignação e a disciplina diante de medidas de controle da circulação, uso de máscaras para contenção da transmissão viral, bem como uma ampliação da visão a respeito do nosso Sistema Único de Saúde, maior legado da nossa Carta Republicana de 1988 e que passou a fazer parte do cotidiano dos cidadãos.

A história que será contada nos livros das próximas gerações está sendo construída neste momento, e nós seremos a ponte de ligação com o porvindouro futuro. O tribunal da história terá a responsabilidade de julgar os passos dados, e a oportunidade por aproximar a sociedade, o direito e a bioética pode ser o registro de uma transição para uma reconstrução social pautada em solidariedade, ética e moral, em que os princípios da beneficência e da justiça transcenderão o campo acadêmico e adentrarão à consciência de todos os cidadãos, independentemente de uma preconcepção de escolaridade, condição social ou econômica, pois o período pandêmico fez erigir o fato de que, em determinados momentos, a biografia da sociedade se iguala e isso faz com que a restauração coletiva seja marcada por um momento de ressignificação da vida tal qual como a conhecemos ou acreditamos.

6. REFERÊNCIAS BIBLIOGRÁFICAS

BOWLBY, J. Apego e perda: perda: tristeza e depressão, volume 3 da trilogia. 3a edição. São Paulo: Martins Fontes, 2004.

COSTA. S.I.F, GARRAFA, V. OSELKA, G. (org.) Iniciação à Bioética. Brasília: Conselho Federal de Medicina, 1998.

CONSELHO FEDERAL DE MEDICINA. *Parecer CFM 04/2020*. Disponível em: <https://sistemas.cfm.org.br/normas/visualizar/pareceres/BR/2020/4> [acesso em 28 fev 21]

CAMARGO, N. C.; LIMA, M. G. de; BRIETZKE, E., MUCCI, S.; GÓIS, A. F. T. de. Ensino de comunicação de más notícias: revisão sistemática. *Revista Bioética*, Brasília, Impr. 2019; 27 (2): 326-40.

GARRAFA, V., PESSINI, L. (org). Bioética: Poder e Injustiça. São Paulo: Loyola, 2004.

KOVÁCS, M. J. Morte e desenvolvimento humano. 2a edição. São Paulo: Casa do Psicólogo, 1992.

KUBLER-ROSS, E. Sobre a Morte e o Morrer. 9ª. Edição. 4ª. Tiragem. São Paulo: Martins Fontes. 2016.

LEONE, S.; PRIVITERA, S.; CUNHA, J.T. (Coordenadores). Dicionário de bioética. Aparecida: Editorial Perpétuo Socorro/Santuário, 2001.

BIOÉTICA E POLÍTICA NO ESTADO DO TOCANTINS: DILEMAS ÉTICOS DE JUSTIÇA NA JUDICIALIZAÇÃO DA SAÚDE

GUSTAVO PASCHOAL TEIXEIRA DE CASTRO OLIVEIRA[1]
DANIEL DE PAULA SILVA RIBEIRO[2]
MAIRA REGINA DE CARVALHO ALEXANDRE[3]

SUMÁRIO: Introdução; Princípios Bioéticos; Contribuições da Bioética na política; Bioética e política no estado do Tocantins; Dilemas (Bio)éticos de justiça na judicialização da saúde; Considerações finais; Referências

INTRODUÇÃO

O presente artigo apresenta uma análise legal e doutrinária acerca da bioética e política no Estado do Tocantins, trazendo dilemas éticos de justiça na judicialização da saúde por meio de apontamentos

---

[1] Doutor em Direito. Professor da Graduação em Direito e do Mestrado em Prestação Jurisdicional e Direitos Humanos (PPGPJDH) da Universidade Federal do Tocantins (UFT). Professor da Graduação em Direito do Centro Universitário Luterano de Palmas (CEULP/ULBRA) e da Universidade Estadual do Tocantins (UNITINS). Advogado. E-mail: gustavopaschoal1@gmail.com. ORCID: http://orcid.org/0000-0002-3045-2097. Currículo Lattes: http://lattes.cnpq.br/7410990226412683

[2] Servidor do Tribunal de Justiça do Estado do Tocantins (TJ/TO). Mestrando em Prestação Jurisdicional e Direitos Humanos (PPGPJDH), pela Universidade Federal do Tocantins (UFT). E-mail: danieladvogado92@gmail.com. ORCID: https://orcid.org/0000-0002-1232-9052. Currículo Lattes: http://lattes.cnpq.br/3843345230572728

[3] Mestra em Prestação Jurisdicional e Direitos Humanos (PPGPJDH), pela Universidade Federal do Tocantins (UFT). Advogada devidamente na Ordem dos Advogados do Brasil – Seccional Tocantins. Docente da Graduação em Direito na Universidade Estadual do Tocantins (UNITINS). E-mail: mairaregina2011@gmail.com. ORCID: https://orcid.org/0000-0003-1533-9026. Currículo Lattes: http://lattes.cnpq.br/0241426848139231

da influência do Poder Judiciário no cumprimento de políticas públicas para as garantias de direitos fundamentais salvaguardados pela Constituição Federal de 1988.

O tema proposto se justifica a partir de estudos realizados acerca da bioética e da judicialização de políticas, inclusive as demandas de judicialização de saúde no Estado do Tocantins. Após a verificação de orçamento público destinado à saúde no Estado e verificado ainda que houve um recente corte de recurso para a saúde, necessário se faz uma digressão sobre o tema proposto.

Partindo desse pressuposto, surgiu o seguinte questionamento: Concorda-se que a bioética tem implicações políticas. Como a bioética deve abordar os dilemas éticos de justiça na judicialização da saúde, a partir de sua própria metodologia?

Diante desse contexto, o artigo tem como objetivo geral desenvolver a relação da bioética com a política, com enfoque na equidade do acesso à saúde analisando suas implicâncias na aplicação da justiça.

Para a análise das contribuições da bioética na política e dos dilemas (bio)éticos de justiça na judicialização da saúde, o artigo utilizará doutrinadores contemporâneos como Appio e Barroso; e clássicos como Habermas, com a proposta de garantias dos direitos fundamentais sociais.

Para tanto, o artigo será dividido em seções: a primeira sobre "Princípio Bioéticos" trazendo explanações acerca do princípio da autonomia, não-maleficência, beneficência e justiça; a segunda sobre "Contribuições da bioética na política", que apresentará variações de autores acerca da contribuição da bioética na política; a terceira sobre "Bioética e política no Estado do Tocantins", frisando a importância da bioética na busca da tomada de decisões por parte do administrador e trazendo a importância de bons argumentos, mas assumindo também a responsabilidade por suas decisões; a quarta e última seção tratará sobre a "dilemas (bio)éticos de justiça na judicialização da saúde", trazendo apontamentos acerca da judicialização da política com enfoque na judicialização da saúde para demonstrar a importância de se tentar inserir a bioética no processo da formulação de políticas de governo e no planejamento estratégico, pois os insumos para a saúde são produtos considerados de segurança nacional e de importância econômica. Portanto, estratégicos para o País.

O método de abordagem a ser utilizado será o dedutivo de abordagem qualitativa, utilizando-se da técnica indireta, vez que se pode ter como fontes de pesquisa artigos, livros e periódicos; quanto aos objetivos a pesquisa será descritiva, registrando os fatos observados sem interferir neles; quanto aos procedimentos técnicos a pesquisa será bibliográfica, em que se procurou explorar fontes secundárias, com o fim de levantar contradições no tema abordado.

PRINCÍPIOS BIOÉTICOS

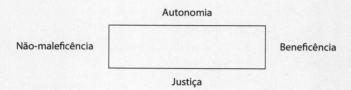

A bioética sustenta quatro princípios oriundos do Relatório de Belmont[4] para abordar os conflitos morais e éticos que versam sobre a saúde. São eles: autonomia, beneficência, não maleficência e justiça. Para Oliveira (2016, p.94):

> É importante frisar que entre todo o período de estudos bioéticos – do limiar dos direcionamentos de Jahr à complexidade proposta por Potter com sua bioética global –, houve um período em que o termo fora levado para as ciências da saúde, mais especificamente no que tange à saúde humana, com grande repercussão e adesão191. A bioética, portanto, pode ser analisada sob dois prismas: o da macrobioética, que tem por finalidade analisar questões sobre saúde ambiental; e a microbioética (bioética clínica), com vista a compreender a complexa relação entre ética e saúde humana.

No trabalho em tela, serão abordados os princípios que norteiam as discussões, decisões, procedimentos e ações na esfera dos cuidados da saúde sob o prisma microbioética. As diferentes abordagens propostas por diferentes autores ilustram a riqueza deste estudo principiológico ante a realidade que aflige o bem-estar social.

No que tange à autonomia da vontade para com o corpo humano, a bioética tem como basilar este princípio que possui certamente duas

---

4 Relatório de Belmont - reagindo aos escândalos causados pelos experimentos da medicina desde o início da 2ª Guerra Mundial, após a criação da Comissão Nacional para a proteção dos Seres Humanos da Pesquisa Bioética e Comportamental em 1974, apresentou os princípios éticos considerados básicos para nortearem as pesquisas biomédicas com seres humanos (PESSINI; BARCHIFONTAINE, 2007, p. 56).

convicções éticas: as pessoas deveriam ser tratadas com autonomia, e, as pessoas que tem sua autonomia reduzida devem ser protegidas (PESSINI; BARCHIFONTAINE, 2007, p.57).

Verifica-se que o princípio da autonomia da vontade tem o intuito de garantir a todas as pessoas a plena liberdade de escolha em relação às ações médicas envolvendo a dignidade de seu corpo.

O Relatório Belmont (1979) preceitua que "uma pessoa autônoma é o indivíduo que se encontra com a necessária capacidade de deliberar sobre seus objetivos pessoais, bem como agir sob a direção de tal deliberação". (USA, HHS.GOV, 2018).

Os princípios da não maleficência e beneficência serão estudados no mesmo tópico em virtude de que o primeiro não fora abordado como diretriz em específico no relatório de Belmont. Porém, o relatório deixa evidente que a beneficência é uma obrigação, devendo ser cumprida duas regras básicas: não fazer o mal, maximizar os benefícios e minimizar os possíveis danos.

Na obra de Beauchamp e Childress – *Principles of Biomedical Ethics* – (Princípios de Ética Biomédica), publicada inicialmente em 1979, o princípio de respeito pelas pessoas foi substituído pelo da autonomia e o da beneficência foi desdobrado em beneficência e não maleficência.

O princípio da beneficência condiz com a prática de fazer o bem, e o princípio da não-maleficência seria o dever de não causar danos intencionalmente. Estes princípios, de forma objetiva, referem-se à obrigação ética de maximizar o benefício e minimizar o prejuízo.

O princípio da não maleficência está diretamente ligado aos medicamentos, no sentido que o uso deles deve causar o menor prejuízo ou agravos à saúde do paciente que faz o uso.

Segundo Frankena

> O Princípio da Beneficência não nos diz como distribuir o bem e o mal. Só nos manda promover o primeiro e evitar o segundo. Quando se manifestam exigências conflitantes, o mais que ele pode fazer é aconselhar-nos a conseguir a maior porção possível de bem em relação ao mal [...]. (1963, p. 61).

O princípio da justiça corresponde a um equilíbrio e imparcialidade na distribuição dos riscos e benefício de um tratamento. Ramos trata o princípio da justiça da seguinte maneira:

> Quem deve receber os benefícios da pesquisa e os riscos que ela acarreta? Esta é uma questão de justiça, no sentido de 'distribuição justa' ou 'o que é merecido'. Uma injustiça ocorre quando algum encargo lhe é imposto indevidamente. Uma outra maneira de conceber o Princípio da Justiça é que os iguais devem ser tratados igualmente. Entretanto esta proposição necessita uma explicação. Quem é igual e quem é não-igual? (...) Existem muitas formulações amplamente aceitas de como distribuir os benefícios e os encargos. Cada uma delas faz alusão a algumas propriedades relevantes sobre as quais os benefícios e encargos devam ser distribuídos. Tais como as propostas de que: • a cada pessoa uma parte igual; • a cada pessoa de acordo com a sua necessidade; • a cada pessoa de acordo com o seu esforço individual; • a cada pessoa de acordo com a sua contribuição à sociedade; • a cada pessoa de acordo com o seu mérito (2003, p. 77-78).

Constata-se que o princípio da justiça implica na igualdade de distribuição dos recursos da saúde e diante disso, todas as pessoas que necessitarem da saúde pública deveram ter as mesmas condições, porém havendo disparidades clínica ou social poderá haver um tratamento desigual, mas sempre buscando a igualdade prevista no artigo 5º XXXVI da Constituição da República.

CONTRIBUIÇÕES DA BIOÉTICA NA POLÍTICA

A Bioética é uma ferramenta de grande importância para análise dos problemas éticos das instituições de saúde pública e políticas públicas no campo da saúde. Todas as legislações e políticas de saúde que regulem os temas relativos à vida humana e a saúde pública devem ser estudados tendo como âmbito a Bioética.

A bioética, para Fortes, deve ser compreendida como

> [...] o estudo sistemático de caráter multidisciplinar, da conduta humana na área das ciências da vida e da saúde, na medida em que esta conduta é examinada à luz dos valores e princípios morais. (1994; p, 129).

A finalidade da bioética é a de promover o respeito à dignidade da pessoa humana e da vida. A bioética é baseada na justificação racional da relação entre vida e liberdade evitando uma instrumentalização técnico-política da vida humana. Desta forma, a bioética deve abordar os dilemas éticos de justiça a partir de sua própria metodologia, mostrando e denunciando os problemas e sugerindo possíveis soluções justas, baseadas tanto no respeito ao ser humano e à sua dignidade como enquanto ser social.

A relação entre bioética e política promove a participação social no dialogo com a política pública, permitindo a existência de uma importante participação social no diálogo político democrático, contribuindo para melhores decisões do executivo. A bioética quando analisada em conjunto com a política possui a função, em particular quando se trata de política de saúde, de comprovar a eficácia das medidas públicas.

Como bem pondera Habermas

> O desafio da política deliberativa é, desse modo, gerar mecanismos de compromisso entre discursos práticos e discursos éticos, por um lado, e negociações pragmáticas, por outro. De acordo com padrões de validade advindos de processos baseados em deliberações autônomas, cooperativas e igualitárias.(1998 p.171).

Constata-se, diante desta função, que a bioética contribui para a política dando ênfase na necessidade de complementar a justiça. Verifica-se, igualmente, que não existe uma solução bioética para a política, mas é possível, de forma eficiente, ajudar na consideração de uma racionalidade e na viabilidade da política de saúde.

BIOÉTICA E POLÍTICA NO ESTADO DO TOCANTINS

O estudo da bioética demonstra sua importância na aplicação das decisões públicas, onde seria um alicerce para a garantia de direitos constitucionais, principalmente diante da sociedade atual que se apresenta cada vez mais engajada a participar da gestão pública.

A integração da Bioética com a política agrega valores morais, sejam estes denominados direitos, princípios, virtudes ou cuidados. Antes de adentrar nos efeitos da integração, é necessário que se faça considerações sobre os princípios bioéticos.

A Bioética reconhece que, no campo da saúde pública, existem conflitos de valores e de interesses, que ela pretende não somente expor e discutir, mas também ajudar a resolver.

A bioética sustenta quatro princípios oriundos do Relatório de Belmont[5] para abordar os conflitos morais e éticos que versam sobre

---

[5] Relatório de Belmont - reagindo aos escândalos causados pelos experimentos da medicina desde o início da 2ª Guerra Mundial, após a criação da Comissão Nacional para a proteção dos Seres Humanos da Pesquisa Bioética e Comportamental em 1974, apresentou os princípios éticos considerados básicos para nortearem as pesquisas biomédicas com seres humanos (PESSINI E BARCHIFONTAINE, 2007, p. 56).

a saúde. São eles: autonomia, beneficência, não maleficência e justiça. Para Oliveira:

> É importante frisar que entre todo o período de estudos bioéticos – do limiar dos direcionamentos de Jahr à complexidade proposta por Potter com sua bioética global –, houve um período em que o termo fora levado para as ciências da saúde, mais especificamente no que tange à saúde humana, com grande repercussão e adesão191. A bioética, portanto, pode ser analisada sob dois prismas: o da macrobioética, que tem por finalidade analisar questões sobre saúde ambiental; e a microbioética (bioética clínica), com vista a compreender a complexa relação entre ética e saúde humana.(2016 p.94).

Os princípios podem ser usados tanto para legitimar como para criticar as políticas restritivas de alocação de recursos. Do ponto de vista de saúde pública, a moralidade de um ato depende da sua utilidade ou abrangência social.

O orçamento do Tocantins para o exercício financeiro de 2018, contido na Lei Orçamentária Anual (LOA), aprovado pela Assembleia Legislativa foi de R$ 10.731.209.000,00.

O Governo do Tocantins publicou no Diário Oficial de 28 de março de 2018 um corte de quase R$ 25 milhões no orçamento. Áreas importantes, como saúde e educação foram afetadas. A saúde perdeu quase R$ 6 milhões e a educação R$ 2,5 milhões em relação ao que estava previsto inicialmente.

Entretanto, em 27 de setembro de 2018, no Diário Oficial do Estado nº 5214, houve mais um corte na saúde, conforme se verifica no quadro abaixo, contigenciando um corte na saúde EXECUTIVO – FT 0102 de R$ 29.444.401,00.

Figura 1. Anexo único ao Decreto nº 5.863, de 27 de setembro de 2018

R$ 1,00

PODERES E ÓRGÃOS	ORÇAMENTO Inicial 2018	Participação % no orçamento	Valor a ser contingenciado
EXECUTIVO – FT 0100	2.779.098.553	49,30	78.511.472
EXECUTIVO – FT 0101	442.945.113	7,86	12.513.508
EXECUTIVO – FT 0102	1.042.253.973	18,49	29.444.401
EXECUTIVO – FT 0103	18.155.902	0,32	512.917
EXECUTIVO – FT 0104	78.180.000	1,39	2.208.640
TOTAL EXECUTIVO			123.190.938

R$ 1,00

PODERES E ÓRGÃOS	ORÇAMENTO Inicial 2018	Participação % no orçamento	Valor a ser contingenciado
ASSEMBLEIA – FT 0100	249.450.793	4,43	7.047.159
TCE – FT 0100	132.423.793	2,35	3.741.064
TCE – FT 0104	60.000	0,00	1.695
Fundo de Aperf. Prof. e Reequ. Técnico TCE – FT 0100	3.500.000	0,06	98.877
JUDICIÁRIO – FT 0100	556.614.174	9,87	15.724.738
MINISTÉRIO PÚBLICO – FT 0100	207.582.463	3,68	5.864.349
DEFENSORIA – FT 0100	126.775.548	2,25	3.581.498
TOTAL – OUTROS PODERES E ÓRGÃOS			36.059.381
TOTAL GERAL	5.637.040.312	100,00	159.250.319

Fonte: https://g1.globo.com/to/tocantins/noticia/2018/10/10/governo-reduz-despesas-pela-4a-vez-e-corte-no-orcamento-passa-de-r-159-milhoes.ghtml

Em caso como estes é que a Bioética busca deixar claro ao administrador público que, ao tomar as suas decisões, o faça com bons argumentos; mas também com a responsabilidade por suas decisões, ou omissões, pelas quais, inevitavelmente, será mais uma política a ser judicializada e, consequentemente, será julgada.

No que concerne à política, ao interpretar a Constituição e todas as demais normas legislativas, Bevenuto (2013) esclarece que não é papel do Judiciário determinar, por sua livre vontade, os fins do Estado, mas meramente declarar quais foram fixados pelo Poder Legislativo, na Constituição ou nas leis infraconstitucionais. A atividade política não é apropriada ao Poder Judiciário, embora não se escuse de exercê-la atipicamente, pois é capaz de desvirtuar, ao seu prazer, a vontade expressa da Lei.

O Judiciário como um Poder, tal qual o Legislativo e o Executivo, indubitavelmente exerce atividade de governo; atividade esta que se faz por meio de política, sobretudo quando se declara a constitucionalidade ou inconstitucionalidade de normas, das mais diversas, constituídas pelas mais altas autoridades nacionais e estrangeiras. Contudo, para se negar ou afirmar a natureza política da atividade do Poder Judiciário, é preciso que se comece a questionar seu objetivo fundamental, ou sua própria razão de existência.

Neste sentido, completa-se o raciocínio com a explicação dada por Lima (2007), ao dizer que, frente à existência de uma jurisdição estatal, o Estado atua na aplicação da lei em caso de conflito de interesses, sendo a função jurisdicional aquela realizada por meio de um processo judicial e de aplicação das normas em caso de litígios surgidos no seio da sociedade.

DILEMAS (BIO)ÉTICOS DE JUSTIÇA NA JUDICIALIZAÇÃO DA SAÚDE

Busca-se, inicialmente, discutir-se a respeito da ideia de uma jurisdição constitucional, para daí discutir jurisdição, ponto em que o Poder Judiciário propriamente dito, como instituição e Estado, soergue-se no debate, visando dialogicamente introduzir dilemas (bio)éticos em que este se envolve em sua atuação no caso concreto.

Quanto à ideia de uma jurisdição constitucional em transversalidade com a democracia Appio (2005 p. 33) faz importante análise no capítulo que trata da visão de Dworkin sobre o assunto, ao dizer que:

> [...] a democracia depende de um órgão eleito pela comunidade com a função específica de regular os temas afetos à moralidade, como o aborto e a pena de morte, por exemplo. Todavia, a concepção constitucional da democracia considera que a intervenção judicial, a partir de uma "leitura moral da Constituição" mostra-se necessária nos casos de quebra do princípio da isonomia, não se podendo considerá-la como uma anomalia do processo democrático, mas sim, como garantia do tratamento isonômico. (2005, p. 33)

Ao se referir especificamente à atuação do Estado-Juiz como integrador da norma constitucional, Appio (2005, p. 34) deixa bem claro que, para Dworkin, "[...] os juízes estarão jungidos, portanto, a uma ordem moral superior, já que as decisões judiciais devem se basear em princípios, não em estratégias políticas". Logo, de acordo com o pensador, política e princípios são esferas diferentes de atuação, com suas próprias forças atuantes e seus vetores interpretativos particulares, segundo os quais, aqueles que estiverem frente a diferentes desafios tomarão assento sob a égide de uma ou outra dessas esferas.

Appio, sobre o tema, traz importante contribuição ao dizer que:

> O descobrimento ou a busca por normas implícitas não ocorre de modo arbitrário. Dworkin insiste para que os juízes não criem novos direitos, mas descubram os direitos que sempre existiram, ainda que frequente-

mente de modo implícito. Esta argumentação de Dworkin é consequente, porque, no âmago, direitos são de natureza moral, portanto inacessíveis à intenção positivadora. Eles não são derivados de um ato legiferante ou judicativo, mas do direito ao respeito e considerações iguais, enraizado nos fundamentais princípios legitimadores de uma comunidade. (2005, p. 35 *apud* GÜNTHER, 2004, p. 410).

Infere-se, portanto, que se fazem completamente distintas, no sistema proposto por Dworkin às atuações da esfera política, e da esfera principiológica, guia da aplicação jurisdicional pelo Estado-Juiz, pelo que o autor concebe tal distinção dicotômica como um modelo constitucional adequado de jurisdição. No entanto, neste ponto cabe a crítica ao arquétipo descrito, lugar em que se questiona se na pós-modernidade, e em um contexto brasileiro, tal modelo se faria plausível:

> [...] na medida em que inúmeras questões de índole política, as quais até recentemente eram discutidas e resolvidas dentro da esfera – ou sistema – político, agora são trazidas diariamente ao exame do Poder Judiciário, dada a complexidade das atividades desempenhadas pelo Estado e as colisões de tais atividades com os interesses de milhões de pessoas no Brasil. (APPIO, 2005, p. 25)

Após a referida crítica, Appio, falando da realidade brasileira chama atenção para a forma como se dá o controle de constitucionalidade pátrio, evidenciando certo mal estar dos Poderes que, segundo a Constituição Federal de 1988, devem ser independentes e harmônicos entre si, no que concerne à capacidade do Poder Judiciário revisionar suas decisões. Está posta, aí, a natureza mista do controle de constitucionalidade nacional, sem falar no princípio da legalidade que rege a Administração Pública, segundo o qual esta se encontra estritamente vinculada à lei.

Corroborando com tal ideia Appio enfatiza:

> Nesta concepção substancial de democracia, os juízes possuem uma grande importância, pois será através da interpretação judicial dos princípios constitucionais que o espaço destinado a cada um dos órgãos do Estado será fixado. (2005, p. 37)

Observa-se, portanto, o grau de importância que o Poder Judiciário ocupa no Estado brasileiro, sendo tal importância fator determinante no que concernirá a jurisdição em si, sendo esta a atividade-poder que tal componente da República possui precipuamente: ela deve ser elevada ao grau máximo de cuidado para que seja prestada não só eficientemente, mas também preservando princípios de ordem ética, humana e social. Pertinente ao tema é o que traz Appio (2005, p. 82) ao dizer claramente que "[...] as decisões judiciais, quando amparadas em valores da Constituição, passam a desempenhar o papel destinado tradicionalmente a lei", ou seja, a atividade de jurisdição, que é propriamente dizer o direito ao aplicar valores e princípios que emanam da normativa constitucional, não somente utiliza a dicotomia norma-fato, mas para além disso se faz trina ao trazer norma-valor-fato, nascendo, portanto, regulação sistemática do que antes não havia norma própria.

Pode-se inferir, após análise, o papel importantíssimo do Poder Judiciário e por conseguinte, de sua jurisdição, que integra, aplica e traz o direito do papel à vida. Cabe, portanto agora, uma vez que a palavra vida foi citada, observar os dilemas que a jurisdição enfrenta ao se deparar com os casos a ela trazidos que envolvem este direito fundamental de primeiríssima dimensão, correlacionando-os com a questão ética, enviesando-se, portanto, na bioética e sua intercorrência na aplicação do direito e análise dos casos.

No que tange à bioética, ciência que surge da necessidade de se analisar a vida sob olhar ético mais aprofundado, vez que a humanidade vive em uma era de avanços científicos latentes, Barbosa *et al.* (2017, p. 2) traz o seguinte:

> A Bioética deve reconhecer os benefícios dos avanços científicos, **enquanto se mantém constantemente alerta para os riscos e perigos que eles apresentam**. Embora possa levar a novas e promissoras formas de erradicar enfermidades que há muito tempo afetam o homem; esse progresso também levanta temores que se justificam sobre os efeitos indesejáveis e o uso indevido, como a manipulação genética e suas aplicações, a volta das doutrinas eugenéticas (que agora possuem uma gama de ferramentas sofisticadas a sua disposição) ou experiências com genes em populações vulneráveis. (grifo nosso).

Destaca a autora as benesses que o avanço científico traz à vida humana, a erradicação de determinadas doenças, bem como de enfermidades que há tempos eram incuráveis e hoje podem ser pesquisadas a fim de que se compreendam suas causas de ser e as formas de que se podem servir para tratá-las. No entanto enfática é em chamar atenção para o papel importante que a bioética possui nesta conjuntura, sendo a mediadora entre o que é melhor a longo prazo, humanamente falando, e o que se faz aplicável aos seres humanos hodiernamente, enquanto se pesquisa e se testam os procedimentos por exemplo.

Quanto às origens Barbosa *et al.* (2017, p.3) afirma que o "[...] surgimento da Bioética coincidiu com o clamor generalizado levantado pelos horrores da Segunda Guerra Mundial", episódio trágico que culminou em uma observação mais apurada do que é ser humano, e sobretudo da afirmação da universalidade dos direitos humanos. Afirma Barbosa *et al.* (2017, p.3) ser o objetivo desta ciência baseado "[...] no princípio humanista de afirmar a primazia do ser humano e defender a dignidade e a liberdade inerentes ao mero fato de pertencer a espécie, diante de um contexto mutante e em constante evolução das ciências da vida".

Reconhece-se, portanto, para que se siga qualquer estudo em bioética, o caráter absolutamente moderno desta ciência surge ante o paradigma social pós-guerra e de viés humanista. Frise-se sua interdisciplinaridade, pois catalisa conhecimentos diversos (desde filosofia às ciências da saúde), objetivando compreender significativamente todos os fenômenos modernos sob a proteção de seus princípios.

Quanto a este caráter Barbosa *et al.* (2017, p. 3) é assertiva ao trazer que:

> A fim de prover soluções adequadas aos novos desafios científicos, para os que a ética tradicional foi revelado insuficiente, se busca encontrar formas de que as Ciências naturais e sociais se comuniquem entre si, cada qual com suas metodologias e pontos de vista específicos, e unir diferentes campos de conhecimento, desde a medicina, a filosofia e a biologia até chegar a sociologia, a antropologia e ao direito.

A vida é direito individual e a saúde, direito coletivo. Sendo assim, a prestação jurisdicional fica entre direitos igualmente importantes mas que analisando individualmente e estando diante de uma vida em risco, acabam por ser observados muito mais pelo viés individual que coletivo. Ou seja, o magistrado, ao se guiar pelas fontes do Direito não se pode olvidar da dignidade humana que, no caso concreto, pode significar o fornecimento de determinada prestação que se pode fazer deveras onerosa ao Poder Executivo. Barbosa et al. (2017, p.4), quanto a isso, traz a seguinte assertiva:

> É preciso garantir a saúde considerando o direito individual, mas sem que se atropele o coletivo. Donde a igualdade e a equidade de um Sistema de saúde deva ser abarcativo para todos. A vida, a liberdade e a saúde são bens que necessitam tutela imediata. Por isso, frente a invocações de possíveis vulnerações os tribunais tendem a ofertar proteção de maneira urgente. vulnerações os tribunais tendem a ofertar proteção de maneira urgente.

Barbosa et al. (2017, p. 5) aponta ainda as três principais vertentes em que a judicialização da saúde encontra lugar, são eles:

a. Ações judiciais; Casos como de medicamentos e prestações de serviços de saúde de alto custo.
b. Reclamações por responsabilidade profissional médica; Casos de erros médicos por negligência, imperícia, má-conduta, etc.
c. Conflitos éticos, que terminam se resolvendo, muitas vezes, na Justiça. Casos como o aborto não punível, nos que apesar de contar com normas claras ao respeito, o temor a possíveis reclamações provoca que se judicializem.

E, em suas considerações finais, apresenta:

> Consideramos que somente com uma maior eficiência na formulação de políticas públicas, com proposição de critérios e parâmetros de monitoramento, baseados em evidências científicas, se fará efetiva a garantia do uso e acesso racional das tecnologias e aos medicamentos, sem necessidade da intervenção do Judiciário brasileiro evitando-se, igualmente, que o acesso aos serviços de saúde se transforme em um fator a mais de iniquidade. Neste sentido, vale recordar a imperiosa necessidade do aumento de um número maior de associações no sentido do desenvolvimento das Relações de Cooperação Técnica Internacional, na área de Engenharia Genética e Biotecnologia. (BARBOSA et al, 2017, p. 9)

Assim, a busca pelo direito à saúde, que é direito de todos garantido constitucionalmente, buscando a prevenção de tantos erros médicos, organizando uma prestação de serviços de saúde á contento, regulando a integração entre as políticas públicas, o Executivo e o Judiciário.

CONSIDERAÇÕES FINAIS

Considera-se que, na atualidade, o fenômeno da judicialização no Brasil começou a experimentar reflexos diferentes na atual ordem constitucional a partir da expansão do Poder Judiciário que, bem fortalecido, abriu um novo caminho para compelir o Estado a concretizar os direitos sociais fundamentais estabelecidos e garantidos pela Constituição Federal de 1988. Nesse sentido, é perceptível que "A política se judicializa a fim de viabilizar o encontro da comunidade com seus propósitos, declarados formalmente na Constituição" (VIANNA, 2014, p. 40).

Nesta senda, a judicialização da política torna-se a válvula de escape para a busca dos interesses e direitos de uma sociedade mobilizada. Do mesmo modo uma vida associativa ainda incipiente, por décadas reprimida em seu nascedouro, não se pode recusar a perceber as novas possibilidades, para a reconstituição do tecido da sociabilidade, dos lugares institucionais que lhe são facultados pelas novas vias de acesso à justiça (VIANNA, 2014, p. 43).

No que tange ao acesso igualitário à saúde, muitos doutrinadores entendem que este aspecto se destina apenas aos pobres, a partir da ponderação de que somente as atividades preventivas geram o direito ao atendimento integral e gratuito, beneficiando tanto ricos como pobres, valendo-se da medicina curativa que deve ser remunerada, exceto quando se tratar de indigentes e pobres.

Todavia, há que se destacar o art. 198, II, da Constituição Federal de 1988, que introduz entre as suas diretrizes o atendimento integral à saúde. Embora sejam priorizadas as atividades preventivas, isso deve ser realizado sem prejuízo para com os serviços assistenciais, ou seja, não constitui uma regra restritiva, tratando-se de norma de eficácia plena.

O grande desafio, hoje, é inserir a bioética no processo da formulação de políticas de governo e no planejamento estratégico. Os insumos para a saúde são produtos considerados de segurança nacional e de importância econômica e, portanto, são estratégicos para o País.

Assim, competirá ao Poder Judiciário agir quando houver omissão injustificada do Poder Público, ainda que para isso tenha que viabilizar políticas públicas. Esta reação judicial ativa, tendo como objetivo a realização de medidas que permitam o acesso a direitos fundamentais sociais, intensifica exponencialmente a responsabilidade deste poder perante a sociedade. Esta que, diante de uma omissão por parte do Estado, de forma contumaz encontra no Poder Judiciário o único meio de obter a prestação material que pode – por muitas vezes, necessárias para a própria sobrevivência.

Portanto, observada a omissão do Estado nos deveres constitucionais a ele incumbidos de concretização dos direitos e garantias fundamentais, impedindo a existência do mínimo necessário para uma vivência digna, resta ao Poder Judiciário, em caráter excepcional, intervir para permitir o acesso ao direito garantido, podendo, consoante, intervir no processo de implementação de políticas públicas, obrigando o Estado a realizar, por exemplo, matrículas em escolas de ensino particular em caso de inexistência de vagas em escolas públicas de ensino fundamental; internação em hospitais particulares quando não houver vagas em hospitais públicos; preservando, assim a dignidade da pessoa humana.

A intervenção do Poder Judiciário reflete diretamente na incompetência do sistema político para sanar os problemas enfrentados pela sociedade, em que suas políticas públicas são o principal meio para a realização do disposto no art. 196 da Constituição Federal de 1988, sem, contudo, faltar vontade política para a implantação de ações condizentes com a promoção da saúde.

Ao Poder Judiciário cabe o dever de intervir, sempre que provocado, ensejando o cumprimento ao texto constitucional, agindo de forma que não estará atuando excessivamente, como dever do magistrado atuar visando efetivar os direitos fundamentais sempre que estes estiverem à margem das prioridades do Poder Executivo.

O Estado não se exime das obrigações relativas aos fornecimentos de medicamentos, sendo-lhe necessário uma reorganização da destinação das verbas públicas, priorizando sua aplicação em áreas que favoreçam o direito à vida. O Poder Executivo está obrigado a trabalhar de forma racionalizada, propondo-se à concretização da eficácia dos direitos fundamentais, sob o risco de transformar as expectativas da ordem constitucional um ato falho do legislador, não desempenhando as funções para as quais foram incumbidos à sociedade.

Não se pode, contudo, ignorar a situação econômica, muito menos analisar o direito fundamental à saúde como soberano e alheio aos obstáculos que possam existir, sendo fato que o erário pode cumprir seu dever constitucional, conferindo desta forma melhorias nas condições de vida da sociedade, transformando a realidade social brasileira, e por certo efetivando a dignidade da pessoa humana.

Neste sentido, tem-se o orçamento público investido da forma possível, competindo ao administrador público, na medida de suas possibilidades, investir com discricionariedade o dinheiro público.

Diante dessa situação, já que os direitos fundamentais estão resguardados na Constituição Federal de 1988, a democratização do acesso à justiça é medida que se impõe, não podendo ser impedida para o alcance de direitos sociais inerentes a todos os cidadãos.

REFERÊNCIAS

APPIO, E. *Controle judicial das políticas públicas no Brasil*. Curitiba: Juruá, 2005.

BARBOSA, O. P. A. et al. *Considerações sobre os dilemas da bioética e da judicialização da saúde no Brasil*. 2017. Disponível em: https://www.tjdft.jus.br/institucional/imprensa/artigos/2017/consideracoes-sobre-os-dilemas-da-bioetica-e-da-judicializacao-da-saude-no-brasil-oriana-piske#_ftn1 . Acesso em: 20 out. 2018.

BARROSO, L. R. *Da falta de efetividade à judicialização excessiva:* direito à saúde, fornecimento gratuito de medicamentos e parâmetros para a atuação judicial. Texto original publicado na Revista Jurídica UNIJUS. Uberaba-MG. V. 11, nº 15, novembro 2008.

BEVENUTO, D. *O Poder Judiciário na organização do Estado democrático de direito.* 2013. Disponível em: <https://jus.com.br/artigos/25950/o-poder-judiciario-na-organizacao-do-estado-democratico-de-direito>. Acesso em: 21 set. 2021.

BOBBIO, N., 1909. *A era dos direitos.* Tradução de Carlos Nelson Coutinho. Apresentação de Celso Lafer. Rio de Janeiro: Elsevier, 2004.

FOUCAULT M. *Nacimiento de labiopolítica.* Madrid: Akal, 2009

FRANKENA WK. Ética.Rio de Janeiro: Zahar, 1981.

GÓMEZ SÁNCHEZ Y. La dignidad como fundamento de los derechos: especial referencia al derecho a la vida. En: Feito L, editor. *Bioética:* lacuestión de ladignidad. Madrid: Universidad de Comillas; 2004. p. 75-97

G1. *Governo reduz despesas pela 4ª vez e corte no orçamento passa de R$ 159 milhões. Disponível em:* https://g1.globo.com/to/tocantins/noticia/2018/10/10/governo-reduz-despesas-pela-4a-vez-e-corte-no-orcamento-passa-de-r-159-milhoes.ghtml. Acesso em: 22 out. 2018.

HABERMAS J. *Escritos sobre moralidad y eticidad.* Barcelona: Paidós; 1998.

KOTTOW M. *Bioética y biopolítica. Bioética, Sociedade Brasileira de Bioética.* 2005;1-2:110-21.

LIMA, M. S. *A função jurisdicional e o Poder Judiciário no Brasil. 2007.* Disponível em: https://jus.com.br/artigos/9981/a-funcao-jurisdicional-e-o-poder-judiciario-no-brasil. Acesso em: 21 out. 2018

OLIVEIRA, G.P.T.C. *Política nacional de biossegurança:* contribuições bioéticas para com a liberação comercial de organismos transgênicos ante o princípio da precaução. 2016. 426 f. Tese (Doutorado em Direito) Centro Universitário de Brasília (UniCEUB), Brasília.

PESSINI, L; BARCHIFONTAINE, C. P. *Problemas atuais de bioética.* 8. ed. São Paulo: Centro Universitário São Camilo: Loyola, 2007.

POTTER VR. *Conferencia inaugural del Congreso Mundial de Bioética,* Gijón, 2000, citado por Francisco R. Parenti. Bioética y Biopolíticaen América Latina. En: José Acosta Sariego. *Bioética para la sustentabilidad.* La Habana: Centro Félix Varela; 2002.

RAMOS, Augusto César. *Eutanásia:* aspectos éticos e jurídicos da morte. Florianópolis: OAB/SC Editora,2003.

UNITED STATES OF AMERICA. HHS.GOV. *Belmont Report* (1979). Disponível em: https://www.hhs.gov/ohrp/regulations-and-policy/belmont-report/read-the-belmont-report/index.html. Acesso em 19 de jul. 2018.

VIANNA, Luiz Werneck (et. al.). *A judicialização da política e das relações sociais no Brasil.* Rio de Janeiro: Revan, 1999.

A PROTEÇÃO JURÍDICA DAS INVENÇÕES BIOTECNOLÓGICAS NA DIRETIVA 98/44/CE DO PARLAMENTO EUROPEU

ALEXANDRA BARBOSA DE GODOY CORRÊA[1]

SUMÁRIO: 1. Introdução; 2. Breve histórico sobre o surgimento da biotecnologia; 3. A diretiva europeia em matéria patentária das invenções biotecnológicas; 4. Considerações finais; 5. Referências bibliográficas

1. INTRODUÇÃO

A possibilidade de se patentear invenções biotecnológicas que envolvem seres vivos tem sido assunto controverso, tanto no plano nacional quanto no internacional. No topo da discussão internacional, o artigo 27 do Acordo TRIPS estipula os pré-requisitos para a obtenção da patente. Para a Europa, a Diretiva 98/44/CE é a base regulamentadora para proteção de invenções biotecnológicas. Essa diretiva foi lançada para assegurar, em todo o território da União Europeia, a proteção da propriedade intelectual no campo das invenções biotecnológicas e, ao mesmo tempo, eliminar as diferenças existentes, capazes de comprometer o livre comércio e colocar em risco o funcionamento do mercado interno, além de tornar a União Europeia competitiva em face de economias como Estados Unidos e Japão (SIMON, 2005).

Apesar de a Europa ser uma união política e econômica de nações que decidiram cooperar e desistir, em parte, da soberania, de forma a harmonizar as legislações em certas questões de direito, até os

---

[1] Advogada. Doutora em Direito pela Universidade Estácio de Sá e pela Universidade de Pádua – Itália. Professora da Universidade Veiga de Almeida e da Faculdade Presbiteriana Mackenzie Rio. Pesquisadora do Research Group on Global Comparative Law: Governance, Innovation and Sustainability – GGINNS e do Laboratório Empresa e Direitos Humanos da Universidade Fluminense – LEDH-uff, vice-presidente da Comissão de Bioética e Biodireito da OAB-RJ. Farmacêutica. alexandrabgc@gmail.com.

dias atuais não existe uma legislação comum que regule o Direito de Patentes (CANGELOSI, 2017).

O Direito de Patente é importante por possuir um duplo benefício: aquele de estimular a atividade inventiva por meio do direito de exclusividade e, por outro lado, o de favorecer a disseminação no mercado de informações sobre aquela nova tecnologia. Outrossim, a patente, diferentemente das formas alternativas de proteção, permite recuperar, mesmo que num segundo momento, o que foi investido, assegurando uma chance de retorno econômico, que corresponde, ao menos em parte, ao valor social da invenção. Sendo assim, a concessão de uma reserva legal, por um período de tempo previsto em lei, constitui um preço que a sociedade precisa estar disposta a pagar, a fim de promover o incentivo à atividade inventiva.

Segundo Falce (2006), na falta de um regime de proteção, os inventores tenderiam a manter em segredo o fruto do seu esforço, por temerem a apropriação e a indevida exploração por parte de terceiros que não contribuíram com os relativos custos de elaboração. Como consequência, a coletividade não teria acesso ao conceito fechado na invenção e, portanto, não poderia gozar dos benefícios diretamente concedidos ao novo conhecimento, assim como não poderia usufruir das suas vantagens.

Ainda segundo Falce, a teoria econômica chega à conclusão de que o regime de patente, que subordina a concessão do direito de exploração com exclusividade à obrigação de descrever de forma suficiente e necessária sobre a invenção com a devida publicação, constitui um instrumento jurídico idôneo para promover o acesso às informações incorporadas na invenção, de forma a desincentivar os respectivos titulares a manter em segredo o resultado dos seus esforços, ao mesmo tempo em que estimula a recorrer ao sistema de licença para promover a difusão, ocasionando, com isso, o desfrutamento econômico do resultado inventivo. A patente tem por finalidade servir como instrumento de desenvolvimento econômico, uma vez que o Estado, por meio dela, concede direitos privativos e monopólio temporário sobre o produto resultante de determinada ideia inventiva e, em contrapartida, o inventor garante a divulgação do invento e, dessa forma, dinamiza a livre concorrência e, consequentemente, o progresso econômico, científico e tecnológico.

Certamente, com a evolução da biotecnologia, o sistema de patentes vem sofrendo alterações no cenário internacional, alcançando importância estratégica, pois o resultado das pesquisas que envolvem seres vivos suscitam o nascimento do questionamento acerca do patenteamento da vida. Este estudo tem por objetivo analisar a Diretiva Europeia em matéria do patenteamento das invenções biotecnológicas.

2. BREVE HISTÓRICO SOBRE O SURGIMENTO DA BIOTECNOLOGIA

A Biotecnologia é a tecnologia baseada na biologia, especialmente quando usada na agricultura, na ciência de alimentos e na medicina. É definida, pela Convenção sobre Diversidade Biológica da ONU, de acordo com o artigo 2º – tratado da Organização das Nações Unidas relacionado ao meio ambiente –, como "qualquer aplicação tecnológica que utilize sistemas biológicos, organismos vivos, ou seus derivados, com o fim de resolver problemas e criar produtos de utilidade".

Segundo a Federação Europeia de Biotecnologia, situada na Inglaterra, a Biotecnologia é a reunião das diversas ciências naturais com a Engenharia, para obtenção de organismos, células ou parte de células e similares moleculares para produtos e serviços. A biotecnologia do meio ambiente é a proteção desses processos voltados à preservação e restauração do meio ambiente (GRISOLIA, 2002).

Stella Mara Martínez (1998) conceitua a biotecnologia como o conjunto de técnicas de recombinação genética que utilizam organismos vivos, ou substâncias deles derivadas, para fabricar ou modificar um produto, para melhorar as características das plantas e animais importantes a partir do ponto de vista econômico, ou para criar microrganismos que atuem sobre o meio ambiente.

Leo Pessini e Christian de Paul de Barchifontaine (2010) escrevem que a biotecnologia é entendida como um conjunto de técnicas e processos biológicos que possibilitam a utilização da matéria viva para degradar, sintetizar e produzir outros materiais. Engloba a elaboração das próprias técnicas, processos e ferramentas, assim como o melhoramento e a transformação das espécies, via seleção natural.

Segundo ainda esses autores, as técnicas e os processos que viabilizam a manipulação do código genético da molécula de DNA constituem, hoje, um ramo importante da denominada Engenharia Genética.

Chama-se "Engenharia Genética" a Biotecnologia que trabalha diretamente com o DNA.

Para Dias e Cerda (2016), a biotecnologia pode envolver a produção de novas substâncias a partir da exploração de organismos vivos ou parte destes. Por meio do uso de técnicas e conhecimentos decorrentes da bioquímica, da engenharia genética, da microbiologia, da química, da física, da matemática, e até mesmo da ciência da computação, a biotecnologia é um instrumento para a inovação, o desenvolvimento humano e a inserção de novos processos industriais.

A biotecnologia pode reduzir os custos na produção industrial, tal como ocorre na indústria farmacêutica, em que a utilização de microrganismos para obtenção de fármacos leva à diminuição do uso de químicos e dos efeitos prejudiciais ao homem. Ela insere novos produtos e espécies por meio da manipulação de técnicas de DNA recombinante.

Já em uma definição ampla, biotecnologia é o uso de organismos vivos, ou parte deles, para a produção de bens e serviços. Neste conceito se enquadram um conjunto de atividades que o homem vem desenvolvendo há milhares de anos, como a produção de alimentos fermentados (pão, vinho, iogurte, cerveja e outros). Por outro lado, a biotecnologia moderna é considera como aquela que faz uso da informação genética, incorporando técnicas de DNA recombinante (CARVALHO, 2014).

A concessão de patentes e genes, linhas de células, tecidos geneticamente desenvolvidos, órgãos e organismos, bem como os processos usados para alterá-los, estão proporcionando ao mercado um incentivo comercial para se explorar os novos recursos. As modernas aplicações da biotecnologia resultam de investigações e estudos interdisciplinares com amplo interesse nas áreas das ciências da vida, como: medicina, farmácia, agricultura, pecuária, biotecnologia do meio ambiente; ou seja, ciências que vão da medicina à agricultura e que estão sendo consolidadas sob a proteção de gigantescas empresas da "vida" nos mercados biotecnológicos emergentes.

Segundo Grisolía (2002), presidente do Comitê da UNESCO para o Projeto Genoma Humano, o desenvolvimento da biotecnologia pode ser dividido em cinco períodos principais, entendidos como revoluções. O sentido aqui empregado de revolução é o de mudança de paradigma e também o de transformações radicais que se operam em um determinado campo do saber científico. A Biotecnologia coloca-se para a sociedade como uma revolução transformadora de paradigmas e valores.

O primeiro período corresponde ao século XIX, com a seleção de organismos de origem microbiana, particularmente para processos de fermentação, iniciada por Pasteur e amplamente estudada e empregada.

O segundo período compreende os anos de 1940 e 1950, concomitantemente à Segunda Guerra Mundial, em que os esforços se voltaram para a produção de antibióticos.

O terceiro período corresponde aos anos 50, época de grandes avanços na bioquímica, especialmente o esclarecimento de processos que levaram à compreensão do metabolismo intermediário.

Os avanços na genética molecular ocorreram nos anos 60, tido como o quarto período.

O quinto período começa na década de 70, com o descobrimento das enzimas de restrição, por Arder, Smith e Nathans, e das ligases para unir fragmentos de DNA. Pouco tempo depois, teve início a recombinação molecular de DNA de organismos, por Paul Berg. Essa descoberta foi seguida pela de Cohen e Boyer, em que sistemas de E. coli utilizavam DNA recombinante, dando origem a proteínas com aplicações terapêuticas e de valor comercial.

Esses avanços foram seguidos por outros que não somente utilizavam a E. coli, mas também outras bactérias e organismos para a produção de proteínas de estruturas complexas. Nesse período aconteceram importantes descobertas, como a insulina humana, o hormônio do crescimento humano, as vacinas para a hepatite B, os ativadores plasmogênicos, etc. Outros avanços de grande importância ocorreram e estão relacionados à produção de receptores biológicos, de plantas e animais transgênicos e à terapia gênica.

O século XX foi considerado o "século biotecnológico", pois trouxe uma nova base de recursos, um novo grupo de tecnologias transformadoras, novas formas de proteção comercial. As novas tecnologias genéticas permitem combinar material genético além das fronteiras naturais, reduzindo a vida a um material químico manipulável. Esta nova forma radical de manipulação biológica muda o conceito de natureza e sua relação com o homem. Após milhares de anos fundindo, derretendo, soldando, forjando e queimando a matéria inanimada para se criar coisas úteis, agora o homem está juntando, recombinando, inserindo e costurando material vivo, e construindo utilidades econômicas. Assim como se manipula plásticos e metais, agora é possível manufaturar materiais vivos (RIFIKIN, 1999).

O presente século (XXI), marcado pela biotecnologia, destaca-se também pelas interferências frequentes na vida de todos os seres. Para melhor compreensão do tema, são esclarecedoras as ponderações de Jeremy Rifkin (1999) sobre os sete fios que compõem a matriz operacional do novo século biotecnológico, a saber: 1) reservatório de genes – uma vez isolados, identificados, recombinados, tornam-se recursos primários brutos para a futura atividade econômica, com o fim de manipular e explorar os recursos genéticos; 2) patentes de vida – constituem-se num incentivo para o mercado para exploração desses novos recursos, no caso de se conceder o patenteamento de genes, linha de células, tecido geneticamente desenvolvido, órgãos e organismos, bem como os processos usados para alterá-los; 3) globalização de empresa da vida – trata-se da segunda gênese: a vida concebida em laboratório. E, ainda, alerta-nos sobre a consolidação e globalização das empresas da vida ao atuarem nos recursos biológicos do planeta; 4) mapeamento do genoma humano – possibilita a alteração da espécie humana e o nascimento de uma civilização comercialmente eugênica; 5) novas correntes culturais – a nova sociobiologia propiciará a ampla aceitação das novas biotecnologias; 6) fusão entre as tecnologias da computação e a genética; 7) e uma nova narrativa cosmológica sobre a evolução.

A Biotecnologia Genética constitui-se num poderoso instrumento de contribuição para as anteriores formas de luta contra enfermidades, assim como para sanar desequilíbrios do funcionamento bioquímico do organismo. Frente aos antigos procedimentos, a genética oferece hoje maiores possibilidades e técnicas muito mais precisas e eficazes. Contudo, imprevisíveis são seus efeitos e frequentemente incontroláveis. Com isso, a sua utilização, assim como a investigação que a sustenta, devem ser compatíveis com a adoção de precauções e medidas de segurança no manuseio da matéria viva, mais ainda quando for objeto de modificações genéticas, cujas interferências em outros seres vivos, incluindo o ser humano, são de prognóstico inesperados. O Direito vê-se comprometido na proteção jurídica das conquistas das investigações e, em especial, dos novos produtos que, ao versar sobre matéria viva, oferecem perfis distintos e de difícil assimilação pelos instrumentos jurídicos tradicionais, principalmente nos casos em que mesclam formulações de natureza ética com interesses econômicos (CASABONA, 1999).

A pesquisa científica, em particular a experimentação em seres humanos, tem sido o principal motor do nascimento e desenvolvimento do Biodireito, como também da Bioética.

3. A DIRETIVA EUROPEIA EM MATÉRIA PATENTÁRIA DAS INVENÇÕES BIOTECNOLÓGICAS

A Diretiva da União Europeia é, para todos os efeitos, direito interno dos Estados-membros, porém, a Diretiva, normalmente, deve conceder aos Estados tempo suficientemente longo para poder elaborar sua norma de atuação, seja por meio de lei, decreto, ou qualquer outro provimento considerado idôneo.

Cada Estado-Membro define, de forma autônoma, os objetivos e regras, ou pela participação na formação dos atos da União, ou no seu recebimento no ordenamento interno, em respeito ao princípio da lealdade de colaboração que preside a relação com a União (BENACCHIO, 2016). [2]

Os Estados-Membros devem se adequar aos padrões presentes na Diretiva, e, por esse motivo, suas regras tornam-se mais flexíveis, exatamente para que os países possam incorporá-las às suas legislações. Porém, cabe ressaltar que os Estados nem sempre são precisos em aplicar as regras da União, nem tampouco solícitos no recepcionamento da Diretiva; ou seja, nem sempre os Estados-Membros estão propensos a introduzir o novo modelo ou as novas regras, e não existe nenhum tipo de previsão de condenação pelo seu inadimplemento (BENACCHIO, 2016).

A Diretiva obriga somente o Estado, e não vincula o cidadão, o administrador, o juiz, ou qualquer outra pessoa, se primeiramente não vier transformada em norma interna pelo legislador.[3]

De qualquer modo, o juiz deverá interpretar o Direito interno em adequação ao Direito europeu que, segundo Saggio (*apud* BENACCHIO, 2016, p.103) "a função do juiz nacional como juiz comunitário de direito comum implica que a este é confiada a delicada função de garantir a supremacia do direito comunitário sobre o direito interno".

---

[2] As Diretivas são consideradas "Soft Law", pois deixam os Estados-membros com uma certa flexibilidade quanto às regras exatas a serem adotadas, ou seja, deixam aos Estados-membros uma certa margem de liberdade na implementação das regras adotadas a nível comunitário.

[3] Porém, existem entendimentos de que, em determinadas situações, a Diretiva pode ter uma aplicação direta e imediata nos ordenamentos internos, depois da expiração do prazo, se não tiver sido implementada.

A Diretiva é constituída de um texto, relativamente breve, que corresponde a um preâmbulo, extremamente amplo, útil aos fins de interpretação da Diretiva. O texto se encontra subdividido em cinco capítulos: patenteamento (arts. 1-7); âmbito de proteção (arts. 8-11); licença compulsória (art. 12); depósito, acesso e novos depósitos de material biológico (arts. 13-14); disposições finais (arts. 15-18). Enquanto o conteúdo e o objeto dos capítulos 2 e 5 são claros, o capítulo 1 apresenta-se particularmente disperso, na medida em que abrange diferentes tópicos, assim como diversas definições no âmbito da aplicação (arts. 1-2); exclusão (arts. 3, 4, 5) e sobre temas heterogêneos (art. 6), fazendo assim uma miscelânea de questões inerentes ao Direito industrial, à ética e à moral (DIRETIVA 98/44/CE).

A Diretiva é adequada para disciplinar o patenteamento seja das consideradas antigas biotecnologias, seja de novas biotecnologias que envolvam produtos e processos de produção de organismos geneticamente modificados. Tem como objetivo primeiro responder a algumas questões morais relativas ao patenteamento em biotecnologia.

A Proposta da Diretiva sobre proteção jurídica das invenções biotecnológicas, remetida ao Conselho Europeu em 20 de outubro de 1988, surgiu pela necessidade de se dar cobertura às invenções biotecnológicas. No entanto, a escassa atenção prestada pela Proposta às questões éticas, juntamente com um ambiente desfavorável, motivado pelas solicitações de patentes estadunidenses para determinadas sequências de genoma humano e pela solicitação da patente europeia para o rato transgênico de Harvard[4], foram elementos essenciais para a rejeição, em março de 1995, pelo Parlamento Europeu, do texto anteriormente aprovado pelo Comitê de Conciliação (SÁNCHEZ, 2014).

---

[4] Técnica de engenharia genética aplicada aos animais: caso de um mamífero transgênico, uma espécie de rato, no qual uma sequência genética foi modificada para prepará-lo para o desenvolvimento do câncer, a fim de torná-lo uma cobaia útil para a triagem industrial de substâncias cancerígenas e, portanto, conhecido como Onco-rato. O caso em exame trouxe a necessidade de se afrontar, pela primeira vez, o problema dos limites do patenteamento com relação ao respeito à ordem pública e aos bons costumes, concernente ao patenteamento de organismos vivos, levando em consideração o sofrimento provocado aos animais e os possíveis riscos ambientais. A patente foi concedida a partir do argumento de que, uma vez presentes os requisitos da novidade, atividade inventiva e aplicação industrial, estes prevalecem sobre o interesse à proteção do meio ambiente e à evolução biológica natural.

Desde o início do debate era evidentemente claro que uma normativa que tendesse a regulamentar o patenteamento de invenções biotecnológicas não poderia deixar de considerar duas ordens de limite: uma de absoluta natureza ética-religiosa e outra de caráter socioeconômico. A primeira interrogação foi respondida através de apelo à liberdade de consciência individual e, sobretudo, a uma abordagem laica que levasse em conta todos os pontos de vista. A segunda procurou resposta por meio de políticas de proteção sobre a diversidade e de desenvolvimento e cooperação em relação aos países mais pobres (CAFORIO, 2006).

Apesar desse fracasso inicial era evidente a necessidade de se regular a matéria[5], o que motivou a Comissão a apresentar uma nova Proposta de Diretiva, em 8 de outubro de 1996, que prestava maior atenção a questões éticas[6], fornecendo garantias que evitavam a patenteabilidade do corpo humano e defendiam a dignidade humana, ocasionando, em 6 de julho de 1998, a aprovação da Diretiva 98/44/CE.[7]

Os objetivos estratégicos da Diretiva focam no reforço à proteção para as invenções biotecnológicas, com o propósito de manter e incentivar o investimento nesse domínio e harmonizar a proteção para evitar práticas e posições divergentes dos tribunais nacionais e dos

---

[5] Não existe, a nível normativo internacional, uma proibição explícita e clara sobre o patenteamento de produtos frutos da manipulação da vida humana. Neste sentido atua a Diretiva n. 98/44/CEE, cujo grande mérito foi o de conseguir harmonizar a evolução da jurisprudência precedente com alguns dos resultados provenientes dos debates políticos sobre a defesa da vida e do ambiente; de fato, o Acordo TRIPS propõe soluções normativas para o patenteamento das invenções que implicam em matéria viva.

[6] Foram incluídas uma série de considerações com o fim de afrontar expressamente a questão ética.

[7] A discussão era bastante controversa, de tal maneira que os Países Baixos, bem como a Itália e a Noruega protocolaram uma ação para anular a referida diretriz perante a Corte Europeia de Direito, alegando violação ao princípio da subsidiariedade, ao princípio da segurança jurídica, ao princípio da dignidade humana; violação de obrigações internacionais e defeitos processuais substanciais na adoção da proposta da comissão. Finalmente, mediante sentença de 9 de outubro de 2001, o Tribunal não dá provimento ao recurso, rafirmando os princípios básicos estabelecidos na Diretiva. (SÁNCHEZ, Noelia de Miguel. Op. e loc. Cit). Apesar de todas as dificuldades de adaptações necessárias à aplicação da Diretiva no direito interno, através do Decreto de 10 de janeiro de 2006, N.3, convertido em Lei em 22 de fevereiro de 2006, N. 78, o orçamento é positivo e representa importante passo para o futuro. GAMBINO,2014)

escritórios de patentes, que teriam efeito negativo sobre o comércio na União Europeia (CAFORIO, 2006). Dispõe, de forma muito expressiva, quanto aos benefícios do patenteamento de biotecnologias, ante o desenvolvimento e progresso gerado pelas mesmas; dispõe também sobre a necessidade de investimentos nos setores de pesquisas biotecnológicas que se materializam por meio de uma proteção jurídica eficaz (NAVES; GOIATÁ, 2014).

Obviamente o objetivo da Diretiva é recompensar, com um monopólio, aqueles que investiram com investigações e recursos.

No entendimento de Uranga (2005), a Diretiva tinha dupla finalidade: por um lado, harmonizar a legislação europeia sobre patentes biotecnológicas; por outro, contribuir para o desenvolvimento da pesquisa biotecnológica na Europa, para que não ficasse relegada, principalmente no que tange ao mercado biotecnológico norte-americano e japonês. "A necessidade da Diretiva era imperiosa, devido ao fato de que a prática da patenteabilidade das invenções biotecnológicas manifestava divergências existentes nas leis nacionais em matéria de patentes dos diversos Estados-Membros". Ademais, esses tipos de diferenças podiam ser vistas não só nas atuações administrativas, como também por interpretações jurisprudenciais diversas, o que poderia levar a entorpecer o funcionamento do mercado interno e, inclusive, desincentivar o desenvolvimento industrial das invenções nesse campo (considerações 5 e 6 da Diretiva).

Sendo assim, a Diretiva representa uma contribuição para codificar um critério uniforme para o mínimo ético, o qual deve ser considerado na Lei de Patentes relativas às invenções humano-genéticas, sem, contudo, restringir muito a proteção patentária essencial nessa área significativa (SIMON, 2005). A Diretiva busca, então, harmonizar as legislações dos Estados comunitários. O objetivo é, portanto, através de uma harmonização das legislações nacionais, evitar dicotomias provenientes do que pode ser patenteável e o que não é patenteável, que sempre causou enorme insegurança jurídica.

A Diretiva de Patentes para Biotecnologias veio, então, para uniformizar não somente os procedimentos para a obtenção de patentes biotecnológicas, mas também para estabelecer critérios comuns e buscar diminuir as divergências existentes entre as leis e as práticas dos diferentes Estados-Membros, no que se refere à proteção jurídica de invenções biotecnológicas (FREITAS; BIANCHI, 2013).

A norma considera que a UE requer um sistema uniformizado de patentes para invenções biotecnológicas, com vistas a evitar possíveis entraves comerciais e produtivos na União. Ao mesmo tempo, ela não pretende substituir as leis nacionais, mas estabelecer bases para que todos os Estados-Membros possam oferecer proteção jurídica às respectivas invenções. Ademais, a Diretiva não apresenta contradição em relação aos acordos internacionais vinculados à matéria, como o Acordo TRIPS e a CDB das Nações Unidas, celebrada no Rio de Janeiro, de 3 a 14 de junho de 1992 (FREITAS; BIANCHI, 2013).

Conforme a consideração ponto 8 da Diretiva, a base da proteção legal de invenções biotecnológicas ainda será a Lei Nacional de Patentes, que, em certos casos, de qualquer forma, precisa ser assimilada ou suplementada a fim de considerar apropriadamente o desenvolvimento da tecnologia utilizada de material biotecnológico e cumprir as exigências para o patenteamento (SIMON, 2005).

Assim, como se acha definido na consideração ponto 13, a Diretiva fornece a moldura legal. Invenções biotecnológicas são, em geral, patenteáveis. De qualquer forma, aspectos éticos precisam ser levados em conta no processo de concessão de patentes. A avaliação ética é executada pelo Grupo Europeu de Comissões em Ética na Ciência e Novas Tecnologias, conforme o artigo 7º (SIMON, 2005).

Nas considerações, além de acolherem argumentos que justifiquem a promulgação da Diretiva, acrescentam-se outras novas a favor da promulgação de um texto jurídico com tais características, derivadas tanto dos compromissos internacionais pela UE (Co. 12), como da necessidade de se proteger o meio ambiente (Co. 10) e de se favorecer os países menos desenvolvidos (Co. 11), assim como fomentar a pesquisa no campo médico, mediante a possibilidade de obtenção de patentes para invenções biotecnológicas (Co. 18).[8]

O cerne da Diretiva 98/44/CE é o mesmo do regulamento de patentes na EPO (*European Patent Office*): para ser suscetível de patenteabilidade, uma nova ideia ou produto deve cumprir os três requisitos básicos, ou seja, novidade, atividade inventiva e aplicação industrial, mesmo que diga respeito a um produto composto ou que contenha material biológico ou o processo pelo qual ele é produzido, transformado, e use ma-

---

[8] Considerações. UE. *Diretiva 98/44/CE do Parlamento Europeu de 1988*. Disponível em: http://www.cgcom.es/sites/default/files/54_Directiva_98_44_CE.pdf > Acesso em: 12 out. 2017.

téria biológica. A Diretiva ainda estabelece que a matéria biológica isolada do seu meio natural ou oriunda de procedimento técnico pode ser objeto de uma invenção, mesmo que já exista em seu estado natural.[9] Além disso, há a possibilidade de se obter uma patente sobre um novo processo de síntese de uma proteína, ainda que existente na natureza.

Uma das particularidades das invenções biotecnológicas, todas relacionadas a material biológico, é a quase impossibilidade de se definir este material de maneira tradicional, mediante simples descrição da reivindicação da patente. Por este motivo, desde o começo da proteção jurídica desse tipo de invenção fez-se necessário criar depósitos certificados de material[10]. O inventor, portanto, deve cumprir um quarto quesito, isto é, o depósito do material em um depositário reconhecido, em que a parte não envolvida possa avaliar em caso de controvérsia (FREITAS; BIANCHI, 2013).

Os requisitos da novidade e atividade inventiva são necessários para se distinguir o que é invenção e o que é mera descoberta. Neste sentido, o artigo 5, da Diretiva 98/44/CE, se esforça para distinguir entre as descobertas não patenteáveis e as invenções patenteáveis.

Em primeiro lugar dispõe que o corpo humano, nos diferentes estágios de sua constituição e seu desenvolvimento, bem como a simples descoberta de um de seus elementos, incluindo a sequência ou a sequência parcial de um gene, não podem constituir invenções patenteáveis.[11]

Porém, a Diretiva estabelece, na seção 2 do seu artigo 5, que um elemento isolado do corpo humano ou obtido por meio de outro processo técnico, incluindo a sequência ou sequência parcial de um gene, pode ser considerado como uma invenção patenteável, mesmo no caso em que a estrutura do referido elemento seja idêntica à de um elemento natural. Especifica, todavia, que caso o elemento do corpo humano seja uma sequência genética, esta deve estar acompanhada (no requerimento da patente) da indicação da sua função, pois, de outra forma, não conteria nenhum ensinamento técnico e não poderia, portanto, constituir uma invenção patenteável (consideração 23).[12]

---

9 Artigo 3 da Diretiva 98/44/CE.

10 As instituições depositárias reconhecidas são as autoridades depositárias internacionais nos termos do Tratado de Budapeste.

11 Artigo 5 da Diretiva 98/44/CE.

12 Artigo 5 seção 2 e consideração 23 da Diretiva 98/44/CE.

Em outras palavras, segundo a Diretiva, o direito de patente não deve ser ilimitado; senão, seria incompatível com o princípio fundamental de natureza ética que o legislador europeu decidiu respeitar. Exclui-se do patenteamento o corpo humano. Pode-se patentear elementos isolados do corpo humano, assim como elementos produzidos mediante procedimento técnico. A exclusão concerne ao organismo vivo na sua unidade, ou seja, na sua funcionalidade em geral, a partir do momento da concepção e em todos os estágios do seu desenvolvimento. Importante ressaltar que o rol das exclusões na Diretiva é puramente exemplificativo e não taxativo (FLORIDIA, 2016).

O patenteamento de sequência total ou parcial é igualmente excluído, por se tratar de uma descoberta, podendo ser patenteável somente em relação à aplicação industrial, desde que concretamente indicada, descrita e especificadamente reinvidicada.

Sobre esse artigo, Uranga (2005, p. 437) conclui que, "tem-se a não exclusão de patenteabilidade de uma invenção pelo único motivo de seu objeto ser composto de matéria biológica, utilize a referida matéria ou se aplique sobre ela".

Segundo Sánchez (2014), evidencia-se como elemento fundamental, para se determinar a ocorrência de uma invenção que reside independentemente da existência anterior de matéria biológica, a contribuição técnica feita pelo homem. O que realmente importa é se o material biológico, presente ou não no seu estado natural, tenha sido isolado do seu ambiente natural ou produzido por meio de processo técnico, de modo que não esteja incluído no estado da arte, nem resulte de forma óbvia.

O artigo 5, na seção 3 da Diretiva, determina que a aplicação industrial de uma sequência, ou de uma sequência parcial de um gen, deve figurar explicitamente no pedido de patente.[13] Tradicionalmente, no direito de patentes se exclui a matéria viva, por considerar que as invenções relativas a ela carecem do requisito da aplicação industrial. Vale ressaltar que tal requisito pressupõe a necessária repetibilidade do resultado. Contudo, uma vez que a matéria biológica é algo vivo, geralmente mutante e em contínua evolução, torna-se difícil que os resultados da utilização industrial sejam homogênios e cumpram estritamente o referido requisito (URANGA, 2005).

O requisito da aplicação industrial mostra-se intimamente relacionado ao problema específico da utilidade da invenção. Ainda que a Lei

---

[13] Artigo 5, seção 3 da Diretiva 98/44/CE.

de Patentes não estabeleça expressamente tal pressuposto, o mesmo se pode deduzir tanto do conceito de invenção, como do requisito da aplicação industrial. Mesmo assim, uma regra técnica, para solucionar um problema técnico, tem que ser útil, dado o caráter finalista do conceito de invenção; ademais, uma invenção suscetível de aplicação industrial deve ser útil por natureza, já que a técnica industrial tem por objetivo a satisfação das necessidades humanas (URANGA, 2005).

A fim de se provar a existência da aplicação industrial, é relevante contribuir, no momento da apresentação do pedido de patente, com uma explicação clara, detalhada e completa sobre a invenção, e que permita a sua reprodução a um experto no assunto. Pela dificuldade de se descrever invenções biotecnológicas, faz-se necessário complementar esta descrição com o depósito do material biológico, conforme anteriormente explicitado (SÁNCHEZ, 2014).

As reivindicações não devem exceder o conteúdo da descrição. A concessão de patentes com reivindicações demasiadamente amplas leva implícita a possibilidade de frear a pesquisa, tanto básica como aplicada (URANGA, 2005).

Desse modo, patentear uma parte isolada do corpo humano, produzida de outra maneira mediante procedimento técnico, é possível, em princípio, sem estender o direito da patente sobre o corpo humano, se houver aplicação industrial.

O artigo 8º da Diretiva admite a concessão de patente sobre material biológico, incluindo cada um que possa ser produzido por meio de reprodução generativa ou vegetativa, de forma similar ou diferente, e com as mesmas qualidades. O artigo 2º define o termo "material biológico" como aquele que contém informação genética e que possa ser autoreprodutivo ou reproduzido em um sistema biológico.[14] A definição de material essencialmente biológico é um dos aspectos em dabate, porque acredita-se que este tipo não cumpre com o quesito da novidade e atividade inventiva. Então, a discussão surge da questão prática de como determinar as competências para se definir, em cada caso, o cumprimento ou não das três regras básicas para o patenteamento (FREITAS; BIANCHI, 2013).

Assim, um gene humano, para ser patenteado, em princípio, tem de poder ser isolado da massa anômica no genoma. O material em si já existia na natureza. Este poderia ser um motivo para duvidar do cri-

---

[14] Artigos 8º e 2º da Diretiva 98/44/CE

tério da "novidade", mas até o momento ele não era acessível para os seres humanos. A novidade é a disponibilização aos seres humanos de um material, o chamado cDNA, que difere da sequência de DNA natural na célula original pela falta dos chamados *Introns* (seguimentos não codificados), que se perdem no processo de isolamento de um gene em várias fases necessárias de clonagem (SIMON, 2005).

Em suma, patentear vida é proibido inicialmente. Tal proibição pode ser contornada com a possibilidade de patenteamento de material biológico[15], como formulado no artigo 8º.

Conforme a redação do artigo 6º da Diretiva 98/44/CE, excluem-se da patenteabilidade as invenções biotecnológicas cuja exploração comercial seja contrária à ordem pública ou à moralidade, não podendo considerar como tal a exploração de uma invenção somente pelo fato de se achar proibida por uma disposição legal ou regulamentar.[16]

As invenções biotecnológicas não só enfrentam problemas técnico-jurídicos, mas também concepções éticas, culturais e sociais diferentes, com interesses econômicos contrapostos. A projeção de direitos econômicos sobre o corpo deve ser orientada ao respeito à dignidade humana, e é a este princípio que as legislações internacionais[17] e nacionais fazem alusão mediante a inclusão de cláusulas excludentes com referência à ordem pública e aos bons costumes. Ordem pública e bons costumes são conceitos jurídicos indeterminados e que devem ser interpretados conforme as regras habituais de cada ordenamento jurídico. O problema surge com a concepção rígida de tais conceitos, o que gera um obstáculo ao progresso tecnológico do país (URANGA, 2005).

A concretização desses termos formulados genericamente torna-se necessária para se resolver se o patenteamento da vida será admissível de acordo com a Diretiva. A consideração ponto 39 da Diretiva oferece auxílio na interpretação, declarando que, em caso de patenteamento, a

---

15 A dificuldade de delimitação prática entre o que é biológico, técnico, microbiológico e potencialmente danoso ao meio ambiente resulta no grande número de pedidos que geram debates técnicos e controversos em suas avaliações.

16 Artigo 6º da Diretiva 98/44/CE.

17 Artigo 27.2 do Acordo TRIPS – Os membros poderão excluir da patenteabilidade as invenções cuja exploração comercial em seu território deva ser impedida, necessariamente, para proteger a ordem pública ou a moralidade, inclusive para proteger a vida ou a saúde humana, animal ou vegetal, ou para evitar sérios prejuízos ao meio ambiente, desde que esta determinação não se justifique na proibição da exploração em sua legislação.

dignidade e a integridade humana precisam ser garantidas. Em especial, princípios éticos e morais devem ser respeitados, devido à importância potencial das invenções que lidam com material vivo na área da biotecnologia, e é por isso que o artigo 6º, seção 2 da Diretiva, contém uma enumeração de algumas invenções consideradas ofensivas à ordem pública ou aos bons padrões de moralidade, quando utilizadas comercialmente. Este dispositivo estabelece uma lista orientativa das invenções não patenteáveis, com a finalidade de proporcionar aos juízes e aos departamentos nacionais de patentes um guia para interpretar a referência à ordem pública ou aos bons contumes, ainda que não se possa pretender que a mesma seja exaustiva. São elas: procedimentos de clonagem de seres humanos; procedimentos de modificação de identidade genética de células humanas de linha germinativa; uso de embriões humanos para objetivos industriais ou comerciais; e procedimentos de alteração de identidade genética de animais que lhes possam causar sofrimento, sem utilidade médica substancial para o homem ou para o animal, bem como para os animais obtidos por esses processos (URANGA. 2005).

Então, o artigo 6º da Diretiva proíbe o patenteamento de seres vivos. O patenteamento de genes ou sequências de DNA como material biológico não é proibido pelo artigo 6, seção 2; portanto, inicialmente, isto será possível, desde que observados os princípios éticos e morais afirmados na consideração 39 da Diretiva.

Segundo Freitas e Bianchi (2013), quanto à proteção para invenções sobre matéria biológica humana, a Diretiva estabelece que o corpo humano, assim como a descoberta de um de seus elementos, não podem ser patenteados. No entanto, esta mesma norma também estabelece que um processo de sequenciamento genético é patenteável quando tiver cumprido os três critérios básicos, especialmente da aplicação industrial. Contudo, observa-se que a possibiliade de patenteamento de sequência de genes tem sido objeto de debate até nos Estados Unidos, onde a legislação é menos restritiva. O ponto em questão é como diferenciar entre o processo de descoberta, que consiste na simples identificação de uma sequência, e o processo voltado à inovação que identifica a aplicação industrial desta sequência.

Ainda segundo estes autores, se uma nova propriedade de um material ou peça é descoberta, trata-se de uma mera descoberta, não patenteável, porque a descoberta como tal não tem efeito técnico e, portanto, não é uma invenção. Encontrar uma substância previamente desconhecida ocorrente na natureza é também mera descoberta e, assim, não patenteável. Entretanto, se uma substância descoberta na natureza pode gerar um efeito técnico, ela pode ser patenteável. Um gene descoberto na natureza pode ser patenteável se um efeito técnico for demonstrado (EPO, 2012b).

Simon (2005) entende que as regulamentações concernentes aos principais problemas do patenteamento da vida mostraram que, na Europa, a biotecnologia não é uma área livre de reflexões éticas ou legais ao lidar com problemas de patentes. A proibição do patenteamento de substâncias corporais isoladas de seres humanos não exclui a possibilidade de se patentear, como material biológico, sequências isoladas ou parte de sequências de genes, mas ainda existe a necessidade de uma regulamentação detalhada para impor limites, por meio de políticas, à lei de patentes.

É importante ainda destacar que a Diretiva dá especial atenção ao emprego dos progressos biotecnológicos em favor dos países em desenvolvimento. A consideração 11, da Diretiva, afirma que "a evolução da biotecnologia é importante para os países em desenvolvimento, tanto no setor da saúde e na luta contra grandes epidemias e endemias, como no combate à fome no mundo, sendo, por este motivo, importante encorajar, através do sistema de patentes, a pesquisa nesses setores» (CHIAVEGATTI; ZECCA, 2006).

De forma ampla, o legislador comunitário presta atenção à necessidade de colocar a biotecnologia a serviço do desenvolvimento sustentável. Não há duvidas de que a biotecnologia (mais precisamente a nanobiotecnologia) possa oferecer uma contribuição crucial para o desenvolvimento sustentável, como se verifica também na consideração 56 da Diretiva, que prevê "o uso sustentável e a conservação da diversidade biológica, assim como a justa repartição das vantagens obtidas pelo uso dos recursos genéticos, compreendida a proteção dos conhecimentos da comunidade indígena e local...". Então, fica evidente que o emprego da biotecnologia a serviço do desenvolvimento sustentável não pode deixar de colocar à disposição dos países em via de desenvolvimento os instrumentos biotecnológicos patenteados. Tanto é que a consideração 11 prevê a promoção de mecanismos internacionais que assegurem a difusão desta tecnologia no terceiro mundo e em benefício da população interessada.

A regulamentação da diretiva europeia é muito importante no sentido da criação de uma plataforma para a proteção da propriedade intelectual e a manutenção da atratividade das locações biológicas em toda a Europa, reduzindo barreiras comerciais ou competitivas.

4. CONSIDERAÇÕES FINAIS

Em resumo, a Diretiva foi elaborada considerando:

a) "Que a biotecnologia e a engenharia genética estão adquirindo função crescente em uma vasta gama de atividades industriais; que a proteção das invenções biotecnológicas assumirá importância fundamental para o desenvolvimento da comunidade" (consideração nº 1).
b) "Que sobretudo no campo da engenharia genética, em que a pesquisa e o desenvolvimento exigem notável quantidade de investimento de alto risco, somente uma proteção jurídica adequada pode consentir torná-la rentável" (consideração nº 2).
c) "Que o Direito nacional em matéria de proteção jurídica de invenções biotecnológicas deve ser adequado e completado em pontos específicos, em consequência do surgimento de novas invenções que utilizam material biológico e que possuem os requisitos do patenteamento" (consideração nº 8).
d) "Que a evolução da biotecnologia é importante para os países em desenvolvimento, tanto no setor da saúde e na luta contra epidemias, como no combate à fome no mundo" (consideração nº 11).
e) "Que o Direito de Patente deve respeitar o princípio fundamental da dignidade e da integridade do homem, que é o corpo humano em todos os estágios de sua constituição e do seu desenvolvimento, incluindo as células embrionárias, assim como a sequência parcial de um gen humano, não são patenteáveis; que tais princípios estão em conformidade com os critérios de patenteamento do direito de patente, segundo o qual uma simples descoberta não pode constituir objeto de patente" (consideração nº 16).
f) "Que já é possível realizar progressos decisivos na cura de doenças, graças à existência de medicamentos derivados de elementos isolados do corpo humano" (consideração nº 17).
g) "Que uma invenção relativa a um elemento isolado do corpo humano, ou produzido diversamente, através de um procedimento técnico com aplicação industrial, não é excluída do patenteamento, desde que o direito atribuído não se estenda ao corpo humano e suas partes".
h) "Que a simples sequência de DNA sem indicação de sua função, e sem atividade inventiva, não pode constituir uma invenção e, portanto, não é patenteável" (consideração nº 23).
i) "Se uma invenção tem por objeto um material biológico de origem humana, à pessoa de quem foi retirado o material deve ser garantida a possibilidade de dar o seu próprio consentimento" (consideração nº 26).
j) "Que são excluídas do patenteamento invenções contrárias à ordem pública e à moralidade, para proteger a vida e a saúde do homem, dos animais e das plantas, e para evitar graves danos ao meio ambiente" (consideração nº 36).
k) "Que devem ser excluídos do patenteamento, a clonagem de seres humanos; processos para modificar a identidade genética germinal de seres

humanos; o uso de embriões humanos para propósitos comerciais ou industriais; e processos para modificar a identidade genética de animais e que possam lhes causar sofrimento, sem qualquer benefício médico substancial ao homem ou aos animais, e também aos animais resultantes de tais processos" (considerações nº 40, 42 e 45).

As invenções em biotecnologia, por sua própria natureza e essência, requerem que os estudiosos enfrentem denso conjunto de problemas referentes ao campo do patenteamento. Problemas não cessaram nem mesmo após a adoção, na Europa, da já mencionada Diretiva sobre o patenteamento de invenções biotecnológicas, cuja interpretação continua sendo objeto de diversos pronunciamentos da Corte de Justiça Europeia. Após 20 (vinte) anos da adoção da Diretiva 98/44/CE, a regulamentação do patenteamento em biotecnologia continua sendo um tema rico de numerosos questionamentos dignos de estudo, sendo importante destacar que o balanceamento dos interesses contrapostos no setor não se opera somente em nível normativo, mas também em nível decisional/jurisprudencial.

5. REFERÊNCIAS BIBLIOGRÁFICAS

BENACCHIO Giannantonio. *Diritto Privato della Unione Europea.* Fonti, Modelli, Regole. 7ª ed. Walters Klewer, 2016.

CAFORIO, Giusseppe. *I Trovati Biotecnologici tra i Principi Etico-Giuridici e il Codice di Proprietà Industriale.* Torino: G. Giappichelli Editore, 2006.

CANGELOSI, Ingrid. *Patients Right to Protect Data and the Right of the Inventor to Patent Innovations.* A Legal Analysis on Biotechnological Inventions Implications. Tesi di Dottorato. Università Carlo Cattaneo – LIUC. Scuola di Diritto. Dottorato di Richerca in Gestione Integrata D' Azienda Ciclo XXVIII, 2017.

CARVALHO, Carlos Eduardo Neves de Melhoramento Vegetal no Brasil e a Lei de Biossegurança. *Revista da ABPI*, nº 131, jul./ago, Rio de Janeiro, 2014.

CASABONA, Carlos María Romeo. *Do Gene ao Direito. Sobre as implicações jurídicas do conhecimento e intervenção no genoma humano.* São Paulo: IBCcrim, 1999.

CHIAVEGATTI, Gian Andrea; ZECCA, Marco. Considerazioni Introduttive in Materia di Brevettabilità. *In*: BOSCHIERO, Nerina (org.). *Bioetica e Biotecnologie nel Diritto Internazionale e Comunitario.* Questioni Generali e Tutela della Proprietà Intellettuale. Torino: G. Giappicheli Editore, 2006.

DIAS, José Carlos Vaz; CERDA, Clarisse De La. A Decisão Norte-Americana do Caso Myriad: novos paradigmas para a proteção patentária do código genético humano e biotecnologia. *Revista de Direito Internacional,* Brasília, v.13, n.3, 2016.

FALCE, Valeria. Lineamenti Giuridici e Profili Economici della Tutela dell´Innovazione Industriale. *Quaderni Romani di Diritto Commerciale*, Serie SAGGI 10. Milano: Giuffrè, p.34 – 35, 2006.

FLORIDIA, Giorgio. Le Invenzioni. *In*: AUTERI, P; FLORIDIA, G; MANGINI, V; OLIVIERI, G; RICOLFI, M; ROMANO, R; SPADA, P. *Diritto Industriale*. Proprietà Intelletuale e Concorrenza. 5ªed. Torino: G. Giappichelli Editore, 2016.

FREITAS, Rogério Edvaldo; BIANCHI, Carlos. Propriedade Intelectual e Aspectos Regulatórios em Biotecnologia: União Europeia. *In*: ZUCOLATO, Graziela Ferrero; FREITAS, Rogério Edvaldo (org.). *Propriedade Intelectual e Aspectos Regulatórios em Biotecnologia*. Rio de Janeiro: IPEA, 2013.

GAMBINO,2014 Alberto Maria. Brevetto e Biotecnologie: Tra Inovazzione e Limiti. *Riv. Studia Bioethica*, vol. 7, nº 2, 2014.

GRISOLIA Santiago. A Biotecnologia no Terceiro Milênio. *In*: CASABONA, Carlos Maria Romeo (org.). *Biotecnologia, Direito e Bioética*. Trad. José Carlos Sampaio Rodarte. Belo Horizonte: Del Rey, v. p. 16 – 22, 2002.

MARTÍNEZ, Stella Mara. *Manipulação Genética e Direito Penal*. São Paulo: IBCerim, 1998.

PESSINI Leo; BARCHIFONTAINE, Christian de Paul de. *Problemas Atuais de Bioética*, 9ª ed. São Paulo: Loyola, 2010.

NAVES, Bruno Torquato de Oliveira; GOIATÁ, Sarah Rêgo. Patentes em Biotecnologia: Patentear Vida ou Objetivar o Uso Positivo da Patente na Política de Desenvolvimento da Biotecnologia. *In*: PIMENTA, Eduardo Goulart entre outros (org.). *Construindo Relações Jurídicas entre o Público e o Privado*. Belo Horizonte: D'Placido, 2014.

RIFIKIN, Jeremy. *O Século da Biotecnologia*: A valorização dos genes e a reconstrução do mundo. Trad. Arão Sapiro. São Paulo: Makron Books, 1999.

SÁNCHEZ, Noelia de Miguel. Protección Jurídica de las Invenciones Biotecnológicas: sistemas de tramitación de patentes. *In*: CASABONA, Carlos Maria Romeo. *Aspectos Éticos-Jurídicos das Patentes Biotecnológicas*: la dimensión patrimonial de la materia viva. Granada: Comares, 2014.

SIMON, Jügen. Biotecnologia e Lei de Patentes sob Perspectiva Europeia. *In*: CASABONA, Carlos Maria Romeo; QUEIROZ, Juliane Fernandes (Coord.). *Biotecnologia e suas Implicações Ético-Jurídicas*. Belo Horizonte: Del Rey, 2005, p.474.

URANGA, Amelia Martín. As Invenções Biotecnológicas à Vista das Decisões do Departamento Europeu de Patentes e do Tribunal de Justiça das Comunidades Europeias. *In*: CASABONA, Carlos Maria Romeo; QUEIROZ, Juliane Fernandes (coord.). *Biotecnologia e suas Implicações Ético-Jurídicas*. Belo Horizonte: Del Rey, 2005.

UE. *Diretiva 98/44/CE do Parlamento Europeu de 6 _98_44_CE.pdf*. Acesso em: 12 out. 2017. De julho de 1988. Disponível em: http://www.cgcom.es/sites/default/files/54_Directiva.

O TRANSHUMANISMO E O BIOCONSERVADORISMO A LUZ DA BIOÉTICA

MÔNICA DE OLIVEIRA CAMARA[1]

SUMÁRIO: Introdução; 1. Os valores transhumanistas segundo Nick Bostrom; 2. Dois conceitos fundamentais para os transhumanistas: natureza humana e aprimoramento humano; 3. O pensamento bioconservador segundo Francis Fukuyama; 4. Perspectivas bioéticas num ambiente pós-humano; Considerações finais; Referências

INTRODUÇÃO

Neste artigo serão apresentados os pensamentos pós-humanistas e as ideias transhumanistas de Nick Bostrom, a fim de que possa haver uma contraposição ao pensamento humanista de Francis Fukuyama, sendo necessário esclarecer desde logo que a expressão humanista está a se referir a preocupação em preservar o homem com as características que são inerentes à condição humana e que, segundo os bioconservadores, vem sendo ameaçada pelo emprego dos avanços científicos.

O tema foi escolhido em razão das inquietudes suscitadas por cientistas sobre o uso indiscriminado das novas tecnologias biomédicas, sem uma regulamentação clara e efetiva sobre a questão. Alertam que a tecnologia pode trazer benefícios ao homem, mas também pode representar um instrumento de destruição da vida humana e inumana.

No primeiro item do artigo apresentam-se as lições de Nick Bostrom, importante difusor das ideias transhumanistas e que enfatiza a importância da biotecnologia como um instrumento legítimo da emancipação do homem, porquanto as novas técnicas promovem e promoverão ao ser humano uma vida melhor, livre de qualquer sofrimento, dor, limitações biológicas.

---

[1] Advogada. Mestre em Direito Público e Evolução Social pela Universidade Estácio de Sá. Especialista em Direito Civil e Processo Civil. Professora de Direito Civil e Coordenadora Adjunta do Núcleo de Prática Jurídica da Universidade do Grande Rio. Membro da Comissão de Bioética e Biodireito da OAB/RJ, exercício 2019/2021. E-mail: mocamara1301@gmail.com

Para melhor elucidar o pensamento bostroniano o item dois se preocupa em dissertar sobre a natureza humana, porquanto representa um conceito relevante para a melhor compreensão do debate. Isto porque, os transhumanistas entendem que esse atributo não é imutável, universal, sendo possível sua alteração com o emprego da biotecnologia.

O último item discorre sobre a posição contrária de Francis Fukuayma diante do projeto transhumanista. Este filósofo considera que o projeto transhumanista representa o surgimento de uma verdadeira luta de classes, posto que, em sendo os avanços tecnológicos utilizados para o melhoramento humano indiscriminadamente, o cenário que se vislumbra é a criação de seres pós-humanos convivendo com o humano, o que conduziria à degradação do ser não melhorado, aumentando ainda mais as injustiças sociais e promovendo práticas eugênicas.

O artigo se encerra com a descrição do papel da bioética nesse cenário pós-humano, enfatizando que a disciplina deve promover concretamente a qualidade de vida da humanidade, afastando danos indesejáveis para o homem, o planeta e às futuras gerações, e que este objetivo só será alcançado se adotadas condutas pautadas no princípio da responsabilidade e da precaução.

1. OS VALORES TRANSHUMANISTAS SEGUNDO NICK BOSTROM

Segundo Dias e Vilaça (2014, p.345), Nick Bostrom, professor de filosofia da Universidade de Oxford, foi o responsável, juntamente com David Pearce, pela criação em 1997, do *World Transhumanist Association*, atualmente denominado de *Humanity* ou *Humanity Plus*, associação criada com o propósito de constituir uma espécie de organização "guarda-chuva" para reunir os transhumanistas.

Para Bostrom (2005a, p.01) o movimento transhumanista promove uma abordagem interdisciplinar na análise das oportunidades em benefício da condição humana e do organismo humano, proporcionado pelo progresso da tecnologia. O cuidado em analisar essa nova realidade indica uma preocupação no emprego tanto para tecnologias atuais, como por exemplo, a engenharia genética e a tecnologia da informação, quanto para aquelas antecipadas para o futuro, como é o caso da nanotecnologia molecular e a inteligência artificial.

O termo transhumano denota os seres em transição, ou moderadamente aprimorados, cuja capacidade estaria em algum lugar entre estes humanos não desenvolvidos e o desenvolvido pós-humano. No que se refere à expressão "pós-humano", o filósofo alemão delimita como sendo aquele ser dotado de capacidades físicas e/ou cognitivas superiores ao humano não melhorado.

De acordo com Dias e Vilaça (2014, p.345), a filosofia transhumanista foi inicialmente tratada por Max More, filósofo britânico que em 1990, no artigo *Transhumanism: towards a futurist Philosophy* estabeleceu algumas diretrizes para essa nova era de progresso e valorização da existência humana, dando ênfase à utilização de várias ciências e tecnologias, tais como a neurociência e a neurofarmacologia, o prolongamento da vida, nanotecnologia e a ultra-inteligência artificial.

Conforme Bostrom (2005a, pp.01-02) enfatiza os ideais transhumanistas visam o aprimoramento do ser humano, possibilitando a extensão radical da saúde humana, a erradicação de doenças, a eliminação do sofrimento desnecessário e o melhoramento das capacidades intelectuais, físicas e emocionais dos humanos. Pondera aquele filósofo que o aperfeiçoamento humano não está limitado apenas à utilização de dispositivos tecnológicos e medicamentos, mas também inclui talentos e técnicas econômicas, sociais, de design institucional e de desenvolvimento.

A pretensão é a de promover não só os métodos comuns de melhorar a natureza humana, como educação e refinamento cultural, como também a aplicação direta da medicina e da tecnologia para superar alguns limites biológicos do ser humano. Pondera o professor sueco de filosofia de Oxford que essas limitações humanas constituem uma restrição ao ser humano em se desenvolver em sua plenitude cabendo a cada indivíduo mediante o uso da razão, da ciência e da tecnologia transcender a tais limitações.

Pessini (2017, p.09) aponta que as ideias pós-humanistas têm suas raízes nos ensinamentos do filósofo alemão do século XIX, Friedrich Nietzsche. Nietzsche (2002, pp.450-460), que na obra denominada "Assim falava Zaratustra" criou o termo super-homem (*Übermensch*), para designar um ser superior aos demais, modelo ideal para elevar a humanidade. Na visão daquele filósofo alemão, o ser humano superior não deveria se unir a outro ser humano que não fosse igualmente superior, representando o amor um impedimento ao bom senso, não sendo aconselhável que o homem assuma decisões que afetem sua vida em momentos de paixão, devendo o amor ser deixado para classes menos favorecidas, cabendo ao ser superior, o "super-homem", unir-se com outro ser superior, para assim, dar seguimento ao desenvolvimento da raça e não apenas sua reprodução.

Retornando às ideias transhumanistas, Bostrom (2005a, pp.3-7) apresenta as seguintes imperfeições humanas: (1) o tempo de vida, (2) a capacidade intelectual, (3) a funcionalidade do corpo, (4) modalidades sensoriais e (5) o humor, energia e autocontrole. Segundo ele o tempo de vida humana representa irrisórios sete ou oito décadas, período bastante curto para o homem desempenhar todas as atividades relevantes em sua vida. O fato do ser humano morrer precocemente retira dele a possibilidade em realizar algo relevante para a humanidade, do contrário poderia desfrutar da saúde e da vitalidade da juventude, alcançando níveis de maturidade que sequer pode ser imaginado.

Quanto à capacidade intelectual do homem, o filósofo sueco afirma existir um desejo persistente de todos os indivíduos em ser dotado de maior inteligência, porém a atividade mental humana é limitada, incapaz de armazenar milhares de dados com precisão e rapidez como faz os computadores. O cérebro humano está fadado a se enclausurar em uma caverna, capaz apenas de levantar teorias sem, contudo, chegar às respostas sólidas para muitas das grandes questões filosóficas tradicionais, justamente porque o humano não é esperto o suficiente para ser bem-sucedido nesse tipo de investigação.

No que diz respeito à funcionalidade do corpo, Bostrom (2005a, p.06) sustenta que o indivíduo melhora seu sistema imunológico natural com utilização de vacinas, porém é possível a aplicação de outras técnicas para proteger o corpo humano de doenças ou auxiliar em satisfazer outros desejos, como por exemplo, controlar a taxa metabólica do organismo, o que certamente proporcionaria melhor qualidade de vida.

O professor de filosofia apresenta a técnica do *upload* para obter uma visão computacional da mente, o que possibilitaria que a mente humana fosse armazenada para um computador, através da replicação em silício dos detalhados processos computacionais que normalmente ocorreriam em um cérebro humano em particular. Ser um *upload* teria muitas vantagens em potencial, tais como a habilidade de fazer cópias de segurança de si mesmo e a capacidade de autotransmitir informação na velocidade da luz.

Ainda no que se refere às limitações humanas, o filósofo destaca que as modalidades sensoriais humanas podem ser aprimoradas, porque aquelas que já são conhecidas não são as únicas possíveis, até porque esse desenvolvimento pode demonstrar ser insuficiente, sendo possível alcançar níveis mais altos de sensibilidade e receptividade.

Por fim, Bostrom (2005a, p.07) afirma que o humano tem seu senso de humor, energia e autocontrole definidos por uma determinação genética. A limitação do sentimento de bem-estar também diz respeito à energia, força de vontade e capacidade de moldar o caráter de acordo com o ideal de cada indivíduo. Assim, o melhor que se pode fazer é buscar aprimorar a capacidade de facilmente se livrar de hábitos que comprometam o humor e o autocontrole, devendo o ser humano buscar um sistema mais preciso para escolher ou abandonar certas atitudes que influenciam o sentimento de felicidade.

Bostrom (2003, p.21) ressalta que os transhumanistas entendem que as tecnologias de melhoramento humano deveriam ser amplamente utilizadas, que indivíduos deveriam ter a liberdade de escolha sobre quais dessas técnicas desejam aplicar a si próprios, dando ênfase à autonomia de cada um, e que os pais deveriam ter normalmente o direito de escolher aprimoramentos para os seus futuros filhos, porquanto a natureza humana está em constante estágio evolutivo, podendo ser aprimorada através do uso da ciência e de outros métodos racionais, capazes de auxiliar no aumento da longevidade da vida humana, estender as capacidades físicas e intelectuais e permitir um maior controle sobre os estados mentais e humores do ser pós-humano.

Esse movimento filosófico não pretende abandonar os valores atuais, porque estes podem representar os próprios valores pós-humanos, tanto que os transhumanistas defendem com veemência os direitos humanos, rechaçando a ideia de que os seres pós-humanos devem ser favorecidos em detrimento dos seres humanos, mas que o correto seria expor os ideais transhumanistas para favorecer os próprios humanos.

O próprio Bostrom (2005b, pp.202-214) não nega a existência de riscos, tanto que afirma a necessidade em conhecê-los para evitar que ocorram, agindo contra ameaças concretas, tais como abusos de armas biológicas por parte de militares ou terroristas, e contra efeitos colaterais sociais e ambientais indesejados, sem com isso significar que o fato deles existirem representa a abolição completa do movimento transhumanista. Isto porque as tecnologias de melhoramento humano irão oferecer usos extraordinariamente valiosos e benéficos para a humanidade, sendo possível pensar em uma realidade em que as técnicas de aprimoramento sejam capazes de transformar o humano atual, ou as gerações futuras, em seres pós-humanos, dotados de longevidade, com plena saúde, faculdades intelectuais muito maiores do que as de qualquer ser humano na contemporaneidade, ou quem sabe modalidades e sensibilidades inteiramente novas, entre elas a habilidade de controlar as próprias emoções.

Com o emprego da biotecnologia para aprimorar a natureza humana é possível prever um acentuado desenvolvimento na pessoa pré-transformada, obtendo uma ampliação na expectativa de vida, inteligência, saúde, memória e sensibilidade emocional, sem deixar de existir no processo. Ao que parecem essas modificações que aumentam as habilidades de alguém são capazes de trazer mais benefícios do que prejuízos. Se a maior parte do que alguém é atualmente, incluindo suas memórias mais importantes, atividades e sentimentos, é preservado, então acrescentar capacidades extras a isso não levaria ao humano deixar de existir.

Conforme Bostrom (2005a, p.09) sustenta, o transhumanismo permite ao homem buscar um desenvolvimento ainda maior com o propósito de explorar novos reinos de valor, até então inacessíveis, ainda que isso provoque o despojamento de algumas partes de nós mesmos de tal forma que não seja mais possível ser a mesma pessoa. Aponta o filósofo que ainda não há condições para o ser humano responder ao questionamento sobre qual parte de si deseja sacrificar, contudo, isso se dará na medida em que todos estejam familiarizados com o significado de cada biotecnologia, cabendo uma exploração cuidadosa do reino pós-humano, por representar algo indispensável para a aquisição de tal entendimento. O valor central do transhumanismo é justamente esse, a exploração do mundo pós-humano, porque assim será adquirida a capacidade de avaliar com clareza se de fato há benefícios capazes de justificar que esse projeto inovador seja levado adiante.

Indispensável é apresentar as condições básicas para a realização do projeto transhumanistas, por isso Bostrom (2005a, pp.10-11) assinala que para a realização deste projeto é fundamental que os meios tecnológicos de aprimoramento humano sejam disponibilizados para todos os que desejarem utilizar, e, ao mesmo tempo, que a sociedade seja estruturada de maneira que as pesquisas empreendidas não sejam capazes de causar danos sociais e criar riscos existenciais. Os riscos existenciais devem ser entendidos, como aponta Bostrom (2002, p.02), como sendo "aquele risco em que um resultado adverso aniquilaria a vida inteligente originária da Terra ou limitaria permanentemente e drasticamente seu potencial".

O ideal é que o projeto transhumanista reúna as condições básicas para seu êxito serem alcançados, quais sejam: a existência de uma segurança global, um progresso tecnológico e um amplo acesso. Por segurança global, o professor de filosofia enfatiza ser possível ocorrer desastres ou contratempos durante esse processo, contudo o risco existencial deve ser evitado a qualquer custo, porque se a humanidade for destruída impedirá que o ser humano possa se desenvolver o que vai de encontro ao núcleo essencial do valor transhumanista, que é a preservação da humanidade.

Quanto ao progresso tecnológico revela que isso constitui um elemento essencial para os transhumanistas, porquanto as imperfeições biológicas, como envelhecimento, doenças, intelectos débeis, representam uma complexa utilização de ferramentas tecnológicas com capacidade para superar essas deficiências. Para tanto, é preciso vincular esse progresso tecnológico ao desenvolvimento econômico, em especial ao crescimento da produtividade, porque são elementos indissociáveis.

Segundo Bostrom (2005a, p.11), o acúmulo gradual das melhorias ao longo dos anos permitiu que a maioria dos indivíduos se livrasse do analfabetismo, aumentasse a expectativa de vida para mais 20 anos, diminuíssem taxas de mortalidade infantil, além de permitir que doenças terríveis fossem tratadas com cuidados paliativos, diminuindo o sofrimento. O avanço científico da tecnologia, sob este enfoque, representa um instrumento útil para a melhoria na qualidade de vida.

Por fim, destaca o filósofo a necessidade que todos tenham a oportunidade de se tornar pós-humanos, sendo inadmissível pensar em um cenário que o projeto transhumanista fosse direcionado para uma pequena elite da humanidade, porquanto isto representaria um aumento maior da desigualdade social, o fim do sentimento de solidariedade e respeito pelos seres humanos, à diminuição das oportunidades de cada indivíduo de se tornar um pós-humano, além de agravar ainda mais o sofrimento humano da grande maioria da sociedade.

Segundo Bostrom (2002, p.03) destaca esses infortúnios da humanidade não representam aquilo que ele nominou como riscos existenciais, razão pela qual o ser humano não desenvolveu ainda mecanismos, biológicos ou culturais, para gerenciar fatos que possivelmente pode levar a destruição do homem. A estratégia de enfrentamento até então está moldada por uma experiência com riscos como animais perigosos, indivíduos ou tribos hostis, alimentos venenosos, doenças incuráveis, acidentes automobilísticos, Chernobyl, erupções de vulcões, terremotos, I e II Guerra Mundial, gripe, varíola, peste negra e AIDS, acontecimentos esses que, segundo ele, não representaram significativamente a extinção da humanidade, sequer afetaram a quantidade total de sofrimento ou felicidade humana ou determinaram o destino de longo prazo da espécie humana.

Essas catástrofes são, em alguns casos, ocorrências frequentes, porém a atitude do homem em relação ao risco, culturalmente, está amparada por tentativa e erro na administração de tais perigos. Esse não representa o melhor método para gerir esses riscos, porque não há oportunidade de aprender com os erros. A abordagem não pode ser reativa, isto é, analisar os acontecimentos, limitar os danos e aprender com a experiência.

Em vez disso, o filósofo enfatiza ser preciso adotar uma abordagem proativa, leia-se: adotar uma atitude de previsão para antecipar novos tipos de ameaças e uma disposição para tomar medidas preventivas decisivas e arcar com os custos (morais e econômicos) de tais ações. Também não é possível confiar exclusivamente em instituições, normas morais, atitudes sociais ou políticas de segurança nacional, porque esses instrumentos foram criados a partir de uma experiência com a administração de outros tipos de riscos.

O risco existencial, aquele que possibilita a aniquilação da humanidade, é um tipo diferente e que talvez não se tenha noção da sua exata gravidade, porque a humanidade nunca vivenciou um desastre de tamanha magnitude. Por constituírem bens públicos globais, os riscos existenciais necessitam de uma atuação no plano internacional, devendo a soberania nacional ser mitigada, por não representar uma desculpa legítima para omissão governamental, esquivando-se de adotar medidas necessárias contra um grande risco existencial.

Vilaça e Dias (2014, p.348) assinalam que Bostrom enumera, além do valor nuclear ou central do transhumanismo, os valores derivados representados pelos seguintes pontos: a natureza humana pode ser alterada, deve existir uma liberdade morfológica e reprodutiva (primazia pela autonomia na utilização das biotecnologias), paz, cooperação internacional e pacto de não proliferação de armas de destruição em massa, aperfeiçoamento do conhecimento através do fomento de pesquisas, incentivo do debate público, do pensamento crítico, da quebra de preconceitos, ampliação da inteligência individual, coletiva e artificial, adoção do critério de reavaliação constante, reexaminando periodicamente os pressupostos, à medida que as pesquisas e a produção efetiva de novas técnicas avancem, opção pelo pragmatismo e cientificidade, defesa da diversidade (espécies, raças, crenças religiosas, estilos de vida), preocupação com o bem-estar de toda forma de vida senciente, salvar e prolongar vidas.

Os valores transhumanistas tais quais apresentados por Bostrom parecem ter o propósito de enfrentar problemas éticos que venham a surgir, tais como, a modificação da natureza humana, o aumento da desigualdade social, possibilidades do uso das práticas eugênicas presentes em outros momentos históricos, entre outros. É fundamental para o projeto ampla discussão pública pautada em informações científicas e que periodicamente possam ser reexaminadas.

2. DOIS CONCEITOS FUNDAMENTAIS PARA OS TRANSHUMANISTAS: NATUREZA HUMANA E APRIMORAMENTO HUMANO

Um dos pontos relevantes no debate do projeto transhumanista é a modificação da natureza humana de forma a permitir a criação de seres pós-humanos com capacidades muito maiores do que aquelas que os seres humanos do presente possuem.

Conforme Bostrom (2003, p.04) argumenta, o transhumanismo representa uma saída do ser humano da fase da menoridade biológica, uma vez que, acredita que o atual estágio da espécie não representa o fim do seu processo de desenvolvimento ou evolução, já que há possibilidades de aprimoramento da sua bioconstituição que podem ser amparadas não apenas na natureza, mas também nos meios artificiais que o humano possui e ainda pode inventar.

Sob este enfoque, os transhumanistas defendem que a natureza humana não é imutável, podendo ser aperfeiçoada com o emprego das tecnologias de melhoramento, ainda que isso dê origem a um ser pós-humano. Bostrom e Sandberg (2009, pp.375-416) apontam uma tendência coletiva em preferir as coisas consideradas naturais, em detrimento das artificiais, havendo um sentimento quase incontestável que o melhor é aquilo que naturalmente é produzido, ideia que deve ser reformulada diante dos avanços tecnológicos que podem ser utilizados para melhorar o ser humano.

Dias e Vilaça (2013, p.240) esclarecem que Bostrom apresenta três questões relevantes, tratadas no conceito de natureza humana e apontadas pelos bioconservadores como obstáculos para o emprego da biotecnologia com o intuito de aprimorar o ser humano, a saber: pensamento de que constitui um componente fixo, essencial e universal; que a natureza humana é algo bom; que como constitui um fundamento firme da moral, alterá-la representaria a destruição dos valores do homem e da própria moralidade.

No que se refere à primeira questão, ou seja, a premissa de que a natureza humana é fixa, essencial e universal, Bostrom (2003, p.36) ressalta que o homem sempre teve o propósito de se aperfeiçoar cada vez mais, buscando a perfeição, pois isso é da sua natureza. Contudo, a natureza humana é apenas um ponto de partida para se iniciar essa jornada de progresso, não representando um elemento imutável, mas em constante desenvolvimento.

Quanto ao argumento de que a natureza humana é absolutamente boa, os transhumanistas sustentam que há alguns aspectos físicos e psíquicos dos seres humanos que podem ser considerados maus, como por exemplo, a agressividade, doenças, deficiências, para não citar outros. Nesse sentido, Bostrom (2003, p.36) assinala ser perfeitamente razoável a busca por tratamentos biotecnológicos que possam melhorar ou mesmo eliminar esses males, porquanto preservar totalmente a natureza humana seria uma forma de permanecer com esses aspectos negativos do humano.

Por fim, o argumento de que por ser a natureza humana um fundamento firme da moral, alterá-la representaria a destruição dos valores do homem e da própria moralidade, Persson e Savulescu (2010, pp.656-669) elucidam que a avaliação do ser humano sobre o que é bom ou ruim não tem vinculação com a noção abstrata da natureza humana, mas sim com a ideia de que a natureza humana é formada por questões biológicas, e que podem inclusive trazer prejuízos nesta avaliação. Portanto, sob este enfoque, alterá-la significaria trazer benefícios importantes para a humanidade.

Já Buchanan (2009, pp.141-150), professor americano de filosofia do Direito da *Duke University*, sustenta que a avaliação do ser humano sobre a moralidade não tem como parâmetro exclusivo a natureza humana, sendo um componente que forneceria uma espécie de índice de restrições. Assim, com a criação de uma nova natureza, agora pós-humana, criar-se-ia novas restrições, as quais serviriam como ponto de partida para a avaliação da moralidade.

Buchanan (2011, p.01) também enfatiza que o ser humano caracteriza-se pela ingerência constante e intencional sobre o meio ambiente, criando artifícios que aumentam os limites físicos. Fatores como o desenvolvimento agrícola, o domínio de ferramentas e o surgimento de centros urbanos, corroboram essa afirmativa, contribuindo para alterações importantes da constituição biológica do humano. Logo, o melhoramento não consiste em um fenômeno novo, mas em uma prática enraizada na história dos homens. A novidade é a realização deliberada e cientificamente informada de modificações sobre a natureza humana, através da biomedicina.

A história da humanidade mostra a busca incessante em promover melhorias físicas e cognitivas da espécie humana, com o claro propósito de aprimorar o funcionamento do corpo humano. A procura por métodos mais eficazes de estudos e a prática de atividades físicas aliadas a uma alimentação saudável são formas exemplificativas da adoção de hábitos visando o melhoramento da espécie. No geral, o que se observa é que atividades motoras básicas como correr, saltar e levantar pesos podem ser melhoradas a partir do momento em que um treinamento físico adequado é estabelecido. No que se refere ao melhoramento das capacidades intelectuais, de igual modo, adotando-se uma rotina de atividades cognitivas como os estudos exaustivos e bem disciplinados, a capacidade de reflexão e raciocínio também pode ser aumentada. Assim, uma compreensão inicial e ampla sobre aprimoramento humano pode ser apresentada, como sendo um instrumento que possibilita um aumento em alguma capacidade física ou cognitiva do ser humano.

Esse conceito inicial ao ser confrontado com outros tipos de melhoramentos humanos ocorridos em razão da utilização da biotecnologia pode ser insuficiente para sua correta definição, na medida em que as intervenções nas capacidades físicas e intelectuais não demonstram qualquer semelhança com as práticas tradicionais de melhoramento, conforme pôde ser constatado no item anterior. O uso de anabolizantes em atletas para melhorar o desempenho nas competições, a ingestão de remédios como a "Ritalina" para auxiliar nas atividades acadêmicas, o emprego de chips de computadores implantados diretamente ao cérebro humano para obter informações rápidas da internet, são alguns dos exemplos que podem ser citados como técnicas radicais de aperfeiçoamento do ser humano.

Há uma diferença decisiva entre os melhoramentos tradicionais e os novos métodos para promover o aumento de alguma capacidade humana, qual seja: esses últimos se utilizam de técnicas com capacidade para interferir na constituição biológica que aumenta as capacidades muito além do funcionamento da normalidade, razão pela qual há uma crescente preocupação ética com a utilização desses avanços tecnológicos.

Um conceito mais aprofundado sobre melhoramento humano é aquele apontado por Heilinger e Crone (2014, pp.13-21). O primeiro é diretor administrativo acadêmico de ética do Centro de Competência de Munique, e a segunda é professora de Filosofia na Universidade Tü Dortmund, também localizada na Alemanha. Para os autores, o aprimoramento humano enquanto fruto de intervenções biotecnológicas no organismo humano, é aquele que têm por objetivo aperfeiçoar certas capacidades já existentes ou produzir novas.

Outra definição é apresentada por Funk; Kennedy; e Sciupac (2016, p.02), diferenciando o melhoramento humano biotecnológico das outras formas tradicionais com vistas a aumentar as capacidades humanas. Para os autores, o aprimoramento (*enhancement*) é diferente daquelas tentativas de melhoramento humano (*betterment*), pois envolve intervenção biomédica no corpo para melhorar as capacidades de uma pessoa. Fácil é perceber que os autores diferenciam as formas de melhoramentos promovidos pelos modos mais tradicionais, chamando-os de *"betterment"* (melhoramento), enquanto aqueles obtidos por meio das biotecnologias são nominados de *"enhancement"* (aprimoramento). Ainda que as expressões possam ser consideradas sinônimas, a segunda vem sendo utilizada como termo vinculado ao debate ético em torno do melhoramento humano biotecnológico.

Há, ainda, debates em torno da definição de melhoramento radical e que Nicholas Agar, professor de ética na Nova Zelândia, na Universidade Victoria de Wellington, em seu artigo intitulado *Humanity's End: Why We Should Reject Radical Enhancement* aborda os limites morais para o melhoramento radical. Para Agar (2010, p.01), o melhoramento radical envolve o aprimoramento significativo dos atributos e habilidades humanas a níveis que excedem em muito o que é possível para seres humanos atualmente (tradução nossa).

Para o professor de ética o conceito de melhoramento radical é de suma importância, uma vez que esta definição será capaz de especificar quais seriam os limites impostos para utilização das técnicas de melhoramento. O autor traz a distinção entre os melhoramentos moderados e aqueles considerados radicais, para sair em defesa dos primeiros, recusando o segundo. Isto porque, o melhoramento moderado visa ser empregado para indivíduos com algumas restrições, sejam elas físicas ou cognitivas, ao passo que o melhoramento radical tem o propósito de promover alterações que transcendam as capacidades humanas para além de seus limites, fazendo com que surjam capacidades pós-humanas, capacidades para além de qualquer limite encontrado por seres humanos.

Bostrom (2006, p.01), em seu artigo *Why I Want to be a Posthuman When I Grow Up*, define o que considera transhumanismo, inclusive, descrevendo quais seriam os campos de atuações que as técnicas de melhoramento devem ser mais efetivamente aplicadas no ser humano. Segundo o autor, uma capacidade pós-humana é aquela que excede em muito o máximo atingível por qualquer ser humano atual que não se utiliza dos novos meios tecnológicos, concluindo-se, a partir daí a semelhança com os ensinamentos de Nicholas Agar. Isto porque, na visão bostroniana, melhoramentos humanos são aqueles que ultrapassam as capacidades regulares humanas para níveis nunca antes vistos em um indivíduo, ocasionando situações que Bostrom conceituará como pós-humanas.

O pós-humanismo então será a postura que defenda tais melhoramentos radicais, posto que o próprio termo transhumanista traz a definição apresentada para melhoramento humano radical, qual seja: aquele que transcende as capacidades humanas para além dos limites até então explorados pelo homem.

3. O PENSAMENTO BIOCONSERVADOR SEGUNDO FRANCIS FUKUYAMA

O termo bioconservadorismo representa o pensamento contrário ao uso da tecnologia para modificar a natureza humana. A preocupação está direcionada para o fato de que o uso das biotecnologias constitui uma ameaça à dignidade humana, porquanto o emprego indiscriminado dessas novas técnicas exprime consequências devastadoras para a humanidade por permitir o surgimento de um ser mais humano. Bostrom (2005b, pp.202-214) aponta alguns bioconservadores vinculados a essas ideias, entre eles Leon Kass, George Annas, Wesley Smith, Jeremy Rifkin, Bill Mc Kibben e Francis Fukuyama.

Nesse sentido, o presente item tem como propósito o pensamento de Francis Fukuyama sobre o uso da biotecnologia, a fim de que o debate acerca do tema possa melhor elucidar os pontos divergentes sobre o uso dos avanços tecnológicos para fins de melhoramento humano.

Francis Fukuyama é filósofo estadunidense, professor de economia política internacional da Universidade de Johns Hopkins, localizada em Washington. Em 2002 foi nomeado para o Conselho de Bioética da presidência dos Estados Unidos. É autor dos livros "A grande ruptura", "O fim da história e o último homem" e "Nosso futuro pós-humano: consequências da revolução da biotecnologia", sendo esta última obra, objeto do presente estudo.

De acordo com Francis Fukuyama (2003, p.17), o homem deve ser conceituado segundo sua própria natureza, rechaçando qualquer modificação genética através da biotecnologia. Embasa sua compreensão através de dois livros da literatura disruptiva, o primeiro escrito por George Orwell, com a obra "1984", e o segundo de autoria de Aldous Huxley, intitulada "Admirável mundo novo".

Através dessas duas referências bibliográficas, Fukuyama (2003, p.18) pretende demonstrar que as tecnologias descritas em cada uma das obras, representariam alterações relevantes no futuro que se projeta, alertando que mudanças muito mais sérias estariam por vir. Cita como exemplos dessas avalanches de modificações os casos das mães de aluguel, o uso das drogas psicotrópicas e a engenharia genética para a "montagem" de crianças.

Fukuyama (2003, p.20) defende que o ser humano é um produto do processo evolucionário que vem ocorrendo há milhões de anos, e que no futuro é possível que ainda sofra modificações. Assim, afirma que as características humanas em sua maioria não são fixas. Entretanto, aponta que há um atributo humano que não sofre alteração: a capacidade imposta a todos em escolher o que deseja ser e de se modificar segundo esse desejo.

Desta forma, indaga: o que tem de errado não ser mais um humano? Estaria equivocado o desejo de se libertar das emoções angustiantes, memórias que levam as lembranças traumáticas, solidão? Fukuyama sustenta que são essas características que vinculam o homem a sua espécie, e que se elas não mais existirem o caminhar seria na direção da transformação em algo pós-humano.

Se houver alteração na definição de "natureza humana", se perder aquilo que o ser humano tem de estável na experiência como espécie, os significados dos valores mais fundamentais do ser humano também deixariam de existir. Fukuyama (2003, p.21) afirma que:

> A natureza humana molda e limita os tipos possíveis de regimes políticos, de modo que uma tecnologia poderosa o bastante para remodelar o que somos terá possivelmente consequências malignas para a democracia liberal e a natureza da própria política.

Fukuyama (2003, p.21) evidencia a sua angústia com a biotecnologia, porquanto as extraordinárias conquistas poderão causar prejuízos graves para a humanidade, como a criação de supermicróbios, novos vírus ou alimentos geneticamente modificados capazes de produzir reações tóxicas.

Ressalta Fukuyama (2003, p.22) que, a biotecnologia tem alcançado um desenvolvimento extraordinário, criando-se novos medicamentos que alteram a personalidade humana, permitindo que indivíduos introspectivos assumam uma personalidade mais extrovertida, ou que as pessoas possam ter uma personalidade diferente em cada dia da semana.

Outra preocupação apontada por Fukuyama, diz respeito às pesquisas com células-tronco, em especial aquelas voltadas para aumentar a expectativa de vida, alertando para uma dificuldade que pode surgir com a ampliação da longevidade humana e que a indústria biotecnológica não apresenta solução.

Nesse sentido, o filósofo estadunidense assevera que diante da escolha entre morrer ou prolongar a vida mediante intervenção terapêutica, a maioria das pessoas irão optar em se manter vivo e, consequentemente, a sociedade como um todo terá que pagar para mantê-las vivas. Fukuyama (2003, pp.106-107) alerta que esse cenário já está em andamento em países como Japão, Itália e Alemanha, onde se observa um envelhecimento acentuado da sociedade.

Fukuyama (2003, p.107) critica a ideia transhumanista sobre o emprego da biotecnologia para o prolongamento exagerado da vida, porque pode provocar mais injustiças sociais. Para exemplificar essa afirmação, o filósofo apresenta a situação em que os jovens dificilmente conseguirão progredir em carreiras profissionais por critério de antiguidade pelo fato de existir um elevado número de pessoas idosas. Além do que, a preocupação dos filhos em cuidar dos pais idosos já se faz presente na atualidade, o que pode no futuro causar um sentimento de escravidão desses descendentes por duas, três ou mais gerações de ancestrais que dependerão deles para execução das tarefas cotidianas da vida.

Também aponta outro problema que pode surgir com os experimentos em células-tronco embrionárias: o fato de que pessoas com maior poder aquisitivo têm a possibilidade em escolher os embriões de acordo com o tipo de filhos que gostariam de ter. Nesse cenário seria possível afirmar um aumento na desigualdade social, na medida em que as escolhas genéticas pelos pais poderiam levar seus filhos a se tornarem serem superiores àqueles que não tiveram essa seleção.

Em razão das preocupações acima descritas, além daquelas relacionadas à eugenia, a clonagem e modificações genéticas que possam causar perigos aos seres humanos, Fukuyama posiciona-se como defensor de uma ação governamental mais efetiva no que se refere à regulamentação do uso da biotecnologia, o que certamente trará descontentamento aos interesses das indústrias farmacológicas, que lutam em favor do livre acesso as pesquisas. Também no campo político, possivelmente haverá resistência na regulamentação diante da prevalência dos interesses das empresas e indústrias em direção aos interesses pessoais e partidários.

De acordo com Fukuyama (2003, p.29), o surgimento dos remédios "Prozac" e "Ritalina", para controle comportamental das pessoas, é objeto de grande preocupação. Argumenta que essas drogas podem conduzir às questões problemáticas no campo da ética e dignidade humana, porquanto pais abastados ao se verem diante da oportunidade de acrescentar mais inteligência aos seus filhos, além de todos os demais descendentes, serão conduzidos a aperfeiçoar sua prole cada vez mais, surgindo a partir daí um cenário desastroso de dilemas morais e uma guerra de classes.

A questão fundamental, no entendimento de Fukuyama, são que tais situações representam problemas éticos, mas também políticos, pois o que se espera no futuro será exatamente o resultado de ações políticas decididas hoje em relação à tecnologia e biotecnologia para saber se a sociedade haverá de ingressar ou não num futuro pós-humano. Enfim, qual o futuro que os seres humanos esperam?

4. PERSPECTIVAS BIOÉTICAS NUM AMBIENTE PÓS-HUMANO

A humanidade necessita aprender com os erros cometidos no passado no que diz respeito ao emprego do conhecimento científico sem ética. Entender que a ciência é capaz de atribuir o sentido último da vida, com atribuição para determinar como o homem deve ser ou o que significa se incluir na categoria de seres melhores é mera ilusão, pois essa tarefa cabe a filosofia e a busca incessante por um comportamento ético.

Conforme assinalado anteriormente, os avanços das ciências da vida interferem na definição de ser humano e levanta questões de cunho ético, social e legal que transcendem a própria ciência. Aqui entra o papel da bioética em buscar estabelecer um meio termo entre o progresso nas ciências da vida e da saúde e o respeito pela dignidade e vida humana. Incumbe à bioética a missão de reconhecer os benefícios para a humanidade proporcionados pelas conquistas científicas e, simultaneamente, assumir uma postura de precaução e cautela quanto aos riscos e perigos que elas possam apresentar. É certo que esse desenvolvimento científico pode erradicar doenças incuráveis que afligem a humanidade há muito tempo e melhorar a saúde humana e a qualidade de vida, mas também suscita dúvidas sobre os efeitos indesejados e práticas antiéticas, entre elas a manipulação genética e suas várias aplicações, com o retorno de ideias eugênicas.

O surgimento da bioética se deu em razão das reações mundiais diante das práticas médicas aterrorizantes realizadas por médicos nazistas durante a II Guerra Mundial, o que levou a criação da Declaração Universal dos Direitos Humanos (1948), cujo propósito principal foi o de proteger e garantir direitos para uma sobrevivência digna. Neste sentido, a bioética tem por fundamento este princípio humanista, qual seja: a primazia do ser humano e a defesa de sua dignidade e liberdade, inerentes a sua condição humana, diante do frequente risco em se tornar objeto de refinados ensaios clínicos capazes de pôr em risco a própria vida do sujeito do experimento.

A bioética sendo uma disciplina multidisciplinar, incluindo em seus estudos os aspectos filosóficos no que se refere ao progresso científico e tecnológico, tem a tarefa de advertir que o acréscimo de poder que esse avanço proporciona deve ser exercido com responsabilidade. O atual estágio da humanidade mostra que pela primeira vez o homem se tornou responsável por si mesmo enquanto espécie e pelo planeta em que habita. Sobrevém à liberdade de criar, a responsabilidade de cuidar e de prever as consequências de todos os atos que alteram o equilíbrio precário da natureza.

É justamente com esta preocupação que Jonas (2006, p.47) reformula o imperativo categórico kantiano. Os avanços da biotecnologia exigem não só uma validade universal como critério de moralidade da ação do homem, como também que essa mesma validade projeta para o futuro com o propósito de antecipar os resultados que dela podem advir num tempo que não serão das gerações atuais. O imperativo a que se deverá subordinar o progresso tecnológico é "aja de modo a que os efeitos da tua ação sejam compatíveis com a permanência de uma autêntica vida humana sobre a Terra."

A época atual necessita principalmente de uma ética vinculada a uma avaliação cuidadosa entre os riscos possíveis e os benefícios prováveis, uma análise que pode ser resumida segundo o princípio da responsabilidade, preconizado por Hans Jonas e orientador da conduta ética nesse contexto biotecnocientífico. Para Jonas (1994, pp.63-64):

> O controle genético levanta questões éticas de um tipo totalmente inédito [...]. Uma vez que aquilo que está em causa [é] a própria natureza e imagem do homem, é a prudência que, por si só, se toma no nosso primeiro dever ético, e o raciocínio hipotético na primeira das nossas responsabilidades. Levar em conta as consequências antes de empreender a própria ação mais não é do que bom senso. Neste caso manda-nos a sabedoria ir mais além e examinar o uso dos poderes mesmo antes deles se encontrarem prontos para serem usados.

Jonas (2006, p.64) aponta a existência de questionamentos acerca da capacidade dos governos representativos em cumprir com as novas exigências segundo seus princípios e procedimentos normais, porquanto representam interesses atuais, não aqueles direcionados para o futuro. O filósofo assevera que "o futuro não está representado em nenhuma instância; ele não é uma força que possa pesar na balança. Aquilo que não existe não faz nenhum lobby; e os não nascidos são impotentes".

O cenário atual proclama de um lado algumas nações desenvolvidas, detentoras do conhecimento biotecnológico, colocado a serviço das pessoas com maior poder aquisitivo, e de outro, países periféricos, formados por populações que enfrentam a luta para garantir a própria sobrevivência. Nesse contexto é inevitável a indagação: a quem caberá o controle do acesso a essas inovações tecnológicas? Esse debate engloba diversos interesses em conflito e exige uma reflexão complexa e isenta de conteúdos ideológicos particulares. É preciso estabelecer valores éticos e bioéticos que promovam concretamente a qualidade de vida da humanidade, afastando danos indesejáveis para o homem, o planeta e às futuras gerações.

Hoje o mundo presencia o rápido desenvolvimento científico e tecnológico que seduz e encanta a todos, mas que também provoca injustiças, posto que seu alcance não tem beneficiado parcelas significativas da população, que continuam sendo excluídas das benesses dos avanços tecnológicos. Além do mais, esse progresso nem sempre é acompanhado de valores éticos, promotores de vida e respeitadores da dignidade humana.

Nesse cenário, a Unesco invoca o Princípio da Precaução como novo referencial da bioética, o qual deve ser aplicado quando existirem incertezas científicas consideráveis sobre causas, probabilidades e natureza de possível dano. Explique-se melhor. Quando determinadas atividades humanas possam ser cientificamente plausíveis e interessantes, mas provocam danos moralmente inaceitáveis, deve-se agir para evitar ou diminuir esses danos.

A Comissão mundial para a ética do conhecimento científico e tecnológico da UNESCO (2005, p.14) conceitua a precaução como um juízo de plausibilidade que deve fundar-se em uma análise científica, as quais devem ser contínuas de modo que as ações escolhidas sejam submetidas à constante revisão. As escolhas das ações devem ser proporcionais à seriedade do dano potencial, com consideração de suas consequências positivas e negativas, e com uma avaliação tanto da ação como da inação.

O mundo contemporâneo apresenta-se cinzento e com múltiplas incertezas, necessitando de um debate público capaz de promover maior discernimento sobre o que deve ser incentivado em termos de avanços tecnológicos e o que deve exigir uma moratória no desenvolvimento, sendo a prudência ética um importante elemento a ser considerado na ousadia científica.

CONSIDERAÇÕES FINAIS

Diante dessas circunstâncias, a bioética (re)começa a percorrer outros rumos trilhando pelos caminhos originalmente delineados por Van Rensselaer Potter, com seus novos escritos de 1988. A disciplina passa a ampliar seu campo de atuação, incluindo análises sobre a questão da qualidade da vida humana. Assuntos que até então apenas tangenciavam sua pauta, como a preservação da biodiversidade, a finitude dos recursos naturais planetários, o equilíbrio do ecossistema, os alimentos transgênicos, o racismo e outras formas de discriminação, entre outros, passavam a fazer parte do debate bioético.

Categorias como responsabilidade, cuidado, solidariedade, tolerância, precaução, devem nortear uma prática bioética comprometida com os mais vulneráveis, com a coisa pública e com o equilíbrio ambiental e planetário do século XXI. Impõe-se a necessidade de a bioética incorporar nas suas reflexões temas sociopolíticos da atualidade, principalmente as discrepâncias sociais e econômicas existentes entre ricos e pobres, entre as nações do Norte e do Sul. A bioética deve servir como instrumento concreto de libertação, justiça e felicidade e não, ao contrário, veículo de opressão, cerceamento e dor para as pessoas e povos.

REFERÊNCIAS

AGAR, Nicholas. *Humanity's End: why we should reject radical enhancement.Massachusetts: Mit Presss*, 2010.

BOSTROM, Nick. Riscos Existenciais: analisando cenários de extinção humana e riscos relacionados. *Journal of Evolution and Technology. Oxford: OxfordUniversity*,v.9, n. 1, 2002. Disponível em: <https://nickbostrom.com/existential/risks.html>. Acesso em: 30 mar. 2019.

BOSTROM, Nick. *The Transhumanist FAQ – A General Introduction. Oxford: Oxford University*, 2003. Disponível em:<https://nickbostrom.com/views/transhumanist.pdf>.Acesso em: 10 mar. 2019.

BOSTROM, Nick. Valores Transhumanistas. *Instituto ética, racionalidade e futuro da humanidade.* Tradução: Pablo de Araújo Batista, 2005a. Disponível em: <http://www.ierfh.org/br.txt/ValoresTranshumanistas2005.pdf> Acesso em: 10 mar. 2019.

BOSTROM, Nick. *Why I want to be a Posthuman When I Grow Up. Medical Enhancement and Post humanity. Springer*, 2006. Disponível em: <https://nickbostrom.com/posthuman.pdf>. Acesso em: 21 jun. 2019.

BOSTROM, Nick. Em defesa da dignidade pós-humana.Tradução: Brunello Stancioli; Daniel Mendes Ribeiro; Anna Rettore; Nara Pereira Carvalho.*Bioethics.Oxford: Oxford University*, v. 19, n.3, 2005b.

BOSTROM, Nick; SANDBERG, Anders. *The wisdom of nature: an evolutionary heuristic for human enhancement*. In: SAVULESCU, Julian; BOSTROM, Nick. (Eds.). *Human enhancement*. Oxford: Oxford University Press, 2009.

BUCHANAN, Allen; *Human nature and enhancement. Bioethics*, v. 23, n. 3, 2009.

BUCHANAN, Allen; *Beyond humanity? The ethics of biomedical enhancement.Oxford: Oxford University Press*, 2011.

DIAS, Maria Clara; VILAÇA, Murilo Mariano. Natureza humana versus aperfeiçoamento? Uma crítica aos argumentos de Habermas contra a eugenia positiva. *Revista de Filosofia*. Natal, v. 20 n. 33, 2013. Disponível em: <https://periodicos.ufrn.br/principios/article/view/7517/5588>. Acesso em: 21 jun. 2019.

DIAS, Maria Clara; VILAÇA, Murilo Mariano. Transhumanismo e o futuro (pós-humano). *Physis Revista de Saúde Coletiva*. Rio de janeiro, 2014.

DUPY, Jean Pierre. O transhumanismo e a obsolescência do homem. In: NOVAES, A. (Org.). *A condição humana*: as aventuras do homem em tempos de mutações. São Paulo: Agir, 2009.

FUKUYAMA, Francis. *Nosso futuro pós-humano*: consequências da revolução biotecnológica. Tradução: Maria Luiza X. de A. Soares. Rio de Janeiro: Rocco, 2003.

FUNK, Cary; KENNEDY, Brian; SCIUPAC, Elizabeth Podrebarac. *U.S. Public Way of Biomedical Technologies to 'Enhance' Human Abilities. PewResearch Center*: 2016.

HEILINGER, Jan-Christoph.; CRONE, Katja. *Human freedom and enhancement. Medicine Health Care and Philosophy*, v.17, n.1, 2014.

JONAS, Hans.*Ética, medicina e técnica*. Lisboa: Veja, 1994.

JONAS, HANS. *O princípio responsabilidade*: ensaio de uma ética para a civilização tecnológica. Tradução: Marijane Lisboa; Luiz Barros Montez. Rio de Janeiro: Editora PUC-Rio, 2006.

NIESTZSCHE, Friedrich. *Assim falava Zaratustra*. Tradução: José Mendes de Souza. Ebooks Brasil, 2002. Disponível em:<http://www.ebooksbrasil.org/adobeebook/zara.pdf>. Acesso em: 10 mar. 2019.

PERSSON, Ingmar; SAVULESCU, Julian. *Moral transhumanism. Journal of Medicine and Philosophy: A Forum for Bioethics and Philosophy of Medicine*, v. 35, n. 6, 2010.

PESSINI, LEO. Bioética, humanismo e pós-humanismo no século XXI: em busca de um novo ser humano.*Revista eclesiástica brasileira*, Rio de Janeiro, v. 07, n. 306, 2017. Disponível em:<http://revistaeclesiasticabrasileira.itf.edu.br/reb/article/view/83>.Acesso em: 10 mar. 2019.

UNESCO. *World Comission of the ethics of scientific know ledg and technology. The PrecautionaryPrinciple*. Paris: UNESCO, 2005.

AYAHUASCA COMO BIOPOLÍTICA NA SAÚDE MENTAL

ALESSANDRA RODRIGUEZ SILVA[1]

SUMÁRIO: Introdução; 1. Ritual da utilização da Ayahusaca; 1.1. Santo Daime; 2. Regulamentação da Ayahuasca; 2.1. Resolução CONRAD nº 17 de 2010; 3. Bioética aplicada; 3.1. Os princípios da bioética frente a cura em rituais religiosos; 3.2. A biopolítica e a ayahuasca; 3.3. A noopolítica e a ayahuasca; 4. Conclusão; 5. Bibliografia

INTRODUÇÃO

A ayahuasca que significa vinho das almas, sua utilização entre os índios da bacia amazônica remontam a pré-história.[2] O uso foi condenado em 1616 pela Santa Inquisição, mas resistiu culturalmente no Peru, se espalhando entre os mestiços, até o Mestre Irineu fundar a doutrina do Santo Daime no Brasil no século XX.[3]

A doutrina do Santo Daime, possui cunho cristão e eclético, unindo tradições católicas, espíritas, esotéricas e indígenas, que fazem uso da

---

[1] Presidente da Comissão de Bioética e Biodireito da OAB/MG. Especialista em Direito do Trabalho e Processo do Trabalho (com ênfase no ambiente laboral associada a Bioética e Biodireito), Direito Público e Comunicação Empresarial. Graduada em Direito e Comunicação Social (Relações Públicas e Publicidade). Conselheira da Associação Mineira dos Advogados Trabalhista - AMAT. Membro da Sociedade Brasileira de Bioética. Membro da Associação Brasileira das Mulheres de Carreiras Jurídicas. Membro da Comissão da Mulher Advogada da OAB/MG. Professora de cursos de Graduação e Pós-Graduação. Advogada associada do escritório Dorado Advocacia Associada. Lívia Campos de Aguiar - Vice-Presidente da Comissão de Bioética e Biodireito da OAB/MG. Mestra em Bioética e Aspectos Jurídicos da Saúde pela Universidad del Museo Social Argentino (revalidado pela Universidade Federal do Rio de Janeiro), Especialista em Direito de Empresa e Bacharel em Direito pelo Centro Universitário Newton Paiva. Professora de cursos de Graduação e Pós-Graduação. Advogada sócia do escritório Corrêa e Aguiar Advocacia e Consultoria.

[2] SANTO DAIME, 2019.

[3] Idem.

ayahuasca de forma ritualística, com o intuito de obter cura terapêutica dos adeptos.[4] O presente artigo irá focar na utilização da ayahuasca na Doutrina do Santo Daime.

A Resolução da CONAD (Conselho Nacional de Políticas Sobre Drogas), nº 17 de 26.01.10, que regulamenta o uso da ayahuasca no Brasil,[5] será analisada juntamente com a prática dos rituais frente aos princípios da bioética.

Por fim, faz necessário, analisar a ayahuasca, através da biopolítica de Michel Foucault e a interpretação de Giogio Agamben, Zygmunt Bauman e Maurício Lazzarato serão apresentados para explicar o papel da biopolítica na sociedade de consumo e de controle também conhecida como noopolítica.

1. RITUAL DA UTILIZAÇÃO DA AYAHUSACA

1.1. SANTO DAIME

O Mestre Irineu era maranhense, e chegou ao Acre por volta de 1912. Quando residiu na cidade de Brasiléia, recebeu um convite para trabalhar na comissão de fronteiras entre o Brasil e o Peru, e foi em Brasiléia que ele soube da existência da ayahuasca.[6]

A experiência do Mestre Irineu, com a bebida lhe trouxe mirações com Nossa Senhora da Conceição que lhe passou muitas instruções, dentre as quais:

> O verbo "dar" originou a palavra "Daime". Em alguns hinos da Doutrina se encontram as expressões "dai-me amor", "dai-me fé", "dai-me cura", pois quem toma Daime deve estar pronto a receber as dádivas vindas de Deus, contidas nesta bebida sagrada.
> Também recebeu da Virgem o título de Chefe Império Juramidam e os fundamentos do ritual do Santo Daime. A Mãe Divina o instruiu a cantar hinos que iria receber do Céu, que seriam o testamento de sua missão e estariam reunidos em um hinário ao qual ele chamou "O Cruzeiro". Mas o Mestre era um homem muito simples e humilde e não se achava capaz de cantar. Até o dia em que a Rainha da Floresta lhe disse:
> Olha, vou te dar uns hinos e tu vais deixar de assobiar pra aprender a cantar.

---

4 Idem.

5 IMPRENSA NACIONAL, 2019.

6 GOULART, 1996.

- Ah! Faça isso não minha Senhora, que eu não canto nada.
- Mas eu ensino! Afirmou ela.
E como o Mestre sempre contemplava a lua, Ela falou:
- Agora você vai cantar.
- Mas como? Insistiu.
- Abra a boca, não estou mandando?
O Mestre obedeceu e deslanchou a cantar "Lua Branca", seu primeiro hino, onde também recordaria a já citada miração.
Na década de 20, o Mestre e os irmãos Costa fundaram um centro chamado Círculo de Regeneração e Fé (CRF), na cidade de Brasiléia, no Acre. Reuniram-se naquele lugar algumas pessoas que, apesar de poucas, chegaram a fundar uma associação.
Mas para desgosto do Mestre, alguns desentendimentos com Antônio Costa e outros integrantes o fizeram tomar a decisão de ir embora, deixando aquele centro. Mudou-se para Sena Madureira e depois para Rio Branco, onde ingressou na Guarda Territorial (sendo aí que conheceu Germano Guilherme, amigo que o acompanhou por muitos anos). Manteve-se nesta corporação, onde chegou a cabo, até o começo dos anos 30, quando pediu baixa.
Mais tarde, como tinha feito muitos conhecidos, doaram a ele uma colônia na Vila Ivonete, bairro rural próximo a Rio Branco. Foi quando o Mestre deu início aos trabalhos públicos com o Daime, fazendo no dia 26 de maio de 1930, seu primeiro trabalho. Eram só três pessoas: o Mestre, Zé das Neves e outro que não se sabe o nome. Zé das Neves conta que trabalhou com ele 41 anos e 41 dias.
Em sua casa, que também servira de sede dos trabalhos espirituais, logo reuniu um pequeno grupo. Nele estavam Germano, Maria Marques, João Pereira, Daniel Pereira e Zé das Neves. Pouco mais tarde também se juntou a esse grupo Antonio Gomes. Todos estes são expoentes de nossa Doutrina. Neste tempo nosso Mestre foi perseguido, chegando mesmo a ser chamado na delegacia, porém nunca sendo preso. Resolveu então adentrar um pouco mais na floresta e foi nesta época que recebeu uma doação por parte do ex-governador Guiomar Santos, que lhe arranjou uma colocação chamada Espalhado, com uma colônia, a Custódio de Freitas. Neste lugar fundou o Centro de Iluminação Cristã Luz Universal (CICLU), a igreja sede e levantou também um cruzeiro de 5m de altura todo em cimento armado. No Alto Santo abrigou mais de quarenta famílias, que trabalhavam em sistema de mutirão, muito comum no Acre. Viviam do que plantavam, conseguindo assim sustentar sua comunidade.
Mestre Irineu era homem de grande carisma. Com sua calma e paciência atraía inúmeras pessoas a sua volta, que vinham atrás do curador, já popular em Rio Branco. Encontravam um patriarca de grande coração, pronto a servir aqueles que precisassem.
Ele mesmo se auto-denominava "árvore-sombra".

Com o tempo foi se tornando uma pessoa muito respeitada na região. Resolvia casos difíceis com amor e firmeza, pois a disciplina sempre foi uma bandeira muito importante dentro da Doutrina do Santo Daime.
O Mestre se tornou um grande conselheiro para aquele povo que o seguia e lhe pedia a benção.
Aos poucos a doutrina foi adquirindo traços mais característicos, o hinário do Mestre, "O Cruzeiro", ficando cada vez maior, recebendo hinos contando vivências espirituais e acontecimentos diários daquela gente. Outros companheiros também começaram a receber seus próprios hinos e iam até o Mestre confirmar seus ensinamentos. Dentre estes seguidores um em especial se destacou: Sebastião Mota de Melo.
Em pouco tempo caminhou muito dentro da doutrina, recebendo seu hinário de grande valor, começando logo a ser chamado de Padrinho Sebastião. Mas sobre este homem daremos destaque mais adiante. Agora volto ao Mestre.
Os anos se passaram e tudo cresceu com grande rapidez. A igreja lotada, vinha gente de todo canto. Mestre Irineu levava seu trabalho com grande alegria e satisfação, mas como ele mesmo dizia em seu hinário, já se achava fraco e cansado. E, no dia 6 de julho de 1971, nosso querido Mestre deixou seu corpo. E hoje, nas Campinas do Astral, governa esta Santa Doutrina e ainda sentimos seu amor e força tão necessários ao crescimento espiritual de seus afilhados. Tão grande foi a repercussão de sua morte em Rio Branco que o governador do estado decretou ponto facultativo em repartições públicas além de oferecer veículos para o transporte do povo para o velório e enterro. Uma multidão compareceu ao seu funeral, prestando suas últimas homenagens.
O Mestre deixava grandes saudades e um enorme sentimento de gratidão. Dali pra diante estava nas mãos de alguns a decisão das medidas a serem tomadas com relação ao comando da Doutrina etc. O então presidente da entidade era o Sr. Leôncio, junto com uma diretora. Havia também a viúva do Mestre, Dona Peregrina. O tempo foi que aos poucos acomodou as coisas no lugar. Todos tinham sua importância."[7]

O chá ayahuasca é extraída do cipó *banisteriopsis caapi* e da folha *psychotria viridis*, o neurocientista Dráulio Araújo, professor do Instituto do Cérebro da Universidade Federal do Rio Grande do Norte, esclarece sobre o chá, senão vejamos:

Amargo e de coloração marrom-escura, o chá é feito da mistura de compostos de duas plantas encontradas apenas na Floresta Amazônica: as folhas do arbusto Psychotria viridis e do cipó Banisteriopsis caapi. A primeira contém uma substância que causa alucinações cujo nome é difícil pronunciar: dimetiltriptamina, conhecida pela sigla DMT. Ela age contra a depressão ao se ligar aos neurônios, aumentando a disponibilidade de

---

[7] SANTO DAIME, 2019.

serotonina, hormônio deficitário na maioria dos portadores da doença. Já o cipó contém substâncias que facilitam a ação da primeira, mantendo a serotonina por mais tempo em circulação no organismo. "Além disso, a ayahuasca estimula a irrigação de sangue em áreas do cérebro envolvidas no processamento das emoções e modulação dos estados de humor",[8]

O ritual de utilização do chá ayahuasca é acompanhado por um maracá, e depende muito da harmonia da música, do ritmo e do canto, podendo durar até doze horas de trabalho, com intervalo.[9]

A utilização do chá ayahuasca em rituais, tem sido eficaz no tratamento de doenças como depressão, síndrome do estresse pós-traumático e de vícios, e ainda possui alguns efeitos colaterais que podem vir a gerar suores excessivos, aumento da pressão arterial, náuseas, vômitos e diarreia.[10]

2. REGULAMENTAÇÃO DA AYAHUASCA

2.1. RESOLUÇÃO CONRAD N° 17 DE 2010

A Resolução do CONAD – Conselho Nacional de Política sobre Drogas, n° 1 de 2010,[11] estabelece o uso da ayahuasca como prática religiosa, e fundamentou a permissão de sua utilização no direito fundamental previsto na Constituição Federal, art. 5°, VI, da liberdade religiosa.

Importante extrair os seguintes artigos da resolução citada acima:

> 38. Qualquer prática que implique utilização de Ayahuasca com fins estritamente terapêuticos, quer seja da substância exclusivamente, quer seja de sua associação com outras substâncias ou práticas terapêuticas, deve ser vedada, até que se comprove sua eficiência por meio de pesquisas científicas realizadas por centros de pesquisa vinculados a instituições acadêmicas, obedecendo às metodologias científicas. Desse modo, o reconhecimento da legitimidade do uso terapêutico da Ayahuasca somente se dará após a conclusão de pesquisas que a comprovem.
> 39. Com fundamento nos relatos dos representantes das entidades usuárias, verificou-se que as curas e soluções de problemas pessoais devem ser compreendidas no mesmo contexto religioso das demais religiões: en-

---

[8] INSTITUTO DO CÉREBRO, 2019.
[9] SANTO DAIME, 2019.
[10] TUA SAÚDE, 2019.
[11] IMPRENSA NACIONAL, 2019.

quanto atos de fé, sem relação necessária de causa e efeito entre uso da Ayahuasca e cura ou soluções de problemas.[12]

A Resolução ainda traz orientações quanto a proibição de comercialização do chá ayahuasca, autorizando a cobrança pelo seu custeio, além de exigir que os responsáveis das entidades religiosas que utilizam o chá ayahuasca, colham consentimento informado dos novos adeptos da ingestão do chá.

Apesar da Resolução ter contado com a participação efetiva de membros de entidades praticantes da utilização do chá ayahuasca, ela não reconhece cientificamente o potencial de cura do chá, mas traz como proposição para o próprio CONAD, estimular e financiar pesquisas científicas sobre o assunto.

O Instituto do Cérebro da Universidade Federal do Rio Grande do Norte, possui pesquisa comprovada de que o uso da Ayahuasca em rituais religiosos como do Santo Daime, age contra a depressão, publicado pela Universidade Federal do Rio Grande do Norte na revista britânica Psychological Medicine[13], demonstrando a eficácia do uso da ayahuasca em rituais religiosos para o tratamento da depressão.

Diante da eficácia comprovada do chá ayahuasca no combate ao tratamento da depressão, faz-se necessário uma revisão da Resolução do CONAD nº 17 de 2010, para repensar os rituais que utilizam o chá ayahuasca como efetivamente terapia de cura, e não comente ritual de expressão religiosa.

3. BIOÉTICA APLICADA

3.1. OS PRINCÍPIOS DA BIOÉTICA FRENTE A CURA EM RITUAIS RELIGIOSOS

A terminologia bioética, bem como o seu aprofundamento, iniciou em 1970, momento em que despontam avanços científicos e tecnológicos que preocupavam os grupos de médicos e cientistas, formando os primeiros comitês de bioética no mundo.[14]

A bioética é dividida por três fases:

---

[12] IMPRENSA NACIONAL, 2019.

[13] INSTITUTO DE CÉREBRO, 2019.

[14] Idem, p. 7.

a. a primeira vai de 1960 a 1977, com a formação dos primeiros comitês de bioética no mundo;
b. a segunda vai de 1978 a 1997, período da publicação do relatório de Belmont, feito pela Comissão Nacional para a Proteção dos Seres Humanos de Pesquisa Biomédica e Comportamental nos Estados Unidos, no qual se definiram os princípios da bioética;
c. e a terceira é a iniciada em 1998 até os dias atuais, momento da descoberta do genoma humano, clonagem e demais debates relativos à falência dos sistemas de saúde pública nos países em desenvolvimento.[15]

Os princípios básicos da bioética são:

1. Princípio da Autonomia que preocupa-se com o consentimento livre e esclarecido do paciente, ou dos seus representantes legais, mas sem deixar de envolver o paciente incapaz na tomada de decisões que é conhecida como assentimento informado.[16]
2. Princípio da beneficência que também é conhecido como não-maleficência, que é fazer com que médicos e cientistas se preocupem com os riscos e benefícios das intervenções e experiências feitas, sendo que nunca os riscos podem superar os benefícios, devendo haver pertinência ética para evitar danos principalmente.[17]
3. Princípio da justiça exige que os profissionais da área da saúde, busquem a imparcialidade na distribuição dos riscos e benefícios nas intervenções médicas.[18]

A necessidade de normatizar a bioética faz surgir o biodireito, no qual é reinterpretado com base no princípio jurídico da dignidade da pessoa humana, o qual está expressamente previsto no inciso III, art. 1º, da Constituição Federal de 1988 do Brasil[19]. A dignidade da pessoa humana conhecida como um direito natural e humano, é de amplitude tamanha que qualquer conceituação ainda não abarca o seu conceito que sempre está em torno da vida com dignidade, e ao definir o que

---

[15] CORREIA, In: PESSIN, 2002, p. 31.

[16] MALUF, 2015, p.12

[17] Idem.

[18] Idem.

[19] PLANALTO, 2018.

seria essa vida com dignidade, aprofunda-se há um debate que apesar de ter orientação, ainda está em construção.

Apesar do enfoque maior da bioética e do biodireito na vida humana, ela também engloba os animais e o meio ambiente como um todo, até mesmo porque tudo está conectado.

Tomás de Aquino propõe uma fusão entre fé e razão, através das cinco vias, quais sejam:

> 1) MOVIMENTO: Este primeiro argumento parte da constatação de que as coisas se movem. Galáxias, planetas, rios, nuvens, homens, moléculas, tudo na natureza está em constante movimento e transformação.
> 2) CAUSALIDADE: A segunda via é parecida com a primeira. Observa-se na natureza uma ordem segundo uma relação de causa e efeito. O homem com o taco de bilhar é a causa; a bola que entra na caçapa, o efeito.
> 3) POSSÍVEL E NECESSÁRIO: As coisas podem ser e não ser. Todas as pessoas que conhecemos e nós mesmos não existimos para sempre. As coisas nascem, se transformam e morrem. Em outras palavras, somos seres contingentes.
> 4) GRAUS DE PERFEIÇÃO: Encontram-se nas coisas algo mais ou menos bom, mais ou menos verdadeiro, mais ou menos nobre, sendo Deus a perfeição, e a busca por pela perfeição, seria buscar Deus.
> 5) FINALIDADE: A quinta e última via trata dos seres que se movem em uma direção, que possuem uma finalidade, o que é facilmente verificável na vida na Terra, que progride rumo a maiores níveis de organização, desde simples bactérias até modernas sociedades humanas.
> Tomás de Aquino usa como o exemplo o arqueiro: a flecha só parte em direção ao alvo porque existe o arqueiro que mira e dispara, isto é, porque há uma inteligência guiando a flecha. O "arqueiro" do universo, por assim dizer, é Deus.[20]

Se o Instituto do Cérebro constatou a ayahuasca como eficaz no combate a depressão, e se sua utilização advinda dos índios, vem através de rituais religiosos, não tem como mais a ciência não querer avançar seu estudo para o campo da fé racional, tentando explicar os efeitos da fé no nosso corpo, o ato de crer e acreditar produz químicas que associadas ao chá, potencializam poderes de cura.

Não é uma questão de se estudar a fé, e sim de estudar o efeito que a fé produz no corpo humano, e como isso pode gerar cura, e é nesse ponto que ciência e religião possuem seu ponto de fusão.

---

[20] SALATIEL, 2019.

A bioética através do princípio da autonomia, beneficência e justiça, e sua existência pautada na interdisciplinaridade, reconhece que a cura, não está ligada somente aos conceitos da farmacologia industrial, e que existem medicinas milenares, como a ayurveda, a chinesa, já difundidas no mundo ocidental, não justificando que a medicina indígena, advinda dos nossos ancestrais diretos e do Brasil seja ainda discriminada e tratada como curandeirismo tão somente.

A Resolução CONRAD n° 17 de 2010, fundamentou na crença religiosa a liberação do chá ayahuasca, atendendo primordialmente o princípio da dignidade da pessoa humana, representado pelo princípio da autonomia na bioética, e atendeu ainda o princípio da beneficência, levando em consideração a cautela da administração do chá e respeitando os relatos de cura advindos dos rituais, mas sem conferir-lhes reconhecimento científico, apesar de através do princípio da justiça, se manter imparcial e colocar como proposição o financiamento e viabilização de pesquisas que envolvem o potencial de cura do chá.

A bioética tem muito a contribuir para a questão colocada acima, sobre o chá ayahuasca ser reconhecido como prática terapêutica de cura, mesmo inserido em rituais religiosos, uma vez que os conhecimentos precisam se fundir em sua semelhança, e não mais se repelirem. Há um universo que está todo conectado, e esse é o caminho da ciência atual, o da conexão.

3.2. A BIOPOLÍTICA E A AYAHUASCA

A biopolítica é a prática de biopoderes locais, sendo a população tanto alvo como instrumento do biopoder. O biopoder é utilizado na proteção da vida com ênfase na gestão da saúde, alimentação, sexualidade, morte, costumes e etc.. como instrumento político de governabilidade.[21]

Michel Foucault, explica que:

> O controle da sociedade sobre os indivíduos não se opera simplesmente pela consciência ou pela ideologia, mas começa no corpo. Foi no biológico, no somático, no corporal que, antes de tudo investiu a sociedade capitalista. O corpo é uma realidade bio-política. A medicina é uma estratégia biopolítica.
> (...)

---

[21] FOUCAULT, 1989, p. 47.

> Pode-se, grosso modo, reconstruir três etapas na formação da medicina social: medicina de Estado, medicina urbana e, finalmente medicina da força de trabalho.
> I – A medicina de Estado, que se desenvolveu sobretudo na Alemanha, no começo do século XVIII. (...) O Estado, como objeto de conhecimento e como instrumento e lugar de formação de conhecimentos específicos, é algo que se desenvolveu, de modo mais rápido e concentrado, na Alemanha, antes da França e da Inglaterra.
> (...)
> II – A segunda direção no desenvolvimento da medicina social é representada pelo exemplo da França, onde, em fins do século XVIII, aparece uma medicina social que não parece ter por suporte a estrutura do Estado, como na Alemanha, mas um fenômeno inteiramente diferente: a urbanização. E como desenvolvimento das estruturas urbanas que se desenvolve, na França, a medicina social.
> (...)
> III – A terceira direção da medicina social pode ser sucintamente analisada através do exemplo inglês. A medicina dos pobres, da força de trabalho, do operário não foi o primeiro alvo da medicina social, mas o último. Em primeiro lugar o Estado, em seguida a cidade e finalmente os pobres e trabalhadores foram objetos da medicalização.
> (...)
> De maneira geral, pode-se dizer que, diferentemente da medicina urbana francesa e da medicina de Estado da Alemanha do século XVIII, aparece, no século XIX e sobretudo na Inglaterra, uma medicina que é essencialmente um controle da saúde e do corpo das classes mais pobres para torná-las mais aptas ao trabalho e menos perigosas às classes mais ricas. Essa fórmula da medicina social inglesa foi a que teve futuro, diferentemente da medicina urbana e sobretudo da medicina de Estado. O sistema inglês de Simon e seus sucessores possibilitou, por um lado, ligar três coisas: assistência médica ao pobre, controle de saúde da força de trabalho e esquadrinhamento geral da saúde pública, permitindo às classes mais ricas se protegerem dos perigos gerais. E, por outro lado, a medicina social inglesa, está é a sua originalidade, permitiu a realização de três sistemas médicos superpostos e coexistentes; uma medicina assistencial destinada aos mais pobres, uma medicina administrativa encarregada de problemas gerais como vacinação, as epidemias, etc., e uma medicina privada que beneficiava quem tinha meios para pagá-la.[22]

Giorgio Agamben, complementa a explicação de Foucault:

> O fato é que o Reich nacional-socialista assinala o momento em que a integração entre medicina e política, que é uma das características essenciais da biopolítica moderna, começa a assumir a sua forma consumada. Isto

---
[22] Idem, 47-57.

explica que a decisão soberana sobre a vida se desloque, de motivações e âmbitos estritamente políticos, para um terreno mais ambíguo, no qual o médico e o soberano parecem trocar os seus papéis.
(...)
O que aqui nos interessa especialmente, porém, é que, no horizonte biopolítico que caracteriza a modernidade, o médico e o cientista movem-se naquela terra de ninguém onde, outrora, somente o soberano podia penetrar.[23]

A saúde mental, que é de fundamental importância para estrutura de saúde e dignidade do indivíduo, ainda é tratada com muito preconceito, pois o sistema capitalista vende uma normalidade padrão, no qual assumir que possui qualquer distúrbio mental é sinal de fraqueza.

No Brasil, segundo a OMS, 86% dos brasileiros sofrem com transtorno mental, como ansiedade e depressão.[24] No mundo são 300 milhões de pessoas, sendo considerada o "mal do século".[25] As medicações existentes no combate aos sintomas não possuem completa eficácia, uma vez que transtornos mentais, envolvem mais que mudanças químicas no organismo, pois envolvem diretamente uma mudança de padrão mental.

Ter quase 90% da população com sintomas de transtornos mentais, só comprovam que o modelo mental da sociedade atual é doente, pois está calcado no consumo do medo e da violência, em que ter é mais que ser.

A medicina alopata, através dos psiquiatras, e de seus atuais fármacos, não tem conseguido com eficácia a modificação desse panorama assustador em que quase a totalidade da população passa por transtornos mentais, então o caminho é a abertura para novos saberes e conhecimentos, pautados em resultado científico.

Não só a ayahuasca é já um estudo comprovado que combate a depressão, mas substâncias psicoativas, desde que ministradas com critério, possuem eficácia no combate a doenças mentais, e na mudança de modelo mental, conforme trecho extraído da notícia, disponível no G1, sobre cogumelos alucinógenos[26]:

---

[23] AGAMBEN, 2014, p. 145 e 155.
[24] VEJA, 2019.
[25] G1, 2019.
[26] G1, 2017.

A psilocibina, composto psicoativo presente naturalmente nos cogumelos alucinógenos, pode auxiliar no tratamento da depressão, sugere um estudo publicado nesta sexta-feira na revista "Scientific Reports". Pesquisadores da Imperial College London usaram a substância para tratar um pequeno número de pacientes que não respondiam aos métodos convencionais, e os resultados surpreenderam: os benefícios duraram até cinco semanas, aparentemente porque o composto "reiniciou" a atividade de circuitos cerebrais relacionados com a doença.

Comparações das imagens cerebrais dos pacientes antes e um dia após o tratamento com o alucinógeno revelaram mudanças na atividade cerebral associadas com reduções marcantes dos sintomas depressivos. Carhart-Harris ressalta que os resultados são iniciais, limitados a um pequeno grupo de pacientes que não responderam a outros tratamentos, e não há um modelo de controle. Mesmo assim, os resultados da terapia experimental são surpreendentes.

— Nós demonstramos pela primeira vez mudanças claras na atividade cerebral de pessoas com depressão tratadas com psilocibina — explicou o líder da pesquisa, Robin Carhart-Harris. — Muitos dos nossos pacientes disseram se sentir "resetados" após o tratamento, usando analogias dos computadores. Por exemplo, um disse sentir como se o cérebro tivesse sido "desfragmentado" como um disco rígido, e outro disse se sentir "reinicializado". A psilocibina talvez esteja dando a esses indivíduos o pontapé inicial que precisam para se livrarem do estado depressivo.

Ao longo das últimas décadas, vários testes clínicos foram conduzidos para determinação da segurança e efetividade dos psicodélicos em pacientes com problemas psicológicos. O estudo da Imperial College London é o primeiro a tentar tratar a depressão com o princípio ativo dos cogumelos alucinógenos, conhecidos popularmente como cogumelos mágicos.

O modelo mental da atual sociedade se esgotou, e tornou quase que toda a população doente, sendo emergente, que os saberes se unam, para entenderem de forma unificada e não setorizada os causadores das doenças mentais, e das diversas possibilidade de tratamento, com viés de cura e não de tranquilizar sintomas para aparentar normalidade.

A tentativa de fundir ciência com religião, pode transmitir a ideia de fracasso, como se fossem antagônicas, mas se o homem é objeto da ciência, é claro que estudar como o corpo humano responde a tratamentos com cunho espiritual, é também ciência com observação através de métodos e razão científica.

Havendo comprovação científica de que o chá ayahuasca é eficaz no combate a depressão, e sendo uma doença considerada o mal do século, faz-se necessário entender o ritual não como prática religiosa, tão somente, e sim como ritual de cura.

A bioética como ciência filosófica, em sua base, traz a percepção científica da interdisciplinaridade, da necessidade de se misturar os saberes para se chegar a uma conclusão mais justa, pois os saberes precisam coexistir e se complementarem.

Importante que os brasileiros tomem um conhecimento maior das suas origens, principalmente com as matrizes indígenas e africanas, pois estas sempre foram relegadas e tratadas de forma preconceituosa e deturpada, diferente do que ocorre em países como China e Índia, que apesar de receberem o conhecimento ocidental, não abandonam ou relegam suas raízes e conhecimentos milenares.

Tanto se fala de proteção a Amazônia, sem, contudo, trazer o conhecimento existente sobre os povos locais da Amazônia e sua interação com a mata que também é milenar, o que deixa a sensação que os ameríndios não possuem relação com a ancestralidade brasileira.

Desde 2006, o Brasil possui a Política Nacional de Práticas Integrativas de Saúde, por aprovação unânime do Conselho Nacional de Saúde. O objetivo é implementar no SUS – Sistema Único de Saúde, tratamentos alternativos à medicina baseada em evidências na rede de saúde pública. Já são 29 tratamentos aprovados pelo Ministério da Saúde, tais como Reiki, Ioga, Constelação Familiar, Shantala, Ayurveda, e etc...[27]

O SUS já recebe novos tratamentos associados a culturas religiosas e baseados em física quântica, de culturas estrangeiras, e não possui ainda tratamentos com base na medicina indígena, o que é no mínimo um contrassenso.

3.3. A NOOPOLÍTICA E A AYAHUASCA

Segundo Mauricio Lazzarato, a noopolítica é o conjunto das técnicas de controle que são exercidas no cérebro para controlar a memória principalmente através do virtual. As sociedades de controle procuram modular os cérebros e seus hábitos, junto com a gestão da vida organizada pelas disciplinas e pelo biopoder.[28]

Ainda segundo Mauricio Lazzarato:

> Estados Unidos representa hoy el modelo más logrado de una sociedad de control que integra los tres dispositivos de poder. Los dispositivos disciplinarios de encierro conocieron allí un progreso extraordinario, par-

---

[27] SAÚDE, 2019.
[28] LAZZARATO, 2006, p.100.

ticularmente con las prisiones. Los dos millones de presos que pueblan las cárceles norteamericanas representan un porcentaje de la población global que ninguna sociedad disciplinaria pudo alcanzar jamás. Los dispositivos biopolíticos de gestión de la vida no desaparecen, sino que, por el contrario, se extienden, transformándose profundamente: del welfare al workfare, del seguro contra los riesgos sociales (desempleo, jubilación, enfermedad) a la intervención en la vida de los individuos para forzarlos al empleo, al sometimiento al trabajo subordinado. Los nuevos dispositivos de la noo-política (los primeros datan con todo de la segunda mitad del siglo XIX) conocieron un desarrollo sin precedentes gracias a la informática y a la telemática.[29]

Ciências como o Direito e a Filosofia devem possuir estreita afinação com os avanços da biotecnologia, até mesmo porque o Direito não é só normas, acima de tudo é ciência do comportamento humano, e a Filosofia do pensamento humano, sendo urgente a aproximação desses saberes através do estudo da bioética, que é essencialmente transdisciplinar, no qual enfatiza a importância da participação de conhecimentos que não sejam somente os ligados a biomedicina, já que ela por si só não pode continuar comandando vidas sem se respaldar em outros conhecimentos fundamentais para garantir a dignidade humana, direito humano e constitucionalmente previsto no Brasil.

A população fica somente com acesso massivo do pós-verdade que segundo dicionário Priberam, é o conjunto de circunstâncias em que é atribuída grande importância a notícias falsas com versões verossímeis dos fatos e com forte apelo às emoções e às crenças pessoais, sem se vincular com a verdade objetiva.[30]

Zygmunt Bauman, elucida muito bem a sociedade de controle através do consumo:

> Os membros da sociedade de consumidores são eles próprios mercadorias de consumo, e é a qualidade de ser uma mercadoria de consumo que os torna membros autênticos dessa sociedade.
> (...)
> Os consumidores falhos, donos de recursos demasiados escassos para reagirem de forma adequada aos "apelos" dos mercados de bens de consumo, ou mais exatamente a seus passes sedutores, são pessoas "desnecessárias" para a sociedade de consumidores, que estaria melhor sem elas. Numa sociedade que avalia seu sucesso ou fracasso pelas estatísticas do PIB(ou seja, a soma total de dinheiro que troca de mãos nas transações de compra

---

[29] Idem, p.101.
[30] PRIBERAM, 2018.

e venda), esses consumidores deficientes e defeituosos são descartados por serem perigosos.

(...)

Os pobres da sociedade de consumidores são inúteis. Membros decentes e normais da sociedade – consumidores autênticos – nada desejam nem esperam deles. Ninguém (e, o que é mais importante, ninguém que de fato importe, que fale e seja ouvido) precisa deles. Para eles, tolerância zero. A sociedade ficaria melhor se os pobres queimassem seus barracos e se permitisse, queimar junto com eles – ou apenas sumissem. Sem eles o mundo seria muito mais afetuoso e agradável de viver. Os pobres são desnecessários, e portanto indesejados. [31]

Giorgio Agamben complementa o raciocínio de Zygmunt Bauman:

(...) O projeto democrático-capitalista de eliminar classes pobres, hoje em dia através do desenvolvimento, não somente reproduz em seu próprio interior o povo dos excluídos, mas transforma em vida nua todas as populações do Terceiro Mundo. Somente uma política que saberá fazer as contas com a cisão biopolítica fundamental do Ocidente poderá refrear esta oscilação e pôr fim à guerra civil que divide os povos e as cidades na terra.[32]

A mídia em geral é grande propagadora de notícias fundamentadas na violência e na vulgarização do sexo, trazendo sempre o lado mais obscuro e sombrio dos humanos, como se esse lado fosse o dominante. A propagação do medo, é a principal ferramenta de controle mental, além do vendido padrão de normalidade, que inclui principalmente um padrão estético rígido e inalcançável, vendido por outros seres humanos que sabem que não possuem a normalidade perfeita vendida, mas mesmo assim se vendem pelo preço pago, sem se preocuparem se estão vendendo mentira e sendo responsáveis por uma infinidade de mortes decorrentes de uma busca pela beleza perfeita, que é totalmente ilusória.

Mais do que nunca se tornou essencial conhecer novas formas de acessar a mente, através de outras fontes, e de outras sabedorias, pois as atuais e que são consideradas referência, geraram uma sociedade massivamente doente e refém de seus medos.

A ayahuasca, é uma medicina utilizada pelos indígenas, da bacia amazônica há alguns milênios, se a Amazônia é a preciosidade que vendem, é por questões óbvias que o povo que vive e se desenvolveu nela também é, então torna-se uma incoerência não acessar esse povo

---

[31] BAUMAN, 2008, p.76, 88 e 161.

[32] AGAMBEN, 2014, p.175.

e conhecer melhor de sua sabedoria, que pode e deve ser muito útil para mudar o modelo mental existente.

A doutrina do Santo Daime, popularizou a ayahuasca, a tornou eclética como o povo brasileiro, sendo um interessante estudo científico, não só constatar os efeitos de combate a depressão que a ayahuasca possui e já estão provados, como também estudar a ritualística e seus efeitos no corpo físico, embasados em física quântica.

A única forma de mudar o modelo mental, é a busca pela liberdade, essa tal de liberdade, que está tão bem posta na Constituição Federal de 1988 e em várias Constituições de outros países, mas que ainda é uma utopia. Para ser livre, deve se abrir para o novo, e para isso é necessário romper com seu próprio casulo.

4. CONCLUSÃO

Considerando a existência de um chá denominado ayahuasca, que é comprovadamente eficaz no combate à depressão, e popularizado pela Doutrina do Santo Daime, e sendo a depressão um doença mental que atinge quase que 90% da população, é emergencial a revisão do consumo e do modo de vida e modelo mental praticado pela sociedade contemporânea.

A bioética com sua leitura interdisciplinar é uma importante aliada, na interpretação de saberes que antes eram relegados ou sequer avaliados, por não estarem associados e firmados como tradicional, mas que na verdade tem pouco mais de 200 anos que a ciência se modula nos formatos atuais.

A sabedorias ancestrais, são e devem ser respeitadas, e não por pura crença, mas através de evidências, como se o modelo científico atual permitisse se modular através de saberes que ficaram definidos como crendice popular, ou curandeirismo, para reconhecê-los a partir de evidências constadas nos modelos de investigação científica.

O modelo mental atual, se esgotou e adoeceu a quase toda população, e ainda tornou a população escrava de medos, dos quais nem se tem controle de quais são, e de quem são, e de como foram produzidos, visto que desde a revolução industrial, a ideia de padronização e consumo em massa foi se intensificando até chegar no modelo atual da noopolítica com discursos de pós-verdade.

O homem não se preocupa mais com a verdade, pois ela é relativizada de acordo com a conveniência de mecanismos de controle de massa, ou seja, a aparência da verdade é mais importante do que a própria verdade. Ter uma beleza padrão vendida pela mídia, e possuir certos bens, é vendido como modelo de sucesso, não importando com os sentimentos, e com a construção deles entre as pessoas, pois a famosa confiança só se solidifica com base em sentimentos reais e verdadeiros.

O homem é naturalmente um ser relacional, e se as relações são superficiais, os sentimentos também são, e tudo se torna ilusão, e a mente humana vira uma fábrica de medo e dor, pois o amor é o combustível da vida, e é o que dá sentido a ela, e sem amor, o homem é uma simples cobaia na mão do capital, que ainda cria ideias separatistas e preconceituosas, para no cenário de tanto vazio, alguns poucos acreditarem que são melhores e menos infelizes, devido ao seu saldo bancário ou a cor da sua pele, ou condição de gênero e até mesmo orientação sexual.

A bioética consegue demonstrar que interdisciplinaridade é o caminho para toda investigação científica, que não deve continuar existindo de forma separatista em imitação ao modelo mental produzido na sociedade noopolítica, e sim com biopolíticas focadas necessariamente e pautadas na dignidade do ser humano, com visão de unicidade e conexão, reafirmando que tudo está conectado e interligado.

O chá ayahuasca, sendo um psicoativo de conhecimento ancestral dos indígenas, popularizado pela Doutrina do Santo Daime, deve ser estudado com mais afinco e seriedade, pois pode em muito contribuir para tratamentos de doenças que afetam a saúde mental.

5. BIBLIOGRAFIA

LIVROS

AGAMBEN, Giorgio. *Homo Sacer. O poder soberano e a vida nua I*. Trad. Henrique Burigo. 2.ed. Belo Horizonte: Editora UFMG, 2014.

AQUINO, Tomás de. *Suma Teológica*. 1 ed. Rio de Janeiro: Ecclesiae:2018.

ARISTOTE, *Étique à Nicomaque*. Tradutor Bodeus. Paris: Richard. Flammarion-France, 2004.

BARCHIFONTAINE, Christian de Paul de (Org.) *Fundamentos da bioética*. 2. ed. São Paulo: Paulus, 2002.

BAUMAN, Zygmunt. *Modernidade e ambivalência*. Trad. Marcus Penchel. Rio de Janeiro: Jorge Zahar, 1999.

BAUMAN, Zygmunt. *Vida para consumo*. Trad. Carlos Alberto Medeiros. Rio de Janeiro: Jorge Zahar, 2008.

BERGEL, Salvador y otros. *Bioética y Derecho*. 1 ed. Buenos Aires: Rubinzol – Culzone.

CAIUBY, Beatriz; GOULART, Sandra Lucia. *O Uso ritual das plantas de poder*. Campinas, SP São Paulo: Mercado de Letras FAPESP, 2005.

CORREIA, Francisco de Assis. *Alguns desafios atuais da bioética*. In: PESSINI, Leo;

CORREA, Luis Alfonso Vélez Correa. Ética Médica – *Interrogantes Acerca de la Medicina, la Vida y la Muerte*. 3ª ed. Medellín: 2003.

ESTÉVEZ, Agustín. *Bioética y Derecho*. 1 ed. Buenos Aires: Rubinzol – Culzone, 2005.

FILON DE ALEXANDRIA. *Da Criação do Mundo e Outros Escritos*. Tradução Luiza Monteiro Dutra. 1 ed. São Paulo: Filocalia, 2015.

FOUCAULT, Michel. *Microfísica do Poder*. Trad. Roberto Machado. 8 ed. Rio de Janeiro: Graal, 1979.

FOUCALT, Michel. *Nascimento da Biopolítica*. Trad. Eduardo Brandão. São Paulo: Martins Fontes, 2008.

FRANÇA, Genival Veloso. *Direito Médico*. 12 ed. Rio de Janeiro: Forense, 2013.

LABATE, Beatriz Caiuby. A reinvenção do uso da ayahuasca nos centros urbanos. Campinas, SP São Paulo: Mercado de Letras FAPESP, 2004.

LAZZARATO, Maurizio. Políticas del acontecimiento. Trad. Pablo Esteban Rodríguez. 1 ed. Buenos Aires, Tinta Limón, 2006.

MALUF, Adriana Caldas do Rego Freitas Dabus. *Curso de Bioética e Biodireito*.3.ed.São Paulo, 2015.

MACKLIN, Ruth. Dilemas. *Los problemas éticos y Morales que médicos, pacientes y familiares enfrentan hoy*. 1 ed. Buenos Aires. Atlantida.

STEPKE, Fernando Lolas. *Fundamentos de una antropología bioética: lo apropiado, lo bueno y lo justo/* Fernando Lolas Stepke, José Geraldo de Freitas Drumond. San Pablo: Centro Universitario San Camilo: Loyola, 2007, pág. 171 a 180

TINANT, Eduardo Luis. *Bioética jurídica, dignidade de la persona y derechos humanos*. 1.ed. Buenos Aires: Dunken, 2007.

ARTIGOS

ARAÚJO, Dráulio B. Rapid antidepressante effects of the psychedelic ayahuascain treatment-resistant depression: a randomized placebo -controllled trial. Psychological Medicine, 2018. Disponível em: https://repositorio.ufrn.br/jspui/bitstream/123456789/25439/1/DraulioAraujo_ICe_rapid%20antidepressant%20effects_2018.pdf, acessado em 01 de abril de 2020.

GOULART, Sandra Lúcia. A História do Encontro do Mestre Irineu com a Ayahuasca: Mitos Fundadores da Religião do Santo Daime, 1996. Disponível em www.neip.info, acessado em 01 de abril de 2020.

SALATIEL, José Renato. Santo Tomás de Aquino – Razão a serviço da fé, 2019. Disponível em https://educacao.uol.com.br/disciplinas/filosofia/santo-tomas-de-aquino-razao-a-servico-da-fe.htm?next=0004H95U48N, acessado em 01 de abril de 2020.

NOTÍCIAS

Cogumelos alucinógenos "resetam" cérebro de pessoas com depressão: https://www.gazetaonline.com.br/bem_estar_e_saude/2017/10/cogumelos-alucinogenos-resetam-cerebro-de-pessoas-com-depressao-1014104381.html, acessado em 01 de abril de 2020.

O esquecido drama de quem vive com pessoas que sofrem depressão: Disponível em: https://epocanegocios.globo.com/Mundo/noticia/2019/09/o-esquecido-drama-de-quem-vive-com-pessoas-que-sofrem-de-depressao.html, acessado em 01 de abril de 2020.

Pesquisa mostra que 86% dos brasileiros têm algum transtorno mental. Disponível em :https://veja.abril.com.br/saude/pesquisa-indica-que-86-dos-brasileiros-tem-algum-transtorno-mental/, acessado em 01 de abril de 2020.

Santo Daime. Histórico sobre a Ayahuasca. Disponível em: https://www.santodaime.org/site/religiao-da-floresta/o-santo-daime/historico-sobre-a-ayahuasca, acessado em 01 de abril de 2020.

Tua Saúde. Entenda os efeitos da planta Ayahuasca no corpo. Disponível em: https://www.tuasaude.com/ayahuasca/, acessado em 01 de abril de 2020.

NORMAS

Brasil

Constituição Federal. Disponíveis em: http://www.planalto.gov.br/CCivil_03/leis, acessado em 01 de abril de 2020.

Resolução nº 1 de 2010, CONAD – Conselho Nacional de Políticas sobre Drogas. Publicada em 26 de janeiro de 2010, Diário Oficial, nº 17, seção 1, p. 57, Casa Civil, Gabinete de Segurança Institucional, Conselho Nacional de Políticas sobre Drogas.

REFLEXÃO SOBRE A AUTONOMIA DO PACIENTE COM DEFICIÊNCIA E O TERMO DE CONSENTIMENTO INFORMADO E ESCLARECIDO NO DIREITO MÉDICO

VIVIANE GUIMARÃES[1]

SUMÁRIO: 1. Introdução; 2. Princípios da Bioética principalista na construção da importância do consentimento prévio, livre, informado e esclarecido; 3. Consentimento informado e esclarecido; 4. Lei brasileira de inclusão; 5. Capacidade civil absoluta da pessoa com deficiência e consentimento informado e esclarecido; 6. Considerações finais; 7. Referências

1. INTRODUÇÃO

Pretende-se com o presente estudo analisar, por óbvio, sem o intuito de esgotar o tema, os supostos conflitos na rotina médica diante da aplicação da plena capacidade civil das pessoas com deficiências preceituadas nos artigos 12, § 1º e 2º e 13 da LBI.

Os artigos supracitados que estão instituídos no Título II, Capítulo I, do Estatuto da Pessoa com Deficiência, inauguraram uma nova sistemática na abordagem da capacidade, autonomia e autodeterminação dessas pessoas, dando-lhe, a voz e empoderamento para opinar sobre sua saúde e o tratamento médico que lhes são oferecidos.

Em uma análise superficial, parece-nos que colher o consentimento livre, esclarecido e informado da pessoa com deficiência é tarefa das mais complexas, desafiando a rotina médica.

---

[1] Advogada especialista em Direito da Saúde, Médico e da Pessoa com Deficiência. Secretária da Comissão de Defesa dos Direitos da Pessoa com Deficiência da OAB/PE, Membro da Comissão Especial de Bioética da OAB Federal, Conselheira Titular do Conselho Estadual de Defesa dos Direitos das Pessoas com Deficiência do Estado de PE e Conselheira Fiscal da Associação dos Advogados Previdenciarista do Estado de PE.

É justamente esta problemática que se traz ao debate e descortinamento. Portanto para uma visão ampla do que se busca abordar, é necessário discutir, ainda que minimamente, o que nos fala a bioética principalista, deontologia médica, a teoria da incapacidade e a autonomia do PcD, após a vigência da Lei 13.146/15.

2. PRINCÍPIOS DA BIOÉTICA PRINCIPALISTA NA CONSTRUÇÃO DA IMPORTÂNCIA DO CONSENTIMENTO PRÉVIO, LIVRE, INFORMADO E ESCLARECIDO

Antes de adentramos na análise dos princípios da bioética principalista é necessário entendermos o seu surgimento e de que forma este ramo do conhecimento impactou nas relações médicos x pacientes.

Em 1927, o filósofo Fritz Jahr cunhou o termo bioética. O imperativo bioético defendido por ele era o de respeitar todos os seres vivos em geral, como um fim em si mesmo e tratá-los, se possível, como tal. A ideia de fim em si mesmo era baseado no imperativo categórico Kantiano.

Acontece que alguns críticos não consideram este marco teórico, vez que o referido filósofo não teve a intenção de inaugurar uma nova área de conhecimento. Para eles, o marco teórico da bioética surgiria a partir dos anos 70.

Destacamos alguns acontecimentos históricos que fulminaram no conceito teórico da bioética como atualmente conhecida;

Na Alemanha em 1931, com o intuito de coibir os abusos nas pesquisas com seres humanos, as novas terapias e experimentos foram regulamentadas, a fim de que os pesquisadores levassem em consideração a vontade do pesquisado, Deveriam os pesquisadores prestarem informações prévias sobre as diferenças entre os ensaios terapêuticos, seus riscos, bem como sobre a sua responsabilidade, enquanto pesquisador. No entanto, observa-se que este documento não foi capaz de cessar os abusos contra os mais vulneráveis, na época nazista.

A partir de 1945, o mundo começou a perceber os abusos cometidos pelos nazistas. Daí que em 1947 foi criado o Código de Nuremberg que determinou que os experimentos deveriam alcançar resultados positivos. Exigia também a realização das pesquisas inicias em animais para só então serem testados em humanos. Determinava ainda que os pesquisados tivessem informações claras dos experimentos, bem como tivessem consentidos a sua participação. O Tribunal de Nuremberg foi responsável pelo julgamento de criminosos de guerra, trazendo à tona a monstruosidade de alguns experimentos realizados em seres humanos vulneráveis, na Alemanha nazista

Neste momento histórico, a ideia que se tinha era que apenas os exércitos é que praticavam os abusos, até então não se acreditava que os médicos e pesquisadores também praticassem testes que pudessem trazer malefícios aos pacientes.

Esta ideia passou a mudar quando foi noticiado que, nos Estados Unidos, os médicos e cientistas estavam usando pacientes como cobaias. Exemplo disso foi o Comitê de Seattle de 1962, comitê este que decidia quem participaria do tratamento de hemodiálise, já que não havia insumos e leitos para todos os pacientes. A partir deste fato, a comunidade científica começou a questionar os limites do poder do médico na decisão de quem deveria viver ou morrer.

Outro acontecimento importante foi o transplante realizado por Christian Barnard em 1967, primeiro transplante cardíaco do mundo. A questão suscitada foi no sentido de que para realizar o transplante, o coração de uma pessoa falecida, embora com o órgão em funcionamento deveria ser transplantada em outra pessoa viva. Quais os limites para este procedimento?

No âmbito das pesquisas científicas, como na prática da medicina, também foram observados abusos éticos, sendo os mais conhecidos: o caso Willowbrook em 1956, onde crianças com deficiência mental foram infectadas com o vírus da hepatite para pesquisa sobre o tratamento da doença; o caso da Penitenciária Estadual de Ohio, onde presidiários foram infectados com células cancerígenas, também com o objetivo de testar tratamento e observar como a doença evoluía com tratamentos com placebos.

O caso mais famoso e que gerou grande comoção, no entanto, foi o Estudo da Sífilis não tratada de Tuskegee em 1972, onde homens negros foram infectados com sífilis e mesmo após a descoberta da cura, com o remédio penicilina, o estudo continuou, levando a maioria dos participantes a óbito.

Após estes acontecimentos, os autores Van Rensselar Poter e Andre Hellegers, de forma simultânea, conceituaram o termo bioética.

Em 1974, em razão das consequências oriundas da monstruosidade do caso Tuskegee, o governo americano criou uma Comissão Nacional para proteger os sujeitos nas pesquisas biomédica e comportamental, Este Comitê, em 1978, elaborou o Relatório Belmont com três princípios basilares que deveriam reger as pesquisas, tratamentos e experimentos, sendo eles: respeito pelas pessoas, beneficência e justiça.

Em 1979, Tom Beauchamp e James Childress inauguraram a Teoria da Bioética Principialista apresentando 4 princípios basilares: a autonomia, a beneficência, a não maleficência e justiça.

Do Princípio da autonomia nasce o conceito do consentimento, objeto do nosso estudo e do qual vamos tecer comentários específicos, porém os demais princípios devem também nortear a relação médico x paciente.

No estudo realizado no artigo científico "A relação entre o princípio da autonomia e o princípio da beneficência (e não-maleficência) na bioética médica (2017, p. 19, *apub PESSINI;BARCHIFONTAINE, 2000, P.44))*"[22], as autoras CAMPOS e OLIVEIRA defendem que a autonomia é a capacidade de quem tem raciocinalidade humana de fazer leis para si mesma. Significa a capacidade de a pessoa governar-se a si mesma, ou a capacidade de se autogovernar, escolher, dividir, avaliar, sem restrições internas ou externas.

Esta autonomia também passou a ser reconhecida e aplicada na bioética médica, mas nem sempre foi assim.

Sabemos que a relação médico x paciente era verticalizada, ou seja, o médico era quem decidia tudo sobre o tratamento do seu cliente, sem que este pudesse opinar a respeito. Este poder quase ilimitado, justificado pela ética hipocrática, no qual o médico tinha o dever legal e moral, de acordo com seu juramento e a sua habilidade, de atenuar a divulgação do diagnóstico no sentido de amenizar o suplício do paciente, ocultando tanto as prováveis consequências do tratamento ministrado quanto as alternativas disponíveis.

O surgimento da bioética marcou o declínio dessa relação verticalizada transformando-a em uma relação horizontal, onde o paciente, através da sua autonomia, podia opinar, acatar e até não aceitar um tratamento, por exemplo.

---

2 CAMPOS; OLIVEIRA, 2017, P.19

Ainda segundo as autoras CAMPOS e OLIVEIRA, (2017, p. 19, *apub* BECKERT,s/d, s/p.),[33] para a bioética médica, o princípio da autonomia pode ser definido como o poder que tem o usuário de decidir que profissional escolher para atendê-lo, que tratamento aceita ou admite, seja por razão de credo ou não, determinando os seus interesses, que exerce de forma independente. Ou ainda, obrigação que o profissional de saúde tem de deixar o paciente exercer a sua liberdade de decisão acerca daquilo que mais convém à sua dignidade de pessoa, respeitando-a na sua autonomia.

Sem dúvida alguma, o princípio da autonomia do paciente é o pilar que deve sustentar qualquer ato médico. O paciente tem o direito a informação livre, esclarecida, prévia e racional sobre sua saúde, diagnóstico e tratamentos. Tem o direito de opinar, bem como escolher a terapêutica, a qual deseja se submeter. Assim, do princípio da autonomia, em raciocínio lógico, decorre a obrigação do profissional de saúde colher o consentimento informado prévio, livre e esclarecido do paciente.

3. CONSENTIMENTO INFORMADO E ESCLARECIDO

Como já exposto, o princípio da autonomia da bioética principalista de Tom Beauchamp e James Childress é a premissa, a razão de ser do consentimento informando e esclarecido, entendendo este como uma forma de guiar a tomada de decisão em saúde.

Para Beauchamp e Childress, para tomada de decisão autônoma é necessário que o paciente tenha não só capacidade civil, mas também capacidade decisória de agir, vez que outros fatores podem influenciar na capacidade de tomada de decisão. Esta visão confronta com a capacidade civil absoluta da pessoa com deficiência instituída pelo artigo 13 da Lei Brasileira de Inclusão e será melhor avaliada no tópico seguinte.

Segundo estes estudiosos, para tomada de decisão autônoma pelo paciente é necessário observar três critérios: intenção do paciente; compreensão do paciente e; ausência de influência externa.

Beauchamp e Childress ainda desenharam modelos de tomada de decisão, são elas:

---

3 CAMPOS; OLIVEIRA, 2017, P.19

- autonomia pura – onde o paciente seria capaz de agir com consciência e total autonomia;
- julgamento substituto-esse modelo parte da premissa de que as decisões pertencem propriamente à pessoa, incapaz ou não autônoma, em virtude dos direitos à autonomia e à privacidade. O sujeito tem o direito de decidir, mas é incapaz de exercê-lo e, caso seja, no momento, incapaz de tomar decisões autônomas, uma outra pessoa deve ser indicado para tomar a decisão que o incapaz tomaria se fosse capaz.
- melhores interesses – nesse modelo, o decisor deve determinar o maior benefício dentre as opções possíveis, atribuindo diferentes pesos aos interesses que o sujeito tem em cada opção e subtraindo os riscos e os custos inerentes a cada uma, isto é, deve-se procurar a maximização dos benefícios.

O termo de consentimento livre e esclarecido, conhecido também pela sigla "TCLE" é o documento capaz de demonstrar que o paciente e/ou pesquisado foi devidamente esclarecido e concordou com o procedimento apresentado, explicado e esclarecido pelo médico ou pesquisador.

Esse consentimento pode ser informal e deve sempre ser registrado em prontuário pelo médico assistente, ou formal, constituindo-se em um instrumento jurídico denominado, na maioria dos textos brasileiros, "Termo de Consentimento Livre e Esclarecido".

É importante destacar que o consentimento informado e esclarecido tem como premissa basilar o Dever de Informação, ou seja, o paciente ou pesquisado deve ser informado e esclarecido antes de se submeter a qualquer procedimento.

O Dever de Informação está previsto em diversos diplomas legais, a saber: Constituição Federal de 1988, nos artigos 1º, III (dignidade da pessoa humana) e 5º, XXXII e 170, V (defesa do consumidor); Código Civil, nos artigos 422 (boa-fé objetiva) e 11 ss (direito à autodeterminação); Defesa do Consumidor, artigo 6, III (direito básico à informação); Lei 13.146 – Lei Brasileira de Inclusão, artigos 9º, V (direito ao atendimento prioritário), 12 e parágrafos (direito à vida), 18, VIII (direito à saúde); Recomendação CFM 1/2016 (sobre o processo de obtenção do consentimento livre e esclarecido) e Código de Ética Médica (Resolução CFM nº 2.217/2018), incisos XXI (dos princípios fundamentais), artigo 24 (dos direitos humanos); 31 e 34 (da relação com pacientes e familiares).

A Unesco em 2005, na Declaração Universal de Bioética e Direitos Humanos levantou a bandeira da necessidade do consentimento prévio e esclarecido como condição para toda e qualquer intervenção na pessoa humana. Defendeu que o paciente que deu sua autorização poderia a qualquer momento desistir do procedimento, exercendo o seu direito de retirada, sem que isto lhe ocasionasse qualquer punição.

Na realidade esta Declaração apresentou três situação e como agir diante delas. Uma foi o direito de retirada já abordado. A segunda, o consentimento adicional do grupo ou comunidade que podemos entender como a necessidade de se obter o consentimento do líder comunitário para autorização da participação da sua comunidade no procedimento de saúde, porém esta autorização do líder não exclui a necessidade da coleta das autorizações individuais e a terceira é a proteção especial às pessoas sem capacidade civil, devendo estas darem seu assentimento livre e esclarecido, através dos seus representantes legais ou tutores.

É importante observar que para obter o consentimento do paciente não basta colher sua assinatura. É condição de validade do documento que o profissional de saúde verifique e ateste que o paciente entendeu com clareza o que lhe foi informado. Este pleno entendimento do conteúdo do termo de consentimento, das estratégias terapêuticas, da sua patologia e prognóstico é necessário para um consentimento livre de vícios de validade.

E como proceder quando o paciente é pessoa com deficiência com algum comprometimento de comunicação ou intelectual? Seriam estas condições suficientes para que o profissional de saúde dispense a obtenção do consentimento livre e esclarecido? Certamente, a resposta é não. A uma porque, a LBI determina a capacidade civil pela da pessoa com deficiência e isto não pode ser ignorado e segundo porque, existem inúmeras tecnologias assistivas que podem ser aplicadas facilitando, assim, a comunicação daqueles que não a possuem de forma ampla.

Precisamos ir além, não apenas as pessoas com deficiência podem apresentar a necessidade de adaptações comunicacionais para coleta do consentimento. Por vezes, é necessário adaptações em razão cultural, social, psicológica, de modo que não é possível alegar a deficiência como impeditivo de realização deste ato.

4. LEI BRASILEIRA DE INCLUSÃO

Neste capítulo vamos abordar a LBI, pois não é possível analisar os direitos das pessoas com deficiência sem destacar este importante diploma legal.

A LBI é uma lei federal que tem como fundamento jurídico a Convenção sobre Direitos das Pessoas com Deficiência e seu protocolo facultativo do ano de 2006, conhecida como Convenção de Nova York. O Brasil foi signatário deste diploma legal, tendo o ratificado em 2008 e publicado, em âmbito nacional, pelo Poder Executivo, o Decreto Federal de nº 6.949/2009. Esta Convenção foi o primeiro Tratado Internacional de Direitos Humanos adotado pelo Brasil, tendo entrado no nosso ordenamento jurídico com status de emenda constitucional.

Conforme bem explica a autora deste artigo na sua obra "Desafios do empresariado na contratação de pessoa com deficiência, em face das barreiras atitudinais e arquitetônica – estudo de caso concreto, publicado em 2019, no Livro Trabalho e Previdência em Debate[44], a Lei Brasileira de Inclusão – Lei 13.146 de 2015, também conhecida por Estatuto da Pessoa com Deficiência é uma lei que se destina assegurar e promover, em condições de igualdade, o exercício dos direitos e das liberdades fundamentais da pessoa com deficiência, visando sua inclusão social e sua cidadania.

Apresenta como objetivos assegurar direitos, igualdades de oportunidades e acessibilidade, entendendo a acessibilidade como a possibilidade de qualquer pessoa acessar e utilizar com autonomia e segurança um lugar, serviço, produto, informação, tecnologia, mobiliário e afins. A acessibilidade está em todos os setores da sociedade, ou seja, é o direito que garante à pessoa com deficiência viver de forma independente, exercendo seus direitos de cidadania e participação social.

Acontece que não se garante a acessibilidade sem proporcionar ou realizar as adaptações razoáveis nos espaços públicos e privados, porque a acessibilidade é muito além do direito de ir e vir, é a garantia do exercício pleno da cidadania, é a garantia da autonomia, independentemente do lugar que se deseja ou precisa estar.

Apenas através das adaptações razoáveis que se traduzem pelas modificações e ajustes necessários no ambiente de trabalho, mobiliário, comunicação, comportamento e espaços é que passa a ser possível as-

---

4 Guimarães, 2019, p. 147

segurar a pessoa com deficiência o seu exercício de direitos em igualdade de condições com as demais pessoas.

A LBI ainda traz alguns conceitos importantes para realizar uma inclusão eficaz do PcD, dentre elas está o próprio conceito de pessoa com deficiência que se traduz por aquele que tem impedimento de longo prazo de natureza física, mental, intelectual ou sensorial, o qual, em interação com uma ou mais barreiras, tenha obstruída sua participação plena e efetiva na sociedade em igualdade de condições com as demais pessoas.

Este impedimento de longo prazo, deverá ser entendido como uma incapacidade, de pelo menos, 2 anos e a avaliação desta incapacidade, quando necessária, deverá ser biopsicossocial, envolvendo uma equipe multiprofissional e interdisciplinar. Na avaliação biopsicossocial serão considerados os impedimentos nas funções e estruturas do corpo; os fatores socioambientais, psicológicos e pessoais; a limitação no desempenho das atividades e também a restrição de participação da pessoa na sociedade.

Já os conceitos sobre barreiras são os seguintes:

Urbanísticas – são os obstáculos nas vias públicas e privadas abertos ao público ou de uso coletivo, ou seja, nas ruas, avenidas ou caminhos.

Arquitetônicas – são os obstáculos nos edifícios públicos e privados.

Nos transportes – são os obstáculos nos meios e sistemas de transportes público e privado.

Nas comunicações – são obstáculos, atitudes ou comportamento que dificulte ou impossibilite a comunicação, a mensagem ou informação.

Atitudinais – atitudes ou comportamentos que impeçam a participação social da pessoa com deficiência em igualdade de condições com as demais pessoas.

Tecnológicas- são os obstáculos que dificultem a pessoa com deficiência de acessar às tecnologias.

O desenho universal é entendido como produtos, ambientes, programas e serviços que atendam a todos, independentemente de suas características pessoais, idade, habilidades, estatura, força física, condição de mobilidade, etc. Seu objetivo é simplificar a vida de todos. **São exemplo:** A disposição dos telefones públicos em duas alturas que permite a utilização por pessoas de estaturas variadas e por cadeirantes; fechaduras e maçanetas de portas e janelas devem ser operadas sem a necessidade de força, podendo ser abertas apenas utilizando-se o punho ou até mesmo o cotovelo; sinalização tátil em Braille, indicando o sanitário feminino/masculino, permite que pessoas cegas possam identificar o sanitário com independência.

Para o nosso estudo, o conceito de Tecnologia assistiva é importantíssimo, pois é através dessa tecnologia que se faz possível a obtenção do consentimento informado e esclarecido das pessoas com deficiências, livres de quaisquer vícios.

As tecnologias assistivas são os recursos que facilitam ou ampliam a vida da pessoa com deficiência, visando promover sua autonomia e independência, qualidade de vida e inclusão social. São exemplos de tecnologias assistivas: muletas, próteses, órteses, cadeiras de rodas e triciclos, próteses auditivas e implantes cocleares, bengalas, lupas, audiolivros, painéis de comunicação, sintetizadores de voz, etc.

A LBI ao conceituar as barreiras, os instrumentos e possibilidades de como modificá-las, ao determinar a avaliação biopsicossocial levanta a ideia de que a deficiência se encontra na sociedade que não foi pensada para acolher a sua diversidade humana e não na pessoa que apresenta uma condição "diferente" física ou de saúde.

Muda-se o paradigma. A Deficiência passa a ser do ambiente social, logo, anulando os obstáculos, as pessoas com deficiência poderão exercer suas potencialidades em igualdade de condições e oportunidades com as demais pessoas.

O Estatuto da Pessoa com Deficiência foi inovador também ao determinar em seu artigo 6º que a deficiência não afeta a plena capacidade civil da pessoa, inclusive para casar e constituir união estável; exercer direitos sexuais e reprodutivos; exercer o direito de decidir números de filhos e de ter acesso a informações adequadas sobre reprodução e planejamento familiar; conservar sua fertilidade, sendo vedada a esterilização compulsória; exercer o direito à família e à convivência familiar e comunitária e exercer o direito à guarda, à tutela, à curatela e à adoção, como adotando ou adotado, em igualdade de oportunidade com as demais pessoas.

Foi além ao determinar a capacidade civil plena. Estatuiu em seu artigo 8º que: É dever do Estado, da sociedade e da família assegurar à pessoa com deficiência, com prioridade, a efetivação dos direitos referentes à vida, à saúde, à sexualidade, à paternidade e à maternidade, à alimentação, à habitação, à educação, à profissionalização, ao trabalho, à previdência social, à habilitação e à reabilitação, ao transporte, à acessibilidade, à cultura, ao desporto, ao turismo, ao lazer, à informação, à comunicação, aos avanços científicos e tecnológicos, à dignidade, ao respeito, à liberdade, à convivência familiar e comunitária, entre outros decorrentes da Constituição Federal, da Convenção sobre os Direitos das Pessoas com Deficiência e seu Protocolo Facultativo e das leis e de outras normas que garantam seu bem-estar pessoal, social e econômico.

Desta feita, é possível notar importante modificação na teoria da capacidade do Código Civil de 2002, entendendo está como a capacidade jurídica que envolve a aptidão para adquirir direitos e assumir deveres pessoalmente. Retirou-se dos artigos 3º e 4º do CC/02, os conceitos de incapacidade absoluta e relativa, em relação às pessoas com deficiência.

Esta mudança de paradigma se deu, exatamente, porque o conceito da deficiência passou de médico para social, introduzindo um novo referencial, o de que a pessoa com deficiência tem plena condição de exercer a sua autodeterminação, desde que as barreiras estruturais sejam afastadas.

A Obra Comentários ao Estatuto da Pessoa com Deficiência (2016)[55] nos apresenta valiosa lição sobre o assunto, a saber:" A CDDPD estabeleceu nova sistemática reguladora da capacidade civil, baseada no reconhecimento da "dignidade inerente", "autonomia individual", "liberdade de fazer as próprias escolhas" e "independência" da pessoa com deficiência.

Segue: "O argumento que as pessoas com deficiência não teriam a autonomia necessária para decidirem a respeito de si mesmas, não condizem com o ultrapassado modelo médico, revela-se falso quando submetido a uma análise criteriosa". Sobre esta capacidade civil absoluta da pessoa com deficiência e o consentimento esclarecido e informado passaremos abordar no tópico seguinte.

---

5 LEITE, RIBEIRO, COSTA FILHO, 2016.

5. CAPACIDADE CIVIL ABSOLUTA DA PESSOA COM DEFICIÊNCIA E CONSENTIMENTO INFORMADO E ESCLARECIDO

Não resta dúvida quanto à plena autonomia civil reconhecida à pessoa com deficiência, através da LBI e da Convenção de Nova York. Esta autonomia é caracterizada pela capacidade da pessoa com deficiência decidir por si mesma, de tomar as suas próprias decisões, sem interferência de terceiros.

A obra Comentários ao Estatuto da Pessoa com Deficiência segue nos apresentando importantes lições como o cuidado para que não haja confusão entre a possibilidade de fazer escolhas com a aptidão para, pessoalmente e sem auxílio, colocar certos atos ou executar determinadas ações.

Neste sentido, a LBI estabelece que, em regra geral, toda pessoa com deficiência tem capacidade para exercer seus direitos e fazer escolhas, independente do tipo da sua deficiência.

A alegação, por si só, de que a dificuldade de comunicação ou outra qualquer não pode ser confundida com falta de autonomia e de capacidade decisória.

A LBI ainda defende, no Título II, dos Direitos Fundamentais, Capítulo I, do Direito à Vida que a pessoa com deficiência não pode ser obrigada a se submeter a intervenção clínica ou cirúrgica, a tratamento ou institucionalização forçada.

Reza em seu artigo 12[6] que o "consentimento prévio, livre e esclarecido da pessoa com deficiência é indispensável para a realização de tratamento, procedimento, hospitalização e pesquisa científica".

Já o artigo 13[7] diz que a "pessoa com deficiência somente será atendida sem seu consentimento prévio, livre e esclarecido em caso de risco de morte e de emergência em saúde, resguardando seu superior interesse e adotadas as salvaguardas legais cabíveis".

---

[6] Artigo 12- O consentimento prévio, livre e esclarecido da pessoa com deficiência é indispensável para a realização de tratamento, procedimento, hospitalização e pesquisa científica.

[7] Artigo 13- A pessoa com deficiência somente será atendida sem seu consentimento prévio, livre e esclarecido em casos de risco de morte e de emergência em saúde, resguardado seu superior interesse e adotadas as salvaguardas legais cabíveis.

Da leitura destes dispositivos e com base na doutrina do livro Comentários ao Estatuto da Pessoa com Deficiência podemos concluir que a LBI tenta garantir que as pessoas não sejam alijadas de sua capacidade legal pelo fato de serem deficientes. As pessoas podem exigir ajuda para exercer a capacidade legal, porém a sua vontade nunca deverá ser ignorada.

Sendo assim, a LBI, através dos seus preceitos, possibilita aos profissionais de saúde elementos facilitadores da prática na coleta do consentimento esclarecido e informado da pessoa com deficiência, inclusive, utilizando do processo de tomada de decisão apoiada, quando a pessoa com deficiência dispõe de assistentes e prepostos que os conhecem, capazes de interpretarem as suas vontades e desejos.

Quando o profissional de saúde tem a consciência de que a pessoa com deficiência é prejudicada pelas barreiras, neste caso, as comunicações, tecnológicas e atitudinais, o trabalho para obter este consentimento se tornar possível e não tão desafiador.

É necessário fazer uso das tecnologias assistivas das mais variadas como recursos, eletrônicos ou não, que permitem a comunicação expressiva e receptiva das pessoas sem a fala ou com limitações da mesma, sendo muito utilizadas as pranchas de comunicação com os símbolos PCS ou Bliss além de vocalizadores e softwares dedicados para este fim; equipamentos de entrada e saída (síntese de voz, Braille), auxílios alternativos de acesso (ponteiras de cabeça, de luz), teclados modificados ou alternativos, acionadores, softwares especiais (de reconhecimento de voz, etc.) que permitem as pessoas com deficiência a usarem o computador; auxílios para grupos específicos que inclui lupas e lentes, Braille para equipamentos com síntese de voz, grandes telas de impressão, sistema de TV com aumento para leitura de documentos, publicações etc.; auxílios que inclui vários equipamentos (infravermelho, FM), aparelhos para surdez, telefones com teclado — teletipo (TTY), sistemas com alerta táctil-visual, são alguns exemplos.

É certo que quase a totalidade das deficiências são sanadas com as adaptações apropriadas, de modo que a pessoa com deficiência estará apta a expressar a sua vontade, de acordo com as suas convicções e verdades, exercendo assim a sua plena autonomia.

6. CONSIDERAÇÕES FINAIS

No presente estudo, por todos ângulos que se queira observar, a pessoa com deficiência tem o direito de ter sua autonomia considerada e respeitada no âmbito das práticas médicas. Esta autonomia defendida na bioética principalista como manifestação de vontade consciente e que traduz na observância do respeito à dignidade humana não pode, na atualidade, ser ignorada à pessoa com deficiência, vez que a Convenção de Nova York e a LBI são claras ao afirmar que o PcD tem capacidade civil plena e absoluta podendo e devendo manifestar a sua vontade. Mais do que isso, os diplomas legais acima suscitados determinam que a pessoa com deficiência tem direito à informação, direito à saúde, ao seu corpo, inclusive, direito a não concordar com o tratamento que lhe é oferecido.

Não é possível sequer a acolher alegação de existir dificuldade na obtenção do consentimento, em razão da deficiência. Conforme já exaustivamente exposto, anulando as barreiras sociais, através do uso das adaptações razoáveis, como os facilitares de comunicações, por exemplo, é possível a participação plena da pessoa com deficiência, em todos os atos da vida civil.

Não possibilitar que a pessoa com deficiência exerça um direito que faz jus, simplesmente com base na sua deficiência, representa uma limitação arbitrária, configurando, assim, discriminação por motivo de deficiência. Esta discriminação é tipificada na LBI como crime de preconceito punível com pena de reclusão de 1 a 3 anos e multa, podendo aumentar em 1/3 se a vítima encontrar-se sob cuidados e responsabilidade do agente, conforme o artigo 88. § 1º.

Repita-se, a deficiência está longe de ser um limitador de desempenho, mas a sociedade que não se prepara para acolher as diferenças normais da coletividade, esta sim é limitante, e esta máxima também serve para seara da saúde.

A pessoa com deficiência tem o direito ao consentimento informado, obrigando o profissional da saúde a informar ao paciente tudo aquilo que possa ser relevante no processo de tomada de decisão, em uma linguagem simples, clara e principalmente acessível.

7. REFERÊNCIAS

LEITE, Flávia Piva Almeida, RIBEIRO, Lauro Luiz Gomes, FILHO, Waldir Macieira da Costa (Org.). *Comentários ao Estatuto da Pessoa com Deficiência*, São Paulo, Editora Saraiva, 2016.

MELO, Nehemias Domingos de. *Responsabilidade civil por erro médico: doutrina e jurisprudência* – 3. ed.- São Paulo: Atlas, 2014.

NISHIYAMA, Adolfo Mamoru. *Proteção jurídica das pessoas com deficiência nas relações de consumo*, Curitiba: Juruá, 2016.

DANTAS, Lucas Emanuel Ricci, *Políticas públicas e direito: a inclusão da pessoa com deficiência*, Curitiba, Juruá, 2016

GUIMARÃES, Viviane, Cartilha – *LBI para doentes neuromusculares – você sabe como ajudar?* Recife, Donem, 2019.

GABRILLI, Mara, *Cartilha sobre LBI*, São Paulo, 2018

BRASIL, Constituição. *Constituição da República Federativa do Brasil*, Brasília, DF, Senado Federal, 1988

GUIMARÃES, Viviane e outros - *Desafios do empresariado na contratação de pessoa com deficiência, em face das barreiras atitudinais e arquitetônica* – Livro Trabalho e Previdência em Debate, Recife/PE – 2019

seer.ujsj.edu.br/index.php/recom/article/viewfile/2491393

scielo.br/scielo.php?script=sci_arttex§pid=50482.50042011000200007

assistiva.com.br/tassistiva.html

CAMPOS, Adriana, OLIVEIRA, Daniela Rezende. *A relação entre o princípio da autonomia e o princípio da beneficência (e não- maleficência) na bioética médica*- 2017

SARLET, Gabrielle Bezerra Sales – *Da ética hipocrática à bioética: Notas acerca da teoria do consentimento livre e esclarecido e o teor da lei n 13.146/2015-2017*

O ABORTO LEGAL NO BRASIL E AS INCONSTITUCIONALIDADES DA PORTARIA 2.561 DE 23 DE SETEMBRO DE 2020: CONSIDERAÇÕES SOBRE ADI 6.552 E ADPF 737

NARA PINHEIRO REIS AYRES DE BRITTO[1]
NATÁLIA ROCHA DAMASCENO[2]

SUMÁRIO: Introdução; 1. Síntese da evolução da legislação sobre o aborto legal e os dados da violência sexual no Brasil; 2. O contexto brasileiro e a tramitação da ADI 6552 e ADPF 737 no Supremo Tribunal Federal; 3. O ART. 7° da portaria n° portaria n° 2.561/2020 e sua inconstitucionalidade e a perpetuação no tempo de consequências graves sobre um grupo vulnerável da sociedade; 3.1. Inciso I. Revitimização proibida por lei e violadora da dignidade humana. Oitiva desnecessária para a notificação; 3.2. Inciso II. Inauguração de nova forma de preservação de material genético. Ação de repercussão geral discutida na suprema corte; Considerações finais; Referências bibliográficas

INTRODUÇÃO

Em meados de agosto de 2020 o Ministério da saúde editou portaria que alterava os requisitos procedimentais do aborto legal no Brasil, no âmbito do Sistema Único de Saúde-SUS. Tratava-se da Portaria n° 2.282, de 27 de agosto de 2020, que revogou os arts. 694 a 700 da

---

[1] Doutoranda e Mestre em Ciências Jurídicas pela Universidade Autónoma de Lisboa, Pós-graduanda em Processo Civil pela Universidade Presbiteriana Mackenzie (UPM), Bacharel em Direito pelo Centro Universitário de Brasília (UniCEUB), professora da pós-graduação *lato sensu* do UniCEUB,, membro colaboradora do Instituto de Advogados do Distrito Federal (IADF), membro da Comissão Especial de Bioética e Biodireito do Conselho Federal da Ordem dos Advogados do Brasil, Conselheira Fiscal do Instituto Victor Nunes Leal (IVNL), advogada, sócia do escritório Ayres Britto Consultoria Jurídica e Advocacia. Brasília-DF, Brasil, e-mail: nara@ayresbritto.com.br.

[2] Pós-graduanda em Direito Digital pelo Centro Universitário de Brasília (UniCEUB), Bacharela em Direito pelo Centro Universitário de Brasília (UniCEUB), Membra do Centro Brasileiro de Estudos Constitucionais (CBEC – Universitário), Membra do Núcleo de Estudos Constitucionais (NEC – UniCEUB), Membra do grupo de estudo Constitucionalismo Fraternal vinculado ao UniCEUB. Advogada do escritório Ayres Britto Consultoria Jurídica e Advocacia, e-mail: nataliardamasceno@gmail.com..

Portaria nº 5, de setembro de 2017. Com a edição da portaria, duas ações de controle concentrado foram ajuizadas na Suprema Corte, são elas: Ação de Descumprimento de Preceito Fundamental (ADPF) nº 737 e Ação Direta e Inconstitucionalidade (ADI) nº 6.552, ambas de relatoria do Min. Ricardo Lewandowski. Mais tarde, nova portaria foi editada para revogar a anterior, sendo a Portaria n. 2.561, de 23 de setembro de 2020 que está vigente até o atual momento.

O presente trabalho tem como objeto o estudo da interrupção legal da gestação no Brasil, com foco nas portarias supracitadas, considerando notadamente o processo e o acesso ao aborto legal no Brasil, assim como todo o curso das ações que tramitaram no STF. A metodologia adotada foi bibliográfica, legislativa e jurisprudencial.

Assim, inicialmente, busca-se traçar um panorama da evolução da legislação criminal no país quanto ao tema, avaliando as leis e códigos criminais desde a época da colonização portuguesa, aferindo-se, sobretudo, a influência da Igreja Católica sobre os normativos em referência, bem como sobre importantes dados sobre violência sexual contra as mulheres.

No segundo capítulo, verifica-se o contexto social atual brasileiro sobre o aborto a partir de caso que tomou forte visibilidade da mídia, em que se noticiou a trajetória de uma menina de dez anos, gestante em decorrência de estupro, que buscava a interrupção da gestação. O caso teve forte resistência de grupos cristãos, inclusive do Poder Executivo, que não só tentou influenciar diretamente a questão, mas, como visto, editou duas novas portarias para regular o procedimento.

Assim, no terceiro capítulo, avalia-se as inconstitucionalidades da Portaria. Conclui-se que o normativo restringe direitos de mulheres e meninas para acessar o direito ao aborto legal já consagrado no Código Penal de 1940. Deste modo, em considerações finais, deve-se reconhecer que tamanha é a importância dessa discussão e tão evidente é a necessidade de suspensão da Portaria em vigor.

1. SÍNTESE DA EVOLUÇÃO DA LEGISLAÇÃO SOBRE O ABORTO LEGAL E OS DADOS DA VIOLÊNCIA SEXUAL NO BRASIL

Historicamente, a criminalização do aborto estabeleceu-se por fundamentos cristãos, notadamente pelo Direito Canônico. A descriminalização da interrupção da gestação no mundo iniciou-se apenas no decorrer do século XX, com a introdução da laicização e separação da

Igreja e do Estado, conjuntamente com a movimentação por direitos. Foi assim que a Suécia, em 1938, descriminalizou o aborto, depois a Finlândia (1950), Estônia, Lituânia e Letônia (1955)[3].

O Brasil colonial sofreu forte influência pelo Direito Canônico, pois foi paradigma de interpretação desde sua colonização. Nas Ordenações Afonsinas, Manuelinas e Filipinas, trazidas de Portugal e aplicadas ao Brasil, o aborto era considerado homicídio desde que o feto já possuísse "alma", sendo definido o momento em que a gestante já pudesse sentir os movimentos do feto pela primeira vez. Assim, em 1869, o Papa Pio IX declarou que a animação era simultânea, criminalizando o aborto no momento da concepção.[4]

Foi sob a influência da Igreja Católica que o Código Criminal do Império de 1830, mesmo com o Brasil já independente, manteve a condenação ao aborto "em outrem". Ressalta-se, aqui, que não se considerava crime o autoaborto[5]. Os dispositivos 199 e 200 do Código Criminal do Império de 1830 **confirmam isso**[6]. Já o Código Penal de 1890, além de criminalizar quem provocasse o aborto, também penalizou a gestante que o praticasse. O Código também aumentou a pena do ilícito, se tornando distante até das penas atribuíveis a homicídios[7].

---

3 MACHADO, Lia Zanotta. O aborto como direito e o aborto como crime: o retrocesso neoconservador. Dossiê Conservadorismo, Direitos, Moralidades e Violência. 2017. p. 6

4 *Ibidem*, p. 8 e 9.

5 *Ibidem*, p. 10.

6 "Art. 199 – Ocasionar aborto por qualquer meio empregado anterior ou exteriormente com o consentimento da mulher pejada. Pena: Prisão com trabalho de 1 a 5 anos. Se o crime for cometido sem o consentimento da mulher pejada. Penas dobradas".

"Art. 200 – Fornecer, com o consentimento de causa, drogas ou quaisquer meios para produzir o aborto, ainda que este não se verifique. Pena: Prisão com trabalho de 2 a 6 anos. Se esse crime foi cometido por médico, boticário ou cirurgião ou ainda praticante de tais artes. Penas dobradas".

7 *Ibidem*, p. 11

"Art. 300 - Provocar aborto haja ou não a expulsão do produto da concepção. No primeiro caso: pena de prisão celular por 2 a 6 anos. No segundo caso: pena de prisão celular por 6 meses a 1 ano. §1º Se em consequência do Aborto, ou dos meios empregados para provocá-lo, seguir a morte da mulher. Pena de prisão de 6 a 24 anos. §2º Se o aborto foi provocado por médico, parteira legalmente habilitada para

Aliás, vale mencionar que quando o aborto era cometido em "defesa da honra" ou em decorrência de uma "loucura puerperal", a pena poderia ser atenuada ou até mesmo absolvida[8]. Segundo Lia Zanotta Machado, essas formas de "perdoar" a mulher também sucederam dos fundamentos religiosos e construíram entendimentos seculares, inclusive médicos e jurídicos[9]:

> "Essas lógicas de desigualdade nomeadas em torno da ideia de honra, embora secularizadas, advinham dos fundamentos religiosos e alimentavam os entendimentos seculares de leigos, mas também os saberes das comunidades médicas e jurídicas que à época, acrescentavam argumentos médicos como a "loucura puerperal" ou jurídicos como a "defesa da honra" (Caulfield, 2005). Formas de "perdoar" porque uma mulher abortaria transformadas em formas absolutórias ou atenuantes."

Portanto, chega-se, enfim, ao Código de 1940, atual Código Penal brasileiro. Atualmente, apesar do aborto ser criminalizado, a legislação consolidou duas formas de aborto legal. O primeiro, decorrente de estupro e, o segundo, quando há necessidade de salvar a vida da mulher gestante, conforme os dispositivos abaixo:

> Art. 124 – Provocar aborto em si mesma ou consentir que outrem lho provoque: Pena – detenção, de um a três anos.
> Art. 125 – Provocar aborto, sem o consentimento da gestante: Pena – reclusão, de três a dez anos.
> Art. 126 – Provocar aborto com o consentimento da gestante: Pena – reclusão, de um a quatro anos. Parágrafo único. Aplica-se a pena do artigo anterior, se a gestante não é maior de quatorze anos, ou é alienada ou débil mental, ou se o consentimento é obtido mediante fraude, grave ameaça ou violência.

---

o exercício da medicina. Pena: a mesma procedente estabelecida e a proibição do exercício da profissão por tempo igual ao da reclusão".

"Art. 301 - Provocar Aborto com anuência e acordo da gestante. Pena: prisão celular de 1 a 5 anos. Parágrafo único: Em igual pena incorrera a gestante que conseguir abortar voluntariamente, empregado para esses fim os meios; com redução da terça parte se o crime foi cometido para ocultar desonra própria".

"Art. 302 - Se o médico ou parteira, praticando o aborto legal, para salvar da morte inevitável, ocasionam-lhe a morte por imperícia ou negligencia. Penas: prisão celular de 2 meses a 2 anos e privado de exercício da profissão por igual tempo de condenação".

8 *Ibidem*, p. 11 e 12
9 *Ibidem*, 11.

Art. 127 – As penas cominadas nos dois artigos anteriores são aumentadas de um terço, se, em consequência do aborto ou dos meios empregados para provoca-lo, a gestante sofre lesão corporal de natureza grave; e são duplicadas, se, por qualquer dessas causas, lhe sobrevém a morte.

Art. 128 – Não se pune o aborto praticado por médico: I – se não há outro meio de salvar a vida da gestante; II – se a gravidez resulta de estupro e o aborto é precedido de consentimento da gestante ou, quando incapaz, de seu representante legal.

Para além das formas de interrupção legal da gestação no Código Penal vigente, o Supremo Tribunal Federal, na ADPF de nº 54, inaugurou uma terceira exceção à penalização do aborto. É o caso de feto anencéfalo. Assim, a Corte Suprema do país definiu que na interrupção da gestação de feto anencéfalo inexiste crime, por interpretação conforme a Constituição dos arts. 124 e seguintes do Código Penal, acima transcritos. Segue ementa:

> ESTADO – LAICIDADE. O Brasil é uma república laica, surgindo absolutamente neutro quanto às religiões. Considerações. FETO ANENCÉFALO – INTERRUPÇÃO DA GRAVIDEZ – MULHER – LIBERDADE SEXUAL E REPRODUTIVA – SAÚDE – DIGNIDADE – AUTODETERMINAÇÃO – DIREITOS FUNDAMENTAIS – CRIME – INEXISTÊNCIA. Mostra-se inconstitucional interpretação de a interrupção da gravidez de feto anencéfalo ser conduta tipificada nos artigos 124, 126 e 128, incisos I e II, do Código Penal.

Essa conclusão partiu de algumas premissas. A primeira é que o Estado é laico, fazendo com o que a república adote um comportamento neutro quanto às religiões. A segunda é que o aborto é crime contra vida, onde se tutela a vida em potencial. E, terceiro, que o feto anencéfalo não tem potencialidade de vida, sendo considerado um natimorto cerebral. Daí por isso a interrupção da gestação de feto anencéfalo não é um crime contra à vida, e não pode ser considerado um aborto. O ato, então, seria atípico. Ponderando sobre a dignidade humana da mulher, o Ministro Relator Marco Aurélio apontou:

> "Não se trata de impor a antecipação do parto do feto anencéfalo. De modo algum. O que a arguente pretende é que "se assegure a cada mulher o direito de viver as suas escolhas, os seus valores, as suas crenças". Está em jogo o direito da mulher de autodeterminar-se, de escolher, de agir de acordo com a própria vontade num caso de absoluta inviabilidade de vida extrauterina. Estão em jogo, em última análise, a privacidade, a autonomia e a dignidade humana dessas mulheres. Hão de ser respeitadas tanto as que optem por prosseguir com a gravidez – por sentirem-se mais felizes assim ou por qualquer outro motivo que não nos cumpre perquirir – quanto as que prefiram interromper a gravidez, para pôr fim ou, ao

menos, minimizar um estado de sofrimento. Conforme bem enfatizado pelo Dr. Mário Ghisi, representante do Ministério Público na audiência pública, "é constrangedora a ideia de outrem decidir por mim, no extremo do meu sofrimento, por valores que não adoto. É constrangedor para os direitos humanos que o Estado se imiscua no âmago da intimidade do lar para decretar-lhe condutas que torturam".[10]

Assim, com base na decisão do Supremo em considerar a interrupção de gestação de feto sem potencialidade de vida lícita, há notícia de decisão do Tribunal de Justiça do Rio de Janeiro que autorizou a interrupção de gestação de feto com outra doença, chamada de *"body stalk"*, por se assemelhar as condições do feto anencéfalo[11].

Uma vez garantido o direito ao aborto legal, ainda que restrito, é necessário que o Estado promova políticas para a efetivação plena desse direito. A interrupção legal da gestação deve ser garantida de forma digna às mulheres que a necessitam e é uma medida de saúde pública. Nesse contexto, importante analisar os dispositivos da Portaria 2.561 de 23 de setembro de 2020 que são objeto do presente estudo.

Como será discutido no próximo capítulo, a Portaria do Ministério da Saúde, com a justificativa de regular o procedimento de interrupção legal da gestação no Brasil, o modificou substancialmente e criou verdadeiros empecilhos para sua efetivação. O direito ao aborto na hipótese de estupro – direito que o normativo resolve tolher – atinge a vida milhares de mulheres no país, especialmente daquelas de baixa renda.

---

[10] ADPF 54. Voto do Ministro Marco Aurélio, disponível em < https://redir.stf.jus.br/paginadorpub/paginador.jsp?docTP=TP&docID=3707334>. Acesso em 4 dez. 2021.

[11] "É, a meu ver, precisamente o caso. Note-se que se está diante de solicitação para interrupção de uma gestação, em que a requerente figura como veículo de um ser que, mercê das conclusões de ordem científica, não guarda qualquer viabilidade de sobrevida, em razão de severas malformações, razão pela qual entendo que, assim como nos casos de anencefalia, a interrupção da gravidez não pode ser tida como conduta típica, diante da inexistência de ofensa ao bem jurídico vida, como já decidido pela Suprema Corte na ação constitucional que, de resto, vincula todo o Poder Judiciário", avaliou o juiz. CONJUR. Justiça do Rio autoriza interrupção de gestação de feto sem chance de vida. Disponível em <https://www.conjur.com.br/2020-ago-13/justica-autoriza-interrupcao-gestacao-feto-chance-vida>. Acesso em 4 dez. 2021.

E os números não mentem. Com dados de 2019, o Anuário brasileiro de segurança pública[12] indica que, mesmo com o problema da subnotificação, temos ao menos um estupro a cada 8 minutos, traduzindo-se em 66.123 boletins de ocorrência de estupro e estupro de vulneráveis, onde 85,7% são do sexo feminino.

Para além da relevância numérica, é necessário ressaltar que o auge da violência entre as vítimas do sexo feminino acontece dos 10 aos 13 anos (28%), seguido por 5 a 9 anos (18,7%) e 14 aos 17 (16,8%). De tal modo, pode-se dizer que a cada hora quatro meninas com menos de 13 anos são estupradas, correspondendo a 53,8% das vítimas de violência sexual no país. O debate traçado, assim, atinge diretamente a vida de crianças e adolescentes, que são prioritariamente resguardadas pela constituição para serem mantidas "a salvo de toda forma de negligência, discriminação, exploração, violência, crueldade e opressão" (art. 227, CF).

Mas não é só. O contexto pandêmico em que as portarias foram inseridas também demonstram a relevância da matéria, notadamente porque incentivam que as mulheres busquem aborto clandestino, mesmo com o direito de interromperem sua gestação de forma segura. Deste modo, em decorrência lógica da Pesquisa Nacional de Aborto, "se são 500 mil abortos por anos no Brasil, e metade desses procedimentos exigem hospitalização, **são 20 mil leitos de hospital ocupados todo mês por conta da clandestinidade do aborto**" – é como aponta a professora Débora Diniz[13]. Com a rede de hospitais em colapso por conta da pandemia, o problema que envolve o aborto clandestino supera os limites daquelas mulheres e atinge toda uma sociedade, deixando ainda mais em evidência que é um problema de saúde pública.

---

[12] Fórum Brasileiro de Segurança Pública. Anuário Brasileiro de Segurança Pública 2019, ano 13. 2019. Disponível em: https://www.forumseguranca.org.br/wp-content/uploads/2019/10/Anuario-2019-FINAL_21.10.19.pdf. Acesso em: 14.01.2022.

[13] DINIZ, Debora; MEDEIROS, Marcelo and MADEIRO, Alberto. Pesquisa Nacional de Aborto 2016. Ciênc. saúde coletiva [online]. 2017, vol.22, n.2, pp.653-660. ISSN 1678-4561. https://doi.org/10.1590/1413-81232017222.23812016.

RADIS. Fiocruz. O custo da criminalização. Disponível em <https://radis.ensp.fiocruz.br/index.php/home/noticias/o-custo-da-criminalizacao>.

No julgamento da ADI 3510[14], o Supremo Tribunal Federal consignou a relevância da dignidade da pessoa humana e do direito à saúde. No acórdão, foi ressaltado pelo Pleno o seguinte: "Saúde que é 'direito de todos e dever do Estado' (caput do art. 196 da Constituição), garantida mediante ações e serviços de pronto qualificados como '**de relevância pública**' (parte inicial do art. 197)." Para além dos dados numéricos, analisa-se, abaixo, o contexto social em que a Portaria objeto se inseriu, bem como a tramitação das ações de controle concentrado no STF.

2. O CONTEXTO BRASILEIRO E A TRAMITAÇÃO DA ADI 6552 E ADPF 737 NO SUPREMO TRIBUNAL FEDERAL

Em agosto de 2020, o Brasil viu nas mídias uma história assombrosa que envolve crime, interrupção legal da gestação e o fundamentalismo cristão, acabando por refletir um triste retrato da realidade brasileira. Uma menina de dez anos engravidou depois de ser constantemente estuprada, em São Mateus Espírito Santos. O suspeito era seu próprio tio e foi menina que, ao dar entrada no Hospital Estadual Roberto Silvares, informou ter sido vítima de estupro desde os seis anos de idade. A gravidez foi confirmada por exame de sangue, e já contava com mais ou menos três meses.[15]

No hospital constatou-se que a criança se enquadrava em duas condições previstas pelo Código Penal: gravidez em decorrência de estupro e risco de morte. Ainda assim, inclusive com autorização judicial da Vara da Infância e do Adolescente, o Hospital Universitário Cassiano Antonio Moraes (HUCAM) se negou a realizar o procedimento. Enquanto sua situação não era resolvida e cada vez mais se tornava urgente resolver sua questão por conta do desenvolvimento de sua gravidez, vários grupos fundamentalistas cristão abordaram hospitais e a vítima tentando convencê-la e seus familiares a impedir a interrupção da gestação, inclusive com a participação da Ministra Damares,

---

14 BRASIL. Supremo Tribunal Federal. Ação Direta de Inconstitucionalidade n. 3510. Rel. Min. Roberto Barroso.

15 G1. Menina de 10 anos estuprada pelo tio no Espírito Santo tem gravidez interrompida Disponível em <https://g1.globo.com/pe/pernambuco/noticia/2020/08/17/menina-de-10-anos-estuprada-pelo-tio-no-es-tem-gravidez-interrompida.ghtml>.

do Ministério da Família e Direitos Humanos. A matéria abaixo bem sintetiza o ocorrido[16]:

> "Enquanto o debate se alongava, o morador de São Mateus Pedro Teodoro abordou a família da vítima em sua casa, conforme reportagens publicadas no mesmo dia 14. Teve o acesso permitido após dizer que estava ali para orar. Uma vez dentro da casa, porém, passou a agredir verbalmente a avó e responsável pela menina (a criança é órfã de mãe e tem pai ausente). Houve também pelo menos uma tentativa de impedir ou retardar a alta médica da criança do Hucam, afirmam pessoas familiarizadas com o caso. Se isso ocorresse, a criança perderia o voo para o Recife. Fracassada essa tentativa, ocorreu o vazamento da identidade da criança e do hospital que realizaria o procedimento, de modo quase concomitante pelas redes sociais da ativista de extrema direita Sara Fernanda Giromini, pupila de Damares mais conhecida como Sara Winter, e de Pedro Teodoro. Devido à grande presença de manifestantes contrários ao aborto, a menina teve de entrar no hospital escondida no porta-malas de um carro. A exposição fez com que ela fosse inscrita no Programa de Proteção a Testemunhas, tendo seu nome e endereço alterados. A família da criança registrou boletim de ocorrência contra Pedro Teodoro, alvo de uma ação civil pública que investiga seu acesso às informações sobre a menina. Recentemente, ele se lançou candidato a vereador por São Mateus pelo PSL. O deputado federal Marcelo Freixo (PSOL-RJ) protocolou um pedido de convocação para que a ministra explique no Congresso a atuação de seus assessores no caso. Ele questiona ainda se a ministra se utiliza dos conselhos "para perseguir os servidores públicos que cumprem a lei".

Dessa forma, verifica-se que, apesar da interrupção da gestação ter sido realizada, nada obstante todo o sofrimento que vinha passando, a vítima e sua família tiveram que passar por um árduo processo para que seu direito fosse garantido. Toda essa dificuldade ainda salta os olhos, pois tratava-se de uma criança violentada, que já sofria risco de vida "apenas" por gestar daquela idade. Foram muitas dificuldades, recusa do hospital, protesto de grupos da população, interferência do próprio governo, divulgação de sua identidade, agressões verbais e outros.

Porém, em agosto de 2020 – mesmo período em que a saga da criança ora em referência escancarava o Brasil – o Governo editou uma nova Portaria, a de nº 2.282, de 27 de agosto de 2020. Em síntese, o normativo afirma que o processo contém 4 (quatro) fases. Na primeira

---

[16] FOLHA DE SÃO PAULO. Ministra Damares Alves agiu para impedir aborto em criança de 10 anos. Disponível em <https://www1.folha.uol.com.br/cotidiano/2020/09/ministra-damares-alves-agiu-para-impedir-aborto-de-crianca-de-10-anos.shtml>.

fase deve ser assinado o relato circunstanciado do evento pela própria paciente ou representante legal no caso de incapaz, e por dois profissionais de saúde. O Termo possui local, dia e hora aproximada do fato; tipo e forma de violência; descrição dos agentes da conduta, se possível; e identificação de testemunhas, se houver. É disposto, ainda, que é obrigatória a notificação à autoridade policial pelo médico e demais profissionais de saúde, bem como há a determinação que os profissionais devem preservar evidencias genéticas, tais como fragmentos de embrião, para identificar o autor do crime.

Na segunda fase, o médico responsável deve emitir parecer técnico com exames necessários para a viabilidade da interrupção gestacional, devendo a equipe médica informar sobre a possibilidade de visualização do feto por meio da ultrassonografia. Na terceira fase, deve ser assinado o Termo de Responsabilidade, sendo a gestante advertida sobre crime de falsidade ideológica. Já na quarta fase, há a assinatura Termo de Consentimento Livre e Esclarecido, para que a paciente tenha todas as informações sobre o procedimento.

A Portaria tomou grande proporção e virou objeto de duas ações de controle concentrado no Supremo Tribunal Federal. Em 02 de setembro de 2020, o Instituto Brasileiro das Organizações Sociais de Saúde (IBROSS), legitimado constitucional, ajuizou a ADI 6552 por entender que o ato do poder púbico descumpriu uma série de preceitos fundamentais. Dentre eles, está a violação à dignidade da pessoa humana, à separação de poderes (art. 2º, caput), à legalidade (art. 5º, II), ao devido processo legislativo (art. 5º, LIV), ao direito social à saúde (art. 6º), à garantia fundamental à intimidade e à privacidade (art. 5º, X), e à vedação à tortura e ao tratamento desumano ou degradante (art. 5º, caput, I e III).

No mesmo sentido, em 3 de setembro de 2020, o Partido dos Trabalhadores (PT), juntamente com o Partido Democrático Trabalhista, Partido Socialismo e Liberdade (PSOL), Partido Socialista Brasileiro (PSB) e Partido Comunista do Brasil (PCdoB), ajuizaram a ADPF 737. Por tratarem da mesma Portaria, as ações tramitaram conjuntamente. Ambas as ações foram distribuídas ao Ministro Ricardo Lewandowski.

Em 14 de setembro de 2020, as ações foram incluídas em pauta para o julgamento da medida cautelar. A previsão era que o julgamento ocorresse em 25 de setembro de 2020. Nesse meio tempo, vários *amici curiae* solicitaram o ingresso no feito, com a grande maioria a favor das pretensões ajuizadas. Alguns exemplos de *amici* admitidos foram Conectas Direitos Humanos, Geledes Instituto da Mulher Negra, Themis, Gênero, Justiça e Direitos Humanos e ANIS – Instituto de Bioética.

Ocorre que, às vésperas do julgamento da medida cautelar, em 24 de setembro de 2020, foi editada nova Portaria, de nº 2.561, que, apesar de ter revogado o normativo anterior, manteve muitas das inconstitucionalidades já discutidas. Em verdade, apenas suprimiu a possibilidade de visualização do feto em ultrassonografia, e colocou as demais disposições no novo art. 7º:

> Art. 7º Em razão da Lei nº 13.718, de 24 de setembro de 2018, que alterou o artigo 225 do Decreto-Lei nº 2.848, de 7 de dezembro de 1940 (Código Penal), para tornar pública incondicionada a natureza da ação penal dos crimes contra a liberdade sexual e dos crimes sexuais contra vulnerável, o médico e os demais profissionais de saúde ou responsáveis pelo estabelecimento de saúde que acolherem a paciente dos casos em que houver indícios ou confirmação do crime de estupro, deverão observar as seguintes medidas:
> I - Comunicar o fato à autoridade policial responsável;
> II - Preservar possíveis evidências materiais do crime de estupro a serem entregues imediatamente à autoridade policial ou aos peritos oficiais, tais como fragmentos de embrião ou feto com vistas à realização de confrontos genéticos que poderão levar à identificação do respectivo autor do crime, nos termos da Lei Federal nº 12.654, de 2012.

Em função disso, o Ministro Relator retirou as ações de pauta e determinou a manifestação dos autores "sobre as modificações levadas a efeito pela Portaria nº 2.561/2020". Assim, após a manifestação dos autores e amigos da corte, o Relator em 9 de outubro de 2020, recebeu o aditamento apresentado e incluiu, como objeto de impugnação,

> "o art. 7º da Portaria 2.561, do Ministério da Saúde, cujo texto não difere, substancialmente, do art. 1º da Portaria 2.282/2020", além disso, seguiu dizendo que "considerando a relevância da matéria e de seu especial significado para a ordem social e a segurança jurídica, determino a aplicação do rito previsto no art. 12 da Lei 9.868/1999"[17].

Sobrevieram, então, manifestação da AGU e PGR. Em síntese, a PGR defendeu que a notificação de crime de estupro pelo médico e profissionais de saúde, bem como a preservação de evidencias do crime, visaria regulamentar e definir a forma de execução de deveres impostos pela

---

17 STF. ADPF 737. Disponível em <https://portal.stf.jus.br/processos/detalhe.asp?incidente=5996919>. Acesso em 04 dez. 2021.

legislação vigente, o que não haveria inovação jurídica. Afirmou, ainda, que por se tratar de uma portaria, ou seja, de natureza regulamentar, não poderia ser objeto de ações de controle concentrado. A AGU, em sentido parecido, defendeu a impossibilidade de aditamento, ressaltou a natureza regulamentar das portarias, e a improcedência dos argumentos expostos.

Ocorre que, em 1º de setembro de 2021, o Ministro Relator Ricardo Lewandowski deu razão ao Procurador-Geral da República e entendeu que o ato normativo que revogou Portaria anterior suprimiu o dever de informação à paciente sobre a possibilidade de visualização do feto ou embrião por meio de ultrassonografia, restando, portanto, apenas normas de natureza regulamentar ao ato normativo questionado, para se adequar às Leis atuais, como a edição da Lei 13.718/2018 e a Lei 10.778/2003. Assim, o Relator negou seguimento à ADPF 737, bem como à ADI 6552. Ambas as ações transitaram em julgado em 27 de setembro de 2021.

Passa-se, assim, a uma análise mais profunda da Portaria atualmente em vigência, destacando suas inconsistências e sua suposta natureza regulamentar.

3. O ART. 7º DA PORTARIA Nº PORTARIA Nº 2.561/2020 E SUA INCONSTITUCIONALIDADE E A PERPETUAÇÃO NO TEMPO DE CONSEQUÊNCIAS GRAVES SOBRE UM GRUPO VULNERÁVEL DA SOCIEDADE

Considerando, portanto, tamanha relevância, divide-se a análise do artigo em dois grandes blocos de violações constitucionais. A primeira, em virtude da revitimização, proibida por lei e violadora da dignidade humana. A segunda, pois inaugura nova forma de preservação de material genético.

3.1. INCISO I. REVITIMIZAÇÃO PROIBIDA POR LEI E VIOLADORA DA DIGNIDADE HUMANA. OITIVA DESNECESSÁRIA PARA A NOTIFICAÇÃO

> Art. 7º. I - Comunicar o fato à autoridade policial responsável;

A primeira se refere ao inciso I, que obriga a comunicação do fato à autoridade policial nos casos em que houver indícios ou confirmação do crime de estrupo, embasando tal novidade na Lei de nº 13.718/2018 e na Lei Federal nº 12.654/2012. A justificativa utilizada para a comunicação à autoridade policial se dá pelo fato de que a ação penal pública de crimes sexuais passou a ser incondicionada e, por isso, os médicos poderiam sofrer as implicações penais do art. 66 da Lei das Contravenções Penais. Além disso, afirma-se que a inovação é decorrente da Lei de Notificação Compulsória para os casos de violência contra a mulher. Entretanto, não é bem assim.

A portaria dispõe que para realizar a interrupção da gestação a vítima deverá assinar o Termo de Relato Circunstanciado que, na prática, funciona como uma verdadeira oitiva. Isso porque, além de se responsabilizar pela alegação que foi vítima de estupro (o que já bastaria para a realização do procedimento), a paciente deve descrever as circunstâncias em seus mínimos detalhes, o número de agressores, as características dos agressores (como idade aproximada, raça/cor, cor do cabelo, roupa que utilizava, etc,), se houve testemunhas e, ainda, se há grau de parentesco ou relacionamento afetivo com os agressores (anexo I da portaria).

Ainda que em aparente harmonia, mas em sentido diverso, a Lei nº 13.931/19 trouxe a notificação compulsória em 24h para os casos em que houver indícios ou confirmação de violência contra a mulher atendida em serviços de saúde públicos e privados, para a tomada de providências cabíveis e fins estatísticos. Para regular essa notificação, a Portaria nº 78 de 18 de janeiro 2021 foi editada pelo Ministério da Saúde estabelecendo as diretrizes para a comunicação à autoridade policial.

Segundo o art. 14-D da Portaria nº 78, a comunicação de violência contra a mulher deve ser feita, em regra, "de forma sintética e consolidada, não contendo dados que identifiquem a vítima e o profissional de saúde notificador". Excepcionalmente, se a autoridade sanitária reconhecer risco à comunidade ou à vítima e com conhecimento prévio da vítima ou responsável, a identificação da vítima é realizada, sendo adicionadas apenas as seguintes informações: (i) nome; (ii) endereço; e (iii) descrição objetiva dos fatos relatados.

Assim, verifica-se que há uma aparente desarmonia entre as normas editadas pelo mesmo Ministério da Saúde, num curto espaço de 4 meses. Enquanto a Portaria de nº 78 regula a notificação compulsória para todas as violências interpessoais contra a mulher atribuindo como regra a não identificação da vítima e a prestação de informações de forma objetiva, a Portaria ora discutida de nº 2.282/2020 exige que a paciente descreva detalhes da violência para ter acesso ao aborto seguro.

Deve-se perceber, no entanto, que o art. 128, II, do Código Penal, não autoriza a realização do aborto legal com a condicionante da mulher/menina denunciar quem lhe abusou em detalhes. As únicas condicionantes para a interrupção da gestação é o consentimento da gestante/representante legal e, no caso, a própria violência. Em outras palavras, não é necessário para a unidade hospitalar saber e comunicar à autoridade policial até a roupa/idade/cor do cabelo do agressor, basta – ou deveria bastar – a palavra da vítima de que sofreu a violência.

Destaca-se que a oitiva da vítima ao procurar a realização de aborto seguro compreende o que se chama de revitimização. Isso porque a paciente, mesmo já sofrendo uma vitimização primária (consequências do crime), passa por uma vitimização secundária – revitimização – com o processo danoso de revisitação da violência sexual, o que acaba por causar novos traumas e danos. Daí por isso que o sistema brasileiro introduziu o "depoimento sem dano" ou "depoimento especial" para mulheres vítimas de violência sexual doméstica e familiar (Lei nº 13.505, de 8 de novembro de 2017), bem como para as crianças e adolescentes (Lei nº 13.431, de 4 de abril de 2017). Isso porque, geralmente, a vitimização secundária não é necessária. E é por isso que as leis apontadas determinam a "não revitimização" daquela vítima, evitando sucessivas inquirições sobre o mesmo fato no âmbito criminal, cível e administrativo[18].

---

18 **Lei nº 13.505, de 8 de novembro de 2017.** Art. 10-A. É direito da mulher em situação de violência doméstica e familiar o atendimento policial e pericial especializado, ininterrupto e prestado por servidores - preferencialmente do sexo feminino - previamente capacitados. § 1º A inquirição de mulher em situação de violência doméstica e familiar ou de testemunha de violência doméstica, quando se tratar de crime contra a mulher, obedecerá às seguintes diretrizes: I - salvaguarda da integridade física, psíquica e emocional da depoente, considerada a sua condição peculiar de pessoa em situação de violência doméstica e familiar; II - garantia de que, em nenhuma hipótese, a mulher em situação de violência doméstica e familiar, familiares e testemunhas terão contato direto com investigados ou suspeitos e pessoas a eles relacionadas; III - não revitimização da depoente, evitando sucessivas inquirições sobre o mesmo fato nos âmbitos criminal, cível e administrativo, bem como questionamentos sobre a vida privada.

Lei nº 13.431, de 4 de abril de 2017 Art. 4º Para os efeitos desta Lei, sem prejuízo da tipificação das condutas criminosas, são formas de violência: IV - violência institucional, entendida como a praticada por instituição pública ou conveniada, inclusive quando gerar revitimização. § 4º O não cumprimento do disposto nesta Lei implicará a aplicação das sanções previstas na Lei nº 8.069, de 13 de julho de 1990 (Estatuto da Criança e do Adolescente).

Aqui se defende, portanto, que a oitiva da paciente na forma de Termo Circunstanciado como condicionando do aborto seguro é inconstitucional, pois viola a dignidade humana da paciente sem qualquer justa causa. A notificação compulsória não é motivo para essa violação da intimidade e privacidade da vítima, pois a comunicação à autoridade competente poderia ocorrer sem provocar a revitimização. Ressalte-se: o procedimento para a interrupção legal da gestação não deveria ser o momento para colher tais informações. Isso afasta as mulheres e meninas do aborto seguro, pois terão medo de sofrer retaliações ou, no mínimo, não se sentirão confortáveis em reviver detalhes de uma violência tão traumática. O acesso a um direito não deve ter como requisito uma outra violência imposta pelo Estado, aqui representado pelo Ministério da Saúde.

Com efeito, é preciso que se dê efetividade aos direitos constitucionais ora abordados a partir de uma interpretação constitucional voltada para um humanismo que dignifique a pessoa humana, principalmente para que não se viole a dignidade da mulher solicitante do procedimento legal. Nesse sentido, trazemos as lições do Professor Dr. Carlos Ayres Britto:

> "Toda essa histórica e formal proclamação de ser a pessoa humana portadora de uma dignidade "inata" é o próprio Direito a reconhecer o seguinte: a humanidade que mora em cada um de nós é em si mesma o fundamento lógico ou o título de legitimação de tal dignidade. Não cabendo a ele, Direito, outro papel que não declará-la. Não propriamente o de constituí-la, porque a constitutividade em si está no humano em nós."[19]

Art. 5º A aplicação desta Lei, sem prejuízo dos princípios estabelecidos nas demais normas nacionais e internacionais de proteção dos direitos da criança e do adolescente, terá como base, entre outros, os direitos e garantias fundamentais da criança e do adolescente a: III - ter a intimidade e as condições pessoais protegidas quando vítima ou testemunha de violência;

Art. 17. A União, os Estados, o Distrito Federal e os Municípios poderão criar, no âmbito do Sistema Único de Saúde (SUS), serviços para atenção integral à criança e ao adolescente em situação de violência, de forma a garantir o atendimento acolhedor.

[19] BRITTO, Carlos Ayres - **O humanismo como categoria constitucional**. 3. reimp. Belo Horizonte: Fórum, 2016, p. 25.

Para o Ministro do STF, Luís Roberto Barroso, "o valor objetivo da vida humana deve ser conciliado com o conjunto de liberdades básicas decorrentes da dignidade como autonomia"[20].

Aliás, é necessário destacar a condição psicológica da menina/mulher ao sofrer um estupro. Segundo o Anuário de Segurança Pública de 2019[21]:

> "O estupro é uma modalidade da violência sexual e um dos mais brutais atos de violência, humilhação e controle sobre o corpo de outro indivíduo, em sua maioria mulheres. O trauma vivenciado pelas vítimas deixa muitas sequelas na vida e na saúde dos atingidos, resultando em sérios efeitos nas esferas física e/ou mental, no curto e longo prazo. Vítimas de estupro podem sofrer lesões nos órgãos genitais, contusões e fraturas, alterações gastrointestinais, infecções do trato reprodutivo, gravidez indesejada e a contração de doenças sexualmente transmissíveis. Em termos psicológicos o estupro pode resultar em diversos transtornos, tais como depressão, disfunção sexual, ansiedade, transtornos alimentares, uso de drogas ilícitas, tentativas de suicídio e síndrome de estresse pós-traumático.
> Os danos psicológicos podem ser tão ou mais graves do que os danos físicos. Em alguns casos, a ausência de marcas físicas da violência sofrida impede o reconhecimento da agressão, colocando em dúvida a palavra da vítima. Na sociedade em geral, incluídos os equipamentos públicos responsáveis pelo acolhimento e registro dos estupros, ainda existe uma moral conservadora que culpabiliza a vítima pela violência sofrida, reflexo de uma visão estereotipada e machista do que deveria ser o comportamento feminino. Pesquisa produzida pelo Fórum Brasileiro de Segurança Pública em 2016 mostrou que 43% dos brasileiros do sexo masculino com 16 anos ou mais acreditavam que 'mulheres que não se dão ao respeito são estupradas'".

A Constituição da República, em seu art. 5º, X, consagrou o direito à intimidade e à vida privada. No mesmo dispositivo, inciso XIV, determinou-se que é assegurado o resguardo ao sigilo da fonte, quando necessário ao exercício do profissional. A Portaria, apesar de dizer que *"está resguardado o sigilo"*, exige a prestação de informações que identificam a paciente e provocam a revitimização, vedada por Leis. Informações essas desnecessárias para a realização do aborto seguro.

---

20 BARROSO, Luis Roberto. **Legitimidade da recusa de transfusão de sangue por Testemunhas de Jeová. Dignidade Humana, Liberdade Religiosa e Escolhas Existenciais.** Parecer Jurídico, Rio de Janeiro, 05 de abril de 2010, p. 26.

21 Anuário brasileiro de Segurança Pública, 2019. Disponível em <https://www.forumseguranca.org.br/wp-content/uploads/2019/10/Anuario-2019-FINAL_21.10.19.pdf>. Acesso em 4 dez. 2021.

3.2. INCISO II. INAUGURAÇÃO DE NOVA FORMA DE PRESERVAÇÃO DE MATERIAL GENÉTICO. AÇÃO DE REPERCUSSÃO GERAL DISCUTIDA NA SUPREMA CORTE

> Art. 7º. II - Preservar possíveis evidências materiais do crime de estupro a serem entregues imediatamente à autoridade policial ou aos peritos oficiais, tais como fragmentos de embrião ou feto com vistas à realização de confrontos genéticos que poderão levar à identificação do respectivo autor do crime, nos termos da Lei Federal nº 12.654, de 2012."

Como visto, o inciso II, art. 7º, da Portaria[22] impugnada, determina que os profissionais de saúde ou responsáveis pelo estabelecimento hospitalar preservem evidência materiais do crime de estupro, tais como fragmentos de embrião para confronto genético para identificar o autor do crime.

Em sentido diverso, a Lei Federal nº 12.654/2012[23], citada pela Portaria, introduziu a coleta de material genético do possível autor do crime para duas possibilidades (identificação criminal e na execução penal por crimes violentos ou por crimes hediondos), o inciso II do art. 7º, inaugura uma nova forma de recolhimento de material genético, permitindo a preservação de evidências do feto ou do embrião quando houver indícios ou confirmação do crime de estupro. Isso foge absolutamente das competências de uma Portaria.

Ocorre que, imputar o recolhimento de material genético do feto ou do embrião para identificação criminal merece uma discussão mais ampla acerca das questões bioéticas que envolvem tal procedimento. Trata-se de um material biológico da gestante, e que ela precisa, no mínimo, consentir para utilização de seu corpo e do feto que estava dentro de si para o fim determinado pelo normativo discutido.

---

[22] BRASIL. Ministério da Saúde. Gabinete de Ministro. Portaria n. 2.561, de 23 de setembro de 2020. Disponível em: https://www.in.gov.br/en/web/dou/-/portaria-n--2.561-de-23-de-setembro-de-2020-279185796. Acesso em: 14.01.2022.

[23] BRASIL. Lei n. 12.654, de 28 de maio de 2012. Disponível em: http://www.planalto.gov.br/ccivil_03/_ato2011-2014/2012/lei/l12654.htm#:~:text=LEI%20N%C2%BA%2012.654%2C%20DE%2028%20DE%20MAIO%20DE%202012.&text=Altera%20as%20Leis%20n%C2%BAs%2012.037,criminal%2C%20e%20d%-C3%A1%20outras%20provid%C3%AAncias. Acesso em: 14.01.2022.

Na ADPF 54[24], antes mencionada, a Ministra Cármen Lúcia ressaltou em seu voto que, mesmo com o filho morto, a mãe cuida daquele ser pequenino, como se vivo estivesse. O recolhimento de material biológico do feto/embrião pode esbarrar na religião daquela gestante, no seu desejo pessoal, no seu sofrimento. Essa nova forma de recolhimento de material não pode ser disciplinada pela Portaria sem qualquer discussão prévia:

> "Por isso, às vezes, o luto pelo qual a mãe passa - e se puder optar pela interrupção da gravidez, é luto e libertação, porque é a possibilidade de ela continuar a vida, tocar a vida num momento em que há continuidade, sem aquele luto momentâneo - seria a perspectiva de um luto que se prolonga muito além do que é humanamente ponderável ou possível de se exigir de qualquer pessoa. Qualquer pessoa (não precisa nem de ter lido literatura jurídica), quem tiver tido a oportunidade de ler 'Manuelzão e Miguilim', de Guimarães Rosa, haverá de saber que talvez o grande exemplo de dignidade humana que Deus tenha deixado tenha sido exatamente o da mãe - e olha que eu tenho um super pai! A dignidade da mãe vai além dela mesma, além do seu corpo. Quando Guimarães Rosa põe a mulher carregando nos braços um filho morto, que tinha no seu pezinho, machucado uns dias antes, um pedaço de pano amarrado, ela busca o banho no pequeno corpo do filho morto e quase que esbarra na bacia; ela, então, toma cuidado para que, mesmo morto, não tenha nenhum esbarrão porque seria sofrimento imposto àquele pequeno corpo. Quem tanto tiver lido haverá de saber que, quando se faz escolha pela interrupção do que poderia ser a vida de um momento ou a vida por mais um mês, não é escolha fácil, é escolha trágica sempre; é a escolha que se faz para continuar e para não parar; é a escolha do possível numa situação extremamente difícil. Por isso, acho que é preciso que se saiba que todas as opções como essa, mesmo essa interrupção, é de dor. A escolha é qual a menor dor; não é de não doer, porque a dor do viver já aconteceu, a dor do morrer também. Ela só faz a escolha possível nesse sentido." (p. 2 e 3 de seu voto)

Verifica-se, portanto, que a Lei Federal utilizada como base pela Portaria, em verdade, disciplina uma situação **diferente**. Conquanto a Lei nº 12.654/2012[25] tenha especificado a possibilidade de coleta de material biológico para obtenção de perfil genético para os condenados por crime praticado, de forma dolosa, com violência de natureza grave

---

[24] BRASIL. Supremo Tribunal Federal. Arguição de Descumprimento de Preceito Fundamental n. 54. Rel. Min. Marco Aurélio.

[25] Art. 9º-A. Os condenados por crime praticado, dolosamente, com violência de natureza grave contra pessoa, ou por qualquer dos crimes previstos no art. 1º da Lei nº 8.072, de 25 de julho de 1990, serão submetidos, obrigatoriamente, à identificação do perfil genético, mediante extração de DNA - ácido desoxirribonucleico, por técnica adequada e indolor.

contra pessoa, ou por qualquer dos crimes configurados como hediondos, a Portaria autoriza o recolhimento de material biológico do feto/embrião, que se encontra no corpo da gestante.

Quanto ao tema, há recurso extraordinário pendente de julgamento que trata do mesmo assunto. O RE de nº 973.837[26] foi interposto contra acórdão do TJMG[27], em que se entendeu que a obrigatoriedade de fornecimento de material genético por apenado não violaria o princípio da não autoincriminação. O Pleno do Supremo Tribunal Federal, ao analisar e concluir pela existência de repercussão geral, afirmou que "A inclusão e manutenção de perfil genético de condenados em banco de dados estatal não é aceita, de forma unânime, como compatível com direitos personalidade e prerrogativas processuais, consagrados pelo art. 5º da CF. Há decisões de Tribunais de Justiça afastando a aplicação da lei".

Dessa forma, reputando a matéria constitucional, a Corte Suprema decidiu avaliar a discussão, consubstanciando o Tema 905[28] - Constitucionalidade da inclusão e manutenção de perfil genético de condenados por crimes violentos ou por crimes hediondos em banco de dados estatal.

CONSIDERAÇÕES FINAIS

Diante do presente estudo, percebe-se que a Portaria em voga fere frontalmente a dignidade da pessoa humana das pacientes vítimas do crime de estupro, bem como dos profissionais de saúde ali elencados. Também é clara a violação ao direito de acesso à saúde, art. 6º, da Constituição Federal, que também se configura constitucionalmente como um dever do Estado, por força do art. 196 da Constituição Federal. Viola-se, ainda, a proteção à infância e assistência aos desamparados e o dever do Estado em garantir a segurança, (art. 6º). Em uma esfera formal, há a violação à separação de poderes (art. 2º, *caput*), legalidade (art. 5º, II) e ao devido processo legislativo (art. 5º, LIV).

---

[26] BRASIL. Supremo Tribunal Federal. Recurso Extraordinário n. 973.837. Rel. Min. Gilmar Mendes.

[27] MINAS GERAIS. Tribunal de Justiça do Estado de Minas Gerais. Agravo de Execução Penal n. 1.0024.05.793047-1/001. Rel. Des. Catta Preta, 2a Câmara Criminal, j. em 04.09.2014, p. em 15.09.2014.

[28] BRASIL. Supremo Tribunal Federal. Repercussão Geral no Recurso Extraordinário n. 973.837. Tema 905. Rel. Min. Gilmar Mendes.

Não obstante a extinção da Ação de Descumprimento de Preceito Fundamental e da Ação Direta e Inconstitucionalidade (ADI) nº 6.552 muito provavelmente o mérito da discussão voltará para a Suprema Corte. O Supremo Tribunal Federal, tendo a guarda da Constituição, deverá assegurar o direito já positivado ao aborto legal à essas meninas e mulheres vulneráveis. O tempo, no caso, milita em desfavor dos mais caros preceitos fundamentais da Constituição Federal, gerando efeitos profundamente deletérios sobre os direitos fundamentais de meninas e mulheres, sem que qualquer razão médica justifique tais incursões legislativas de uma espécie normativa – Portaria – absolutamente imprópria para tamanha reformulação de políticas públicas e normas vigentes.

Uma Portaria, nos termos do art. 87, II, da Constituição Federal, deve operar dentro dos limites legais, não havendo espaço para criação de novos direitos e deveres – esse trabalho é do Poder Legislativo, que deve atuar dentro das limitações impostas pela Constituição da República.

Em decisão de janeiro de 2020, o até então Presidente da Corte, Ministro Dias Toffoli, deferiu medida cautelar na ADI 6.296[29] para suspender eficácia da Portaria nº 739/2019[30], editada pelo Ministro de Estado da Justiça e Segurança Pública. Na oportunidade, anotou-se que: "A pretexto de estabelecer diretrizes para a participação da Polícia Rodoviária Federal em operações conjuntas nas rodovias federais, estradas federais e em área de interesse da União, o Ministro de Estado da Justiça e Segurança Pública incursionou por campo reservado ao Congresso Nacional". Esse é o caso em apreço, resguardando suas devidas especificidades.

Tudo indicando a se concluir, portanto, pela ilegalidade formal e material do dispositivo, considerando que a Portaria criou direitos e deveres que fogem da competência de Ministro do Poder Executivo, e que seu conteúdo afeta diretamente a dignidade da pessoa humana. Portanto, deve-se reconhecer que tamanha é a importância dessa discussão e tão evidente é a necessidade de suspensão do referido art. 7º, Portaria n. 2.561, de 23 de setembro de 2020.

---

[29] BRASIL. Supremo Tribunal Federal. Ação Direta de Inconstitucionalidade n. 6296. Rel. Min. Marco Aurélio.

[30] BRASIL. Ministério da Justiça e Segurança Pública. Gabinete de Ministro. Portaria n. 739, de 3 de outubro de 2019. Disponível em: https://www.in.gov.br/web/dou/-/portaria-n-739-de-3-de-outubro-de-2019-220480791. Acesso em: 14.01.2022.

REFERÊNCIAS BIBLIOGRÁFICAS

BARROSO, Luis Roberto. *Legitimidade da recusa de transfusão de sangue por Testemunhas de Jeová. Dignidade Humana, Liberdade Religiosa e Escolhas Existenciais*. Parecer Jurídico, Rio de Janeiro, 05 de abril de 2010, p. 26.

BRASIL. Constituição (1988). *Constituição da República Federativa do Brasil*. Brasília, 1988.

BRASIL. Decreto-Lei n. 2.848, de 7 de dezembro de 1940. *Código Penal*. Disponível em: http://www.planalto.gov.br/ccivil_03/decreto-lei/del2848compilado.htm. Acesso em: 14.01.2022.

BRASIL. Decreto-Lei n. 3.688, de 3 de outubro de 1941. *Lei das Contravenções Penais*. Disponível em: http://www.planalto.gov.br/ccivil_03/decreto-lei/del3688.htm. Acesso em: 14.01.2022.

BRASIL. Decreto-Lei n. 3.689, de 3 de outubro de 1941. *Código de Processo Penal*. Disponível em: http://www.planalto.gov.br/ccivil_03/decreto-lei/del3689compilado.htm. Acesso em: 14.01.2022.

BRASIL. Fórum Brasileiro de Segurança Pública. *Anuário Brasileiro de Segurança Pública 2019*. Disponível em:< http://www.forumseguranca.org.br/wp-content/uploads/2019/09/Anuario-2019-FINAL-v3.pdf>

BRASIL. *Lei n. 12.654, de 28 de maio de 2012*. Altera as Leis nºs 12.037, de 1º de outubro de 2009, e 7.210, de 11 de julho de 1984 - Lei de Execução Penal, para prever a coleta de perfil genético como forma de identificação criminal, e dá outras providências. Disponível em: http://www.planalto.gov.br/ccivil_03/_ato2011-2014/2012/lei/l12654.htm. Acesso em: 14.01.2022.

BRASIL. *Lei n. 13.431, de 4 de abril de 2017*. Estabelece o sistema de garantia de direitos da criança e do adolescente vítima ou testemunha de violência e altera a Lei nº 8.069, de 13 de julho de 1990 (Estatuto da Criança e do Adolescente). Disponível em: http://www.planalto.gov.br/ccivil_03/_ato2015-2018/2017/lei/l13431.htm. Acesso em: 14.01.2022.

BRASIL. *Lei n. 13.505, de 8 de novembro de 2017*. Acrescenta dispositivos à Lei nº 11.340, de 7 de agosto de 2006 (Lei Maria da Penha), para dispor sobre o direito da mulher em situação de violência doméstica e familiar de ter atendimento policial e pericial especializado, ininterrupto e prestado, preferencialmente, por servidores do sexo feminino. Disponível em: http://www.planalto.gov.br/ccivil_03/_ato2015-2018/2017/lei/L13505.htm. Acesso em: 14.01.2022.

BRASIL. *Lei n. 13.718, de 24 de setembro de 2018*. Altera o Decreto-Lei nº 2.848, de 7 de dezembro de 1940 (Código Penal), para tipificar os crimes de importunação sexual e de divulgação de cena de estupro, tornar pública incondicionada a natureza da ação penal dos crimes contra a liberdade sexual e dos crimes sexuais contra vulnerável, estabelecer causas de aumento de pena para esses crimes e definir como causas de aumento de pena o estupro coletivo e o estupro corretivo; e revoga dispositivo do Decreto-Lei nº 3.688, de 3 de outubro de 1941 (Lei das

Contravenções Penais). Disponível em: http://www.planalto.gov.br/ccivil_03/_ato2015-2018/2018/lei/L13718.htm. Acesso em: 14.01.2022.

BRASIL. *Lei n. 13.931, de 10 de dezembro de 2019*. Altera a Lei nº 10.778, de 24 de novembro de 2003, para dispor sobre a notificação compulsória dos casos de suspeita de violência contra a mulher. Disponível em: http://www.planalto.gov.br/ccivil_03/_ato2019-2022/2019/lei/L13931.htm. Acesso em: 14.01.2022.

BRASIL. Ministério da Justiça e Segurança Pública. Gabinete de Ministro. *Portaria n. 739, de 3 de outubro de 2019*. Disponível em: https://www.in.gov.br/web/dou/-/portaria-n-739-de-3-de-outubro-de-2019-220480791. Acesso em: 14.01.2022.

BRASIL. Ministério da Saúde. Gabinete do Ministro. *Portaria nº 78, de 18 de janeiro de 2021*. Brasília, 2021. Disponível em: https://www.in.gov.br/en/web/dou/-/portaria-gm/ms-n-78-de-18-de-janeiro-de-2021-299578776. Acesso em: 14.01.2022.

BRASIL. Ministério da Saúde. Gabinete de Ministro. *Portaria n. 2.561, de 23 de setembro de 2020*. Disponível em: https://www.in.gov.br/en/web/dou/-/portaria-n-2.561-de-23-de-setembro-de-2020-279185796. Acesso em: 14.01.2022.

BRASIL. Supremo Tribunal Federal. *Ação Direta de Inconstitucionalidade n. 3510*. Rel. Min. Roberto Barroso.

BRASIL. Supremo Tribunal Federal. *Arguição de Descumprimento de Preceito Fundamental n. 54*. Rel. Min. Marco Aurélio.

BRASIL. Supremo Tribunal Federal. *Recurso Extraordinário n. 973.837*. Rel. Min. Gilmar Mendes.

BRASIL. Supremo Tribunal Federal. *Repercussão Geral no Recurso Extraordinário n. 973.837. Tema 905*. Rel. Min. Gilmar Mendes.

BRITTO, Carlos Ayres - *O humanismo como categoria constitucional*. 3. reimp. Belo Horizonte: Fórum, 2016, p. 25.

CONSELHO FEDERAL DE MEDICINA. *Consulta nº 6.195, de 28 de agosto de 2001*. Disponível em: https://sistemas.cfm.org.br/normas/arquivos/pareceres/SP/2001/6195_2001.pdf. Acesso em: 14.01.2022.

CONSELHO FEDERAL DE MEDICINA. *Resolução nº 1.931, de 2009*. [S. l.], 17 set. 2009. Disponível em: https://portal.cfm.org.br/etica-medica/codigo-2010/. Acesso em: 14.01.2022.

DINIZ, D; MADEIRO, A; MEDEIROS, M. *Pesquisa Nacional de Aborto 2016*. Ciência & Saúde Coletiva, 22(2):653-660, 2017. Disponível em: https://doi.org/10.1590/1413-81232017222.23812016. Acesso em: 14.01.2022.

FOLHA DE SÃO PAULO. *Ministra Damares Alves agiu para impedir aborto em criança de 10 anos*. Disponível em <https://www1.folha.uol.com.br/cotidiano/2020/09/ministra-damares-alves-agiu-para-impedir-aborto-de-crianca-de-10-anos.shtml>.

G1. *Menina de 10 anos estuprada pelo tio no Espírito Santo tem gravidez interrompida* Disponível em <https://g1.globo.com/pe/pernambuco/noticia/2020/08/17/menina-de-10-anos-estuprada-pelo-tio-no-es-tem-gravidez-interrompida.ghtml>.

MACHADO, Lia Zanotta. *O aborto como direito e o aborto como crime: o retrocesso neoconservador.* Dossiê Conservadorismo, Direitos, Moralidades e Violência. 2017.

MEIRELLES, Hely Lopes. *Direito administrativo brasileiro.* 42. Ed. /atual até a Emenda Constitucional 90, de 15.9.2015. – São Paulo: Malheiros, 2016.

MINAS GERAIS. Tribunal de Justiça do Estado de Minas Gerais. *Agravo de Execução Penal n. 1.0024.05.793047-1/001.* Rel. Des. Catta Preta, 2a Câmara Criminal, j. em 04.09.2014, p. em 15.09.2014.

editoraletramento
editoraletramento.com.br
editoraletramento
company/grupoeditorialletramento
grupoletramento
contato@editoraletramento.com.br

editoracasadodireito.com
casadodireitoed
casadodireito